퇴계시 풀이

7

제칠권 외집

퇴계시 풀이 제칠권 외집

초판 인쇄 • 2019년 2월 15일
초판 발행 • 2019년 2월 25일
지은이 • 이 황
옮긴이 • 이장우·장세후
펴낸곳 • 영남대학교출판부
출판등록 • 1975년 9월 5일 경산 제16-1호
주소 • 경상북도 경산시 대학로 280
전화 • 053) 810-1801~3
FAX • 053) 810-4722
홈페이지 • book.yu.ac.kr
ISBN 978-89-7581-583-6 94810
978-89-7581-329-0 (셋트)
• 값은 표지 뒷면에 있습니다.
• 잘못 만들어진 책은 바꾸어 드립니다.

이 도서의 국립중앙도서관 출판예정도서목록(CIP)은 서지정보유통지원시스템 홈페이지(http://seoji.nl.go.kr)와 국가자료종합목록시스템(http://www.nl.go.kr/kolisnet)에서 이용하실 수 있습니다. (CIP제어번호 : CIP2018038129)

퇴계시 풀이 7

제칠권 외집

이황 지음
이장우 · 장세후 옮김

영남대학교출판부

머리말

《퇴계 시 풀이》 9권을 완간하면서

— 외집·속집 번역까지 마치면서

이번에 퇴계 선생의 목판본 문집에 수록된 한시 중 외집 1권, 속집 1, 2권의 번역을 각각 1책씩 따로 내어 3권을 더 추가함으로서, 필자와 장세후 박사가 30년 가까이 지속하여 오던 퇴계선생의 한시 풀이는, 내집 1~5권, 별집 1권 등 6권에 이어 모두 9권으로 이 《퇴계 시 풀이》 작업을 일단 마무리하게 되었다.

퇴계선생의 시로 번역한 것이 무려 2,200수가 넘는데, 여기에 번역하는 퇴계의 시와 연관이 있는 중국 역대 문인들의 시며 한국 선현들의 시도 많이 참고 자료로 번역하여 첨부하여 두었으니, 번역한 시가 아마도 3,000수 이상이 될 것이라고 생각한다.

거기다가 역주에서 인용한 여러 가지 전고典故 설명에 동원된 시구 풀이는 수없이 많은데, 그런 시구들도 기본적으로는 2구절 이상씩 찾아서 뜻을 풀고, 그러한 시의 제목들까지 모두 한글로 쉽게 풀어 보았으니, 이 9권을 마칠 때까지 우리 두 사람이 지속한 작업의 양과 질은 대단한 노력과 정밀을 기한 것이었다고 감히 자부해본다.

이렇게 오랫동안 일관된 작업을 할 수 있었던 것은 서울의 사단법인 퇴계학연구원에서 내는 학보에 우리들의 원고를 80회 이상 게재하여 주었고, 또 매번 녹록치 않는 원고료를 지급하여 준 덕분이었으니 감사를 드린다. 또 이 책을 앞서 두 차례에 나누어 낼 때마다 대한민국학술원에서 번번히 우수학술도서로 선정하여, 이 책의 가치를 인정해 주고 크게 선양하여 준 점에 대하여서도 감격하고 있다.

이 모두 우리나라의 경제 발전과 더불어 이어지는 문화 발전의 징표들이라고 생각하면서 감사할 뿐이다. 앞으로도 계속하여 우리나라의 전통문화 연구와 이퇴계 학문이 거듭 발전하여 세계적으로도 크게 선양될 날을 기대하여 본다. 그러한 뜻 깊은 발전을 하는데 이 책도 일조하게 되기를 바랄 뿐이다.

지금 서울 퇴계학연구원에서는 이퇴계 전서 정본定本 작업을 재개하고 있으며, 우리가 번역하지 못한 시—목판본 문집에 수록되지 않은 시—까지 계속하여 수집하려고 노력하고 있는데, 아마 그 양이 그렇게 많지는 않을 것 같이 생각되지만, 그런 것은 그 작업이 완성된 뒤에 다시 이 작업의 〈보유〉편으로 1권을 더 추가하였으면 싶다.

영남대학교 출판부에서도 이 책을 맡아서 매우 정성을 기울여서 책을 내어 주고 관리하여 주고 있다. 처음에 이 책을 내도록 결정을 하여 준 10년 전 당시의 출판부장 이희욱 교수의 배려를 잊을 수 없으며, 10여 년 동안이나 이 책을 다듬어 준 이종백 출판 실장에게도 감사를 드린다.

2019년 2월

북산서루에서

공역자 이장우李章佑 적음.

차례

1. 前日綏之家, 偶成勝事, 出門, 便爲陳迹, 不可無一語, 以記一時之事. 昨見金李兩公詩, 其事, 又頗相類. 敢和一篇, 奉呈案下, 伏冀賡章. 庶幾他日, 聯寄綏之, 以發一笑.[1]

지난날 유지님의 집에 자못 좋은 일을 이루었는데, 문을 나서니 곧 지나간 자취가 되어 버렸다. 한 마디 하지 않을 수가 없어서 당시의 일을 기록한다. 어제 김공과 이공 두 분의 시를 보니 그 일을 적은 것이 또한 자못 서로 비슷하였다. 감히 한 편을 화답하여 삼가 (유지님의) 책상머리에 올리고 엎드려 시편들이 계속 이어지기를 바란다. 훗날 나란히 유지님에게 부치어 한 바탕 웃게 하였으면 한다

1 | 유지(綏之) : 김유(金綏 : 1491~1555)의 자. 본관은 광주이며, 호는 탁청정. 성품이 호협하고 빈객 맞기를 좋아했는데, 일찍이 집 근처의 침류정(枕流亭)을 수리하여 사용하였고, 집에는 탁청정을 지어서 손님을 맞았다. 퇴계가 그의 묘지(墓誌)를 지어주었으며, 《내집》 권46에 보인다.

김이(金李) : 《요존록》「모재 김안국(金安國)과 회재 이언적(李彥迪)이다.」(慕齋晦齋) 《모재집》과 《회재집》에는 이 시가 보이지 않는다. 이 두 분이 문경의 경운루(慶雲樓)를 읊은 일을 말한다. 《퇴계집·속집》 권1에는 〈문경 경운루의 서각은 산을 마주하고 못을 내려다보는데 지극히 분위기가 맑다. 김이상 안국님과 이이상 언적님이 모두 읊은 시를 남겼다. 주인 조양필이 나를 이끌고 올라가서 바라보게 하였다(聞慶慶雲樓西閣, 對山臨池極淸絶. 金貳相國卿·李貳相復古皆題詠. 主人趙良弼, 導余以登眺)〉라는 시 2수가 보인다. 또 이 《외집》의 뒷부분에 나오는 〈침류정에서 놀며 정자의 각운자를 써서 짓다(遊枕流亭, 次亭韻)〉의 서문을 참조하기 바란다.

출문~진적(出門~陳迹) : 진(晉)나라 왕희지(王羲之)의 〈난정기(蘭亭記)〉「얼마 전의 즐거웠던 일이 내려다보고 쳐다보고 하는 짧은 사이에 이미 옛 자취가 되어 버리니, 더욱이 그것 때문에 감회가 일지 않을 수 없게 된다.」(向之所欣, 俛仰之間, 已成陳跡, 尤不能不以之興懷) 당나라 두보의 〈새벽에 공안을 떠나다(曉發公安)〉「문 열고 옮겨가며 곁눈질 함 이미 묵은 자취 되었고, 약품은 나 건강 위하여 그대로 지니고 다니네.」(出門轉眄已陳迹, 藥餌扶吾隨所之)

권오봉은 이 시를 55세 때 지은 것으로 보았다.(《퇴계시대전(이하 《대전》)》 561쪽)

偶然相値便成奇[2]
우 연 상 치 변 성 기

우연히 서로 같게 되었으니
곧 기이한 일 이루어지는구나,

春入池亭別様姿[3]
춘 입 지 정 별 양 자

봄 연못의 정자에 드니 자태 유별나게
아름답다고 이른 시구가.

昨日獨來因我病
작 일 독 래 인 아 병

지난 날 홀로 (경운루) 지나왔음
내 병 때문이었으나,

今朝共會似天知
금 조 공 회 사 천 지

오늘 아침 함께 만나니
하늘이 아는 듯하네.

2 | 우연상치(偶然相値) : 송나라 소식의 〈부용성(芙蓉城)〉「이 몸 떠돌아다니니 차가운 바다 따르는데, 우연히 서로 만나니 두 부평초라네.」(此身流浪隨滄溟, 偶然相値兩浮萍)

3 | 춘입지정(春入池亭) : 당나라 요합(姚合)의 〈선의지의 정자에서 놀다(遊宣義池亭)〉「봄 못의 정자에 드니 좋고, 풍광 따뜻하니 더욱 신선하네.」(春入池亭好, 風光暖更鮮)

溪頭雨暗留人夕
계 두 우 암 류 인 석

시냇가에 비 어둑하니
사람 저녁까지 붙들어두었고,

墻角雲低送酒時[4]
장 각 운 저 송 주 시

담 모퉁이에 구름 낮은데
술 보내어 주었구나.

好繼前賢爲勝事[5]
호 계 전 현 위 승 사

좋은 선배들 일 잘 계승함이
훌륭한 일이니,

從君投轄寫襟期[6]
종 군 투 할 사 금 기

그대 비녀장 던질 일
마음속 기약하며 적어본다네.

4 | 장각송주(墻角送酒) : 당나라 두보의 〈여름날 이공께서 찾아주시다(夏日李公見訪)〉「묻노니 술 있는가 없는가? 담 모퉁이로 탁주 넘겨주네.」(借問有酒不, 牆頭過濁醪) 송나라 소식(蘇軾)의 주석「벗이 도간(진나라의 장군으로 도연명의 증조부)을 찾았는데 도간은 집이 가난하여 정성을 다할 수가 없었다. 그 이웃의 어진 사람이 도간에게 말하기를『그대의 문 앞에 벼슬아치들의 수레가 있는데 어찌하여 맞아들이지 않고 당세의 일을 논하는 거요?』라 하니 도간이 말하였다.『가난하여 진한 술과 안주를 갖출 수가 없소이다.』이웃 사람이 몰래 담장 모퉁이로 탁주와 닭을 넘겨주어 마침내 종일토록 즐겁게 놀 수 있었다.」(友人見陶侃, 侃家貧無以致誠, 其鄰人賢謂侃曰, 子門有長者軒車, 何不延之, 論當世事? 侃曰, 貧不能備醇餌. 鄰人密於牆頭, 度以濁酒隻雞, 遂成終日之樂)

시(時) : 시구의 끝에 이 자를 놓는 경우 별 뜻은 없고, 다만 구절의 글자 수를 채우는 역할을 하는 것이 대부분이다. 이 두 구절은 김·이 두 어른이 경운정에서 대접받는 일을 적었다.

5 | 전현(前賢) : 《고증》「모재 김안국(金安國)과 회재 이언적(李彦迪)을 가리킨다.」(指金李)

6 | 투할(投轄) : 《한나라의 역사》 권92 〈유협전·진준(游俠傳·陳遵)〉「진준은 술을 좋아하여 마셨다하면 매번 아주 많이 마셨는데, 손님들이 대청을 가득 채우면 문득 문을 막고는 손님들이 타고 온 수레의 비녀장을 뽑아서 (아무도 못 가게 하려고) 우물 속으로 집어던졌으므로 아무리 급한 일이 있어도 끝내 갈 수가 없었다.」(遵耆酒, 每大飮, 賓客滿堂, 輒關門, 取客車轄投井中, 雖有急, 終不得去)

2. 再送詩板, 必求至精, 眞可謂好事, 但恐拙句, 不足以副厚望耳. 然後篇, 改難字爲應字, 自謂深得意趣, 非君再送, 何得此耶. 古人云, 得句喜於得官, 豈不信哉. 且君於文雅, 留意致精如此, 若於兵法, 亦能如此, 則其斫樹, 何止構一亭而已. 故以此戱爲絶句, 幷上博一笑[1] _濯淸二律見下[2]

다시 내가 쓴 시판을 보내면서 반드시 지극히 정밀함을 구하니 실로 일 벌이기를 좋아한다 하겠지만, 아마 서투른 구절이 두터운 바람에는 흡족하지 않았을 터이다. 그러나 후편에서 「어려울 난」자를 「응할 응」자로 고치고서는, 스스로 의취를 깊이 얻었다 이르노니 그대가 다시 보내주지 않았다면 어찌 이것이 가능하였겠는가? 옛 사람이 말하기를 「좋은 구절을 얻는 것이 관직을 얻는 것보다 기쁘다」고 하였는데 어찌 믿지 않겠는가? 또한 그대는 문장이 우아하고 뜻을 남김

1 | 시판(詩板) : 글자 그대로는 「시를 적은 나무판」이라는 뜻이나, 여기서는 시를 적은 원고 정도의 뜻으로 보인다.

고인~득관(古人~得官) : 당나라 정곡(鄭谷)의 〈고요하게 읊조리다(靜吟)〉 「서로 드나들고 서로 객이 되면 응당 서로 웃어야 하리니, 구절 얻음이 좋은 관직 얻음보다 낫다네.」(相門相客應相笑, 得句勝於得好官) 송나라 진여의(陳與義)의 〈왕주사가 발운사의 속관으로 부임함에 전송하다(送王周士赴發運司屬官)〉 「서생들 구절 얻음 관직 얻음보다 나으니, 기풍 거의 모든 사람 기뻐함에 그치겠는가?」(書生得句勝得官, 風其少止盡人歡)

작수(斫樹) : 《고증》 「김유지가 무예에 종사하고 있으므로 손빈의 고사를 차용하였으며, 또한 〈김유지 탁청정에게 지어 부치다〉 시에 나오는 말이다.」(案, 綏之從事武藝, 故借用孫臏事, 亦寄題詩中語) 손빈[孫子]의 고사는 손빈이 마릉(馬陵)에서 방연을 유인하여 죽이면서 눈에 띄는 커다란 나무를 찍어 희게 보이도록 하고 「방연이 이 나무 아래서 죽는다」(斫大樹白而書之曰, 龐涓死於此樹之下)라고 써놓은 고사를 말한다. 《사기·손자오기열전(孫子吳起列傳)》에 나온다.

2 | 《고증》 「이 시는 아래의 〈김유지 탁청정에게 지어 부치다〉 두 수 아래에 있어야 한다.」(案, 此詩當在下寄題金綏之濯淸亭二首下) 곧 아래의 29~30번 시를 말한다.

개난위응(改難爲應) : 《고증》 「『호귤은 다 자랐으리』라 읊은 구절을 가리킨다.」(指湖橘應成長之句) 곧 30번 시의 세 번째 구절이다.

이 이와 같이 정밀하며, 병법 같은데도 또한 능히 이러할 수 있으니, 나무를 찍어내면 어찌 정자 하나를 얽는데 그칠 따름이겠는가? 그러므로 이것으로 장난삼아 절구를 짓고 아울러 한바탕 웃어주시기를 바랍니다_ 탁청 율시 두 수는 아래에 보인다

知君學劒久無成[3] 지 군 학 검 구 무 성	그대 검술 배워 오래도록 이룸 없음 아는데,
文雅如今要極精 문 아 여 금 요 극 정	문장 우아하여 지금 매우 정밀해지려 하네.
若學孫吳能似此[4] 약 학 손 오 능 사 차	손자와 오기 배워 이와 비슷하게 할 수 있었다면,
奇謀何止構溪亭 기 모 하 지 구 계 정	기이한 계책 어찌 냇가 정자 짓는데 그치리오.

3 | 학검구무성(學劒久無成) : 문집 권46 〈성균 생원 김공의 묘지명(成均生員金公墓誌銘)〉 서문 「공은 활쏘기에 더욱 뛰어나 무과에도 함께 응시하여 거의 붙을 뻔 한 것이 여려 차례였지만 끝내 이루지를 못하였다.」(公尤精於射藝, 旁應武擧, 幾成者數, 而終不遂)

4 | 손오(孫吳) : 전국시대 병가학파의 손자와 오기를 말한다. 김유지가 병과에도 남다른 소질을 보였으므로 이렇게 말하였다.

3~4. 濯淸主人寄余書, 有假寓江皐之嘲, 戲贈. 二絶[1]

탁청정 주인이 내게 편지를 부쳐왔는데, 강가 언덕을 빌려 우거한다는 놀림말이 있으므로 장난삼아 지어 드린다. 절구 두 수

3

月瀾庵裏病閒人[2] 월 란 암 리 병 한 인	월란암의 병으로 한가한 사람,
避病元非避俗塵 피 병 원 비 피 속 진	병 피한 것이지 원래 속세의 먼지 피한 것 아니라네.
可笑錯將周子比[3] 가 소 착 장 주 자 비	우습구나, 나를 잘못 주옹과 비교함,

1 | 가우강고(假寓江皐) : 남조 제나라 공치규(孔稚珪)가 주옹(周顒)이라는 사람이 지금의 남경에 있는 북산에서 가짜 은자 노릇을 하다가 벼슬이 탐이 나서 해염(海鹽) 현령으로 나갔다가 다시 북산에 들르려 하므로 〈북산의 산신령이 [해염의 현령에게] 보내는 경고의 공문(北山移文)〉을 지었다.(《고문진보·후집》에 수록됨) 그 가운데 「비록 강가 언덕에서 (산림처사의) 모습을 빌리고 있으나 속마음은 좋은 벼슬에 매여 있었다.」(雖假容於江皐, 乃纓情於好爵)라는 구절이 있다. 여기서는 이퇴계가 벼슬하다가 돌아와서 낙동강 곁에 은자 같이 살려고 한다는 것을 비웃었다는 것이다.

2 | 월란암(月瀾庵) : 원래는 월안암(月安庵)이라 하였는데, 퇴계가 「월란」으로 고쳐 불렀다. 예안현(지금의 안동군 도산면) 자하봉(紫霞峯)에서 마주 보이는 동봉(옛이름은 東翠屛) 아래 있는데, 낙동강 물이 그 앞에 흐르고 있다. 현재는 사촌(沙村) 안동 김씨네 월란정사(月瀾精舍)로 되어 있다. 내집 권1(81~82번 시) 월란암을 읊은 시가 있으니 참고할 것.

3 | 주자(周子) : 《고증》「주옹이다.」(周顒)

馳烟空擺碧蘿春[4]
치 연 공 파 벽 라 춘

달리는 안개로 하여금 공연히
　　봄의 벽라 밀치게 하다니.

4

莫向江皐嘲假寓
막 향 강 고 조 가 우

강가 언덕 향하여
　　핑계대고 우거한다 놀리지 말게나,

吾今因病得閒時
오 금 인 병 득 한 시

내 지금 병 때문에
　　한가한 때 얻었다네.

濯淸儘有幽居味
탁 청 진 유 유 거 미

탁청정에 그런대로
　　그윽이 은거할 맛 있다하나,

還恐傍人泣染絲[5]
환 공 방 인 읍 염 사

그래도 걱정되는구나, 곁의 사람
　　실 물듦을 울게 만들까.

4 | 치연벽라춘(馳烟碧蘿春) : 〈북산의 산신령이 보내는 경고의 공문(北山移文)〉「종산의 정령과 초당의 신령이 노하여 안개로 하여금 역로를 달려가 경고의 공문을 산마루에 새기게 하였다. …… 가을 계수나무는 바람을 돌려보내고 봄의 담쟁이덩굴은 달을 밀쳐버렸다.」(鍾山之英, 草堂之靈, 馳煙驛路, 勒移山庭……秋桂遣風, 春蘿擺月) 뒷 구절은 가을바람에 실려 오는 계수나무의 향기와 봄밤에 달빛을 받아 빛나는 담쟁이덩굴의 모습은 계절의 풍물 중에서도 으뜸으로 치는데, 이러한 것들조차 한때 주옹의 노리갯감이었던 것을 부끄럽게 생각하여 이제는 자신들의 아름다움을 드러내지 않으려 한다는 뜻을 나타내었다.

5 | 읍염사(泣染絲) : 《회남자·설림훈(說林訓)》「묵자는 흰 실을 다듬는 것을 보고 울었는데, 그것을 누렇게 물들일 수도 있고 검게 물들일 수도 있기 때문이었다.」(墨子見練絲而泣之, 爲其可以黃, 可以黑) 《요존록》「유지에게 학술 택하는데 신중하게끔 경계한 것이다.」(戒綏之愼於擇術也)

5~6. 再次. 二首

다시 같은 각운자를 써서 짓다. 두 수

5

匹馬歸來訪故人[1] 필 마 귀 래 방 고 인	필마로 돌아와 옛 친구 찾았는데,
素衣猶帶洛陽塵[2] 소 의 유 대 낙 양 진	흰 옷에 아직도 낙양의 먼지 띠고 있네.
開樽且作花前醉 개 준 차 작 화 전 취	술주전자 열어 짐짓 꽃 앞에서 취하리니,
莫負山中第一春 막 부 산 중 제 일 춘	산중에서의 첫 번째 봄 저버리지 말았으면.

1 | 필마귀래(匹馬歸來) : 송나라 한유(韓維)의 〈상지를 찾아뵙고 여러분과 함께 동선원으로 걸음을 옮기다(謁象之, 同諸君, 步之東禪院)〉 「2년 동안 초췌하게 서울의 먼지 속 다니다가, 필마로 돌아와 사방 이웃 찾는다네.」(二年憔悴走京塵, 匹馬歸來訪四鄰)

2 | 소의~낙양진(素衣~洛陽塵) : 당나라 유종원(柳宗元)의 〈장마비(梅雨)〉 「흰 옷 지금 모두 변하였는데, 낙양의 먼지 때문은 아니라네.」(素衣今盡化, 非為洛陽塵)

6

花映欄干柳拂池 화 영 난 간 류 불 지	꽃 난간에 비치고 버들가지 못물에 씻기니,
溪山渾似昔年時 계 산 혼 사 석 년 시	시내와 산 온통 왕년과 흡사하다네.
只應笑我重來客 지 응 소 아 중 래 객	다만 틀림없이 나 같이 다시 온 사람 보고 웃으리니,
多病顔衰鬢雪絲 다 병 안 쇠 빈 설 사	병 많고 얼굴 수척하며 귀밑머리 흰 눈 실타래 같기 때문이리.

7~8. 濯淸亭. 贈主人金綏之

탁청정. 주인 김유지에게 드리다

7

一樹梨花潑雪花[1]
일 수 이 화 발 설 화

한 그루 배꽃
눈꽃 뿌리고,

東風吹動滿簾香
동 풍 취 동 만 렴 향

봄바람은 발 가득한
향기 불어 움직이네.

十分且作留連飮[2]
십 분 차 작 유 련 음

오로지 잠시 머물러
이어서 술이나 마실 뿐,

何用花前更訴觴
하 용 화 전 갱 소 상

어찌 꽃 앞에서
다시 술잔에 하소연하겠는가?

1 | 일수이화(一樹梨花) : 당나라 두목의 〈해오라기(鷺鷥)〉 「놀라 멀리 비치는 푸른 산으로 날아가니, 한 그루의 배나무 꽃 저녁 바람에 지는 것 같네.」(驚飛遠映碧山去, 一樹梨花落晩風)

2 | 유련음(留連飮) : 송나라 매요신(梅堯臣)이 《속금침시격(續金針詩格)》에서 인용한 당시(唐詩) 「지난해 꽃 아래서 머물러 이어 마실 때, 날은 따뜻했고 복사꽃은 아리따웠는데 꾀꼬리 어지러이 울었다네.」(去年花下留連飮, 暖日夭桃鶯亂啼)

8

夜起壺觴不用揮
야 기 호 상 불 용 휘

밤에 일어나니 술병과 술잔
휘두를 필요 없고,

一般淸景要須知
일 반 청 경 요 수 지

이렇듯 맑은 경치
모름지기 알아야만 하리.

梨花院落如銀海[3]
이 화 원 락 여 은 해

배꽃 뜰에 지니
은빛 바다 같은데,

正是方塘月印時
정 시 방 당 월 인 시

바로 모난 못에
달 찍혀 있을 때라네.

3 | 이화원락(梨花院落) : 송나라 안수(晏殊)의 〈무제(無題)〉 「배꽃 뜰에 지니 달빛 질펀하고, 버들솜 못가에 날리니 바람 담담하네.」(梨花院落溶溶月, 柳絮池塘淡淡風)

9~11. 戱贈金綏之

장난삼아 지어 김유지에게 드림

9

矮傾書屋面陽開
왜 경 서 옥 면 양 개

작고 기운 서생의 집
남쪽 향하여 열려 있는데,

載酒欣逢慰寂來
재 주 흔 봉 위 적 래

술 싣고 와 흔쾌히 만났네,
쓸쓸함 달래러 오셨으니.

水站軍鋪休更辨[1]
수 참 군 포 휴 갱 변

수참과 군포 같은 것일랑
다시 따지지 말고,

頹然一醉臥窓隈[2]
퇴 연 일 취 와 창 외

스르르 한번 취하여
창 모서리에 눕기나 하소서.

1 | 수참군포(水站軍鋪) : 《고증》「『站』의 음은 참이며, 역이라는 뜻이다. 『鋪』는 펼친다는 뜻이다. 장사치들의 가게를 속칭 『포』라 한다.」(站次咸切, 驛也. 鋪, 陳也. 賈肆俗作舖) 김유지가 무(武)에 관심이 많았기 때문에 여기에서 이런 일을 언급한 것이다.

2 | 퇴연일취(頹然一醉) : 남조 양나라 유의경의 《세설신어·용지(世說新語·容止)》「혜숙야(죽림칠현의 한 사람인 嵇康의 자)의 사람됨은 우뚝하기가 마치 외로운 소나무가 홀로 선 것과 같으나, 그가 만약 술이 취했다 하면 뺏뺏하게 넘어짐이 마치 옥산이 무너지는 것과 같다.」(嵇叔夜之爲人也, 巖巖若孤松之獨立. 其醉也, 傀俄若玉山之將崩) 여기서 옥산퇴(玉山頹)라는 고사가 생겨났다. 이 시구는 김유지를 혜강에 비유한 것이다.

10

好山多處小莊開
호 산 다 처 소 장 개

좋은 산 많은 곳 안에
　　작은 별장 열어놓고서,

著眼何人賞靜來[3]
착 안 하 인 상 정 래

어느 분 고요한 곳 감상하러 오시는지
　　응시하고 있었다네.

美句含譏還自蔽
미 구 함 기 환 자 폐

아름다운 구절에 놀리는 말 담았다가
　　다시 스스로 가리심은,

君家亦在最深隈
군 가 역 재 최 심 외

그대의 집 또한
　　가장 깊은 물굽이에 있기 때문이라네.

3 | 착안(著眼) : 응시하다, 관찰하다. 착(著)은 곧 「着」과 같은 뜻으로 쓰였다.

11

霞峯形勝得天開[4]
하 봉 형 승 득 천 개

하봉의 빼어난 경치
하늘이 열어줌을 얻었고,

漱石亭基已卜來[5]
수 석 정 기 이 복 래

수석정 터
이미 점찍어 잡아놓았다네.

莫把愚巖論勝負
막 파 우 암 논 승 부

그대 우암을 가지고 이보다
낫다 아니다 논하지 마소서,

從他漁父兩爭隈[6]
종 타 어 부 양 쟁 외

어부들 물굽이 놓고
둘이서 다투건 말건.

4 | 하봉(霞峯) : 자하봉을 말하며, 내집 권1 101번 시 〈푸름을 밟고 자하산에 오르다(踏靑登霞山)〉에 상세하다.

5 | 수석정(漱石亭) : 퇴계가 자하고(紫霞皐)에 지은 정자. 별집 216~217번 시에 〈하고의 작은 정자를 수석정이라 이름하다. 산수가 기이하고 아름다워 내가 매우 좋아한다(霞皐小亭, 名以漱石. 山奇水麗, 余甚樂之)〉가 있으니 참고하기 바란다.

6 | 어부쟁양외(漁父爭兩隈) : 《회남자·남명훈(覽冥訓)》「농부는 밭두둑을 침범하지 않고, 어부는 물굽이를 다투지 않는다.」(田者不侵畔, 漁者不爭隈) 송나라 황정견의 〈소식의 무창의 서산이란 시의 각운자를 써서(次韻子瞻武昌西山)〉「문장 예와 지금 비춤 누가 알리오? 촌 늙은이들은 자리만 다투고 어부들은 물굽이만 다투지만.」(誰知文章照古今, 野老爭席漁爭隈)

12~13. 挽金綏之[1]

김유지를 애도함

12

投轄陳無檢[2] 굴대 빗장 뽑아 던진 진준 단속함 없었고,
투 할 진 무 검

治生馬不貪[3] 살림 힘쓴 마원 가난하지 않았다네.
치 생 마 불 탐

蓮花雖小捷[4] 연꽃 시험 비록 작은 성취 이루었으나,
연 화 수 소 첩

1 | 1555년 5월 19일에 탁청정 김유가 작고하였다는데, 이 만사는 그 해 윤 11월에 장사를 앞두고 지었다.(정석태 《퇴계선생연표월일조록(이하 《연표》)·2》, 326쪽, 359쪽)

2 | 투할(投轄) : 위 1번 시의 주 6)을 보라. 문집 권46 〈성균 생원 김공의 묘지명(成均生員金公墓誌銘)〉 서문 「손님이 이르면 곧 그를 위하여 굴대 빗장을 뽑아 우물에 던져버리고 실컷 마셨는데 여러 날 밤을 계속해도 피곤한 기색이라고는 없었다.」(客至, 輒爲之投轄劇飮, 或連夜無倦色)

3 | 치생마불빈(治生馬不貧) : 《후한의 역사》 권24 〈마원의 전기(馬援傳)〉 「나중에 군의 독우가 되어 죄수를 사명부에 보내게 되었는데 죄수는 죄가 무거웠지만 마원이 가엽게 여기어 풀어주고는 마침내 북지로 망명하게 되었다. 사면을 받았으나 그곳에 머물면서 목축을 하게 되었다. …… 곳에 따라 경작하고 목축도 하여 소와 말, 양이 수천 두였고, 곡식이 수만 휘나 되었다.」(後爲郡督郵, 送囚至司命府, 囚有重罪, 援哀而縱之, 遂亡命北地. 遇赦, 因留牧畜……因處田牧, 至有牛馬羊數千頭, 穀數萬斛)

4 | 연화소첩(蓮花小捷) : 연(蓮)은 소과를 말한다. 과거의 소과와 대과를 합쳐 연계(蓮桂)라고 한다. 《고증》 「김유지는 사마시(소과)에 급제하였다.」(綏之中司馬)

楊葉竟空神[5]
양 엽 경 공 신

버들잎 쏨 끝내 신통함 없이 되었네.

積慶遺三子[6]
적 경 유 삼 자

음덕 쌓이어 세 아들 두었으나,

稀年失五春[7]
희 년 실 오 춘

고희에서 다섯 해 모자라네.

5 | 양엽(楊葉) : 《전국책·서주책(西周策)》「초나라에 양유기라는 사람이 있었는데, 활을 잘 쏘아서 버들잎에서 떨어져 백보나 되는 곳에서도 활을 쏘면 백 번을 쏘아 백 번을 맞혔다.」(楚有養由基者, 善射, 去柳葉者, 百步而射之, 百發百中) 당나라 두보의 〈취하여 부르는 노래(醉歌行)〉「옛날 버들잎 뚫었음 진실로 스스로 아나니, 잠깐 서리에 엎어지는 발굽은 잘못 아니라네.」(舊穿楊葉眞自知, 暫蹶霜蹄未爲失) 김유지가 무예에 남다른 소질을 보였는데도 무과에는 끝내 급제하지 못하였음을 말한다.

6 | 적경(積慶) : 자손에게 남겨주는 은덕을 가리킨다. 《주역·곤괘(坤卦)》의 문언전(文言傳)「선을 많이 쌓은 집안에는 반드시 많은 경사가 있다.」(積善之家, 必有餘慶)

7 | 희년(稀年) : 곧 고희(古稀)로 70세를 말한다. 당나라 두보(杜甫)의 〈곡강(曲江)〉 제2수「술빚이야 가는 곳마다 늘 있는 일이고, 사람이 나서 일흔을 산다는 것은 예로부터 드문 일이라네.」(酒債尋常行處有, 人生七十古來稀) 춘(春)은 여기서「해 년」(年)자의 뜻으로 쓰였다.

佳城無白日[8]
가 성 무 백 일

아름다운 성에 밝은 해 없을 것이니,

誰與樂相親
수 여 락 상 친

누구 더불어 서로 친함 즐길까?

8 | 가성(佳城) : 무덤의 별칭. 한나라 유흠(劉歆)이 지었다고 전하여지는(梁나라 吳均이 지었다는 설도 있다) 《서경잡기(西京雜記)》 권4 「등공(전한의 夏後嬰)이 수레를 타고 동도의 성문에 이르렀는데, 말이 울며 몸을 구부리더니 나아가려 하지 않고 발로 오래 동안 땅을 파내었다. 등공이 사졸들로 하여금 말이 땅을 파던 곳을 파게 하여 석자가 되는 곳에 들어가 석곽을 얻었는데 등공이 횃불로 비추자 명문이 있었으며, 이에 물로 그 글을 씻겼더니 문자가 모두 오래되고 기이하여 곁에 아무도 아는 자가 없었다. 숙손통에게 물었더니 숙손통이 말하기를 『과두문자로 된 글이다.』라 하고는 지금의 문자로 그것을 써주었는데 『아름다운 성 빽빽한데, 3천 년이면 밝은 해에 드러나리. 아아! 등공 이 집에 살리라.』라 하였다. 등공이 말하기를 『아아! 이는 하늘의 뜻이로다! 내가 죽으면 아마 곧 이곳에 안장될 것이다.』라 하였다. 죽자 마침내 그곳에 장사지냈다.」(滕公駕至東都門, 馬鳴跼不肯前, 以足跑地久之. 滕公使士卒掘馬所跑地, 入三尺所, 得石槨, 滕公以燭照之, 有銘焉, 乃以水洗寫其文, 文字皆古異, 左右莫能知. 以問叔孫通, 通曰, 科斗書也. 以今文寫之曰, 佳城鬱鬱, 三千年見白日, 吁嗟滕公居此室. 滕公曰, 嗟乎天也. 吾死其即安此乎, 死遂葬焉) 당나라 장열(張說)의 〈우승상이신 소공을 애도함(右丞相蘇公挽詞)〉 「무덤에는 밝은 해 없고, 빈각에는 푸른 이끼만 있다네.」(佳城無白日, 賓閣有青苔)

13

壽耉吾鄕美 오래 삶 우리 고을의 미덕인데,
수 구 오 향 미

今年痛不任 올해는 아픔 견디지 못하겠네.
금 년 통 불 임

枕流波電謝[9] 침류정에는 물결 번개처럼 사그라지고,
침 류 파 전 사

愛日景雲沈 애일당에는 빛 구름처럼 가라앉았네.
애 일 경 운 침

9 | 파전사(波電謝) : 《문선》 남조 양나라 유준(劉峻; 자는 孝標)의 〈말릉령 유소에게 다시 답함(重答劉秣陵沼書)〉「비록 네 마리 말이 끄는 빠른 수레 다닐 틈 남아 있지 않지만 한 자의 물결에 번개는 사라진다.」(雖隙駟不留, 尺波電謝)

索寞歡娛地[10]
색 막 환 오 지

기뻐하며 즐기던 곳 쓸쓸해지니,

凄涼故舊心
처 량 고 구 심

옛 친구 마음 처량하다네.

臨風寫薤露[11]
임 풍 사 해 로

바람 맞으며 염교의 이슬 써내려가자니,

老淚自盈襟[12]
노 루 자 영 금

늙은이 눈물 절로 옷깃 가득 적시네.

10 | 환오지(歡娛地) : 당나라 두보의 〈안타까워라(可惜)〉 「안타까워라 기뻐하며 즐기던 곳, 모두 한창때의 모습 아니라네.」(可惜歡娛地, 都非少壯時)

11 | 해로(薤露) : 진(晉)나라 최표(崔豹)의 《고금주(古今注)》 권중 〈음악 제3〉 「〈해로〉와 〈호리〉는 모두 애가로, 전횡의 문인에게서 나왔다. 전횡은 자살하였는데 문인들이 이를 가슴 아파하여 비가를 짓고는 사람의 목숨은 염교 위의 이슬처럼 쉽게 말라 없어진다는 것을 말했으며, 또한 사람들은 죽으면 혼백이 호리(태산 남쪽의 산으로 묘지라는 뜻으로 쓰임)로 돌아간다고 하였으므로 2장이 있게 되었다. 그 첫째 장에서는 말했다. 『염교 위의 아침 이슬 어찌 그리 쉬 마르는가? 이슬 마르면 내일 아침 다시 또 지니, 사람 한번 죽으면 어느 때나 돌아오려나?』 …… 한나라 무제 때 이연년이 2장으로 나누어 곡을 지었는데 〈해로〉는 왕공과 귀인들을 보내는 음악이고, 〈호리〉는 사대부와 서인들을 보내는 음악으로, 널을 지는 사람들에게 부르게 하였으며 세상에서는 만가라고도 한다.」(薤露蒿里, 幷哀歌也, 出田横門人. 横自殺, 門人傷之, 爲作悲歌, 言人命薤上露易晞滅也, 亦謂人死魂魄歸于蒿里, 故有二章, 其一曰, 薤上朝露何易晞, 露晞明朝更復落, 人死一去何時歸……至孝武時, 李延年乃分二章爲曲, 薤露送王公貴人, 蒿里送士大夫庶人, 使挽柩者歌之, 世亦呼爲挽歌) 사해로(寫薤露)는 곧 만사를 짓는 것을 말한다.

12 | 노루(老淚) : 송나라 진여의(陳與義)의 〈손신도와 헤어지다(別孫信道)〉 「그대 같은 이 어찌 헤어질 수 있단 말인가? 늙은이 눈물 옷 적시려 하네.」(如君那可別, 老淚欲沾衣)

14. 題江陵通判金伯榮所送, 遊鏡浦臺圖[1]

강릉 통판인 김백영이 보내준 〈경포대에 노니는 그림〉에 적다

身非騎鶴向瀛蓬[2]
신 비 기 학 향 영 봉

몸 학을 타고 영주와
봉래산 향하는 것도 아닌데,

怪底仙洲入眼中
괴 저 선 주 입 안 중

괴상한 신선의 섬
눈 안에 드네.

澹澹環臺湖拭鏡
담 담 환 대 호 식 경

담담하게 대 둘렀으니
호수 거울 닦은 것 같고,

迢迢截海岸圍虹
초 초 절 해 안 위 홍

아득하게 바다 잘랐으니
해안은 무지개 에워싼 것 같네.

1 | 김백영(金伯榮) : 김부인(金富仁 : 1512~1584)의 자이다. 본관은 광산(光山)이고, 호는 산남(山南)이며 예안에 살았다. 김부신과 김부륜의 형이다. 《급문록》에 의하면 여러 차례 과거에 응시하였으나 합격하지 못하다가 늦게야 무과에 급제하였다고 한다. 이조좌랑과 병마절도사를 역임하였으며, 경학에 조예가 깊었다. 1557년에서 1560년 사이에 강릉 판관을 지냈다. 통판은 판관을 지칭하는 말이다.

2 | 기학향영봉(騎鶴向瀛蓬) : 학을 탄다는 것은 곧 신선을 말한다. 당나라 최호(崔顥)의 〈황학루(黃鶴樓)〉에 「옛 사람은 이미 누런 학 타고 떠났다」(昔人已乘黃鶴去)는 구절이 있고, 《연감유함(淵鑑類函)》이라는 유서(類書)에 보면 학을 타고 양주(揚州)를 난다는 이야기가 수록되어 있다. 영봉(瀛蓬)은 곧 영주(瀛洲)와 봉래(蓬萊)를 말하며 방호(方壺)와 함께 신선이 산다고 하는 삼신산이다. 여기서는 경포대를 삼신산에 비긴 것이다.

誇傳競慕蘭舟戲[3]
과 전 경 모 난 주 희

목란 배 놀이
다투어 사모함 자랑스레 전하나,

敕賜誰憐剡曲風[4]
칙 사 수 련 섬 곡 풍

임금께서 내려주셨으니
섬곡의 풍류 누군들 아끼지 않으랴?

3 | 과전~난주희(誇傳~蘭舟戲) : 서거정(徐居正)의 《동인시화》「혜숙공 박신(朴信)은 젊을 때부터 당시의 칭찬이 자자하였는데 강원도 안렴사(按廉使)로 있으면서 강릉의 기생 홍장을 사랑하였으며 정이 자못 중하였다. 기한이 다되어 돌아가려던 참인데 부윤인 석간 조운흘(趙云仡)이 『홍장은 이미 죽어 신선이 되어 갔다.』고 속여 말하니 박신은 슬퍼서 생각을 주체할 수 없었다. 부에는 경포대가 있는데 빼어난 경치가 관동에서 제일이었다. 부윤이 안렴사를 맞아 출유하면서 몰래 홍장에게 화장을 곱게 하고 고운 옷을 입게 하였다. 따로 그림 채색한 배를 갖추게 하고, 한 늙은 관인을 뽑아 …… 홍장을 태우고 …… 노를 저으며 포구에 들어와 물가를 배회하게 하였는데, 현악과 관악이 맑고 또렷하여 공중에서 나는 듯하였다. 부윤이 안렴사에게 말하기를 『이곳에는 옛 신선들의 유적이 있으며, 산꼭대기에는 차를 끓이던 아궁이가 있소. …… 지금 신선들의 무리가 그 사이를 오가는데 아침 꽃과 저녁달을 사람들이 바라볼 수는 있어도 가까이 할 수는 없소.』라 하였다. 박신이 말하기를 『산천이 이러하고 풍경이 특이하기는 하나 정황이 없소이다.』하면서 눈물이 눈에 가득하였다. 조금 뒤에 배가 순풍을 타고 눈 깜짝할 사이에 앞으로 왔다. 노인이 배를 대느라 노를 젓고 있는데 형모가 기이하였으며, 배 안에서는 홍기가 노래하고 춤추는데 가냘프게 나풀거렸다. 박신이 놀라서 말하기를 『필시 신선 가운데 사람이 된 자일 것이다.』라 하였는데, 자세히 보니 바로 홍장이었다. 온 좌중이 손뼉을 치며 크게 웃고 한껏 즐긴 다음에 놀이가 끝났다.」 국역 《신증동국여지승람》 권44 〈강릉대도호부〉의 경포대 조에도 인용되어 있다.

4 | 섬곡풍(剡曲風) : 섬곡은 섬천(剡川)을 말한다. 당나라 현종 때 조칙으로 비서감 벼슬을 하다가 80세가 넘어 고향땅으로 은퇴하는 하지장(賀知章)에게 그의 고향인 오(吳) 지방의 경호(鏡湖)와 섬천 일대를 내렸으므로 이렇게 말한다. 하지장은 평소에 술을 좋아하고 신선 같은 풍류가 있었으며, 이태백을 알아보고 벼슬길에 추천한 것으로 유명하다.

宴罷瑤池眞一夢[5]
연 파 요 지 진 일 몽

요지에서 잔치 끝나면
　　정말 한바탕 꿈이 될 것이니,

急須商畧付良工
급 수 상 략 부 량 공

갑자기 생각 짜내어
　　훌륭한 그림 그리게 만들었구나.

5 | 요지(瑤池) : 전설상 주목왕(周穆王)이 서왕모(西王母)를 만났다는 곤륜산(崑崙山)에 있는 선경(仙境). 상세한 것은 《내집》 권2 2번 시의 주 10)을 보라.

15. 謝伯榮送青石硯[1]

김백영이 청석 벼루를 보내줌에 감사하다

青石硯從遼地產[2] 청 석 연 종 요 지 산	청석 벼루 요동 땅에서 나는데,
麟山遠寶寄陶山[3] 인 산 원 보 기 도 산	인산에서 먼 보물 도산으로 부쳤다네.
方知老筆如神助 방 지 노 필 여 신 조	바야흐로 알겠네, 늙은이 필세 신이 도움과 같음,
鶴海天風入座寒 학 해 천 풍 입 좌 한	학 나는 바다의 하늘 바람 같은 기운 책상머리로 시원하게 들어오네.

1 | 김부인이 1561년 2월에 평안도 창성부사로 부임하였을 때 보낸 선물에 감사해 한 것이다.(권오봉《대전》890쪽)

2 | 청석~요지산(青石~遼地產) : 인재(訒齋) 최현(崔晛)의 《조천록(朝天錄)》「청석령은 요동에 있는데, 온 골짜기가 모두 청석으로 되어 있다. 그것을 가져다가 벼루를 만드는데, 파란 윤기가 도는 것이 매우 아름답다.」(青石嶺在遼東, 一洞皆青石, 取而作硯, 青潤甚佳)

3 | 인산(麟山) : 《고증》「의주에 있다. ○ 김백영은 이때 정주목사로 있었다.」(在義州○案, 伯榮時牧定州)

16. 挽金上舍可行[1]

진사 김가행을 애도함

名薦芙蓉榜[2]
명 천 부 용 방

이름 부용의 방에 올랐고,

人間卌四年
인 간 십 사 년

세상에서 마흔 네 해 살았다네.

不嫌身晦約[3]
불 혐 신 회 약

일신 영달하지 못함은 꺼리지 않았지만,

叵耐病纆綿
파 내 병 묵 면

병 몸에 얽힘은 견딜 수 없었다네.

1 | 김가행(金可行) : 양정당(陽正堂) 김부신(金富信 : 1523~1566)의 자. 본관은 광산(光山)이며 예안에 살았다. 김유(金綏)의 아들이며, 김부인(金富仁)의 아우이자 김부륜(金富倫)의 형이다. 퇴계의 제자로 「유학에 돈독한 뜻을 두었다」는 칭찬을 들었다. 중년의 나이에 죽자 애도하여 이 시를 지었다.

2 | 부용방(芙蓉榜) : 연방(蓮榜)이라고도 하며, 과거의 소과를 가리키는 말. 위 12번 시의 주 3)을 보라.

3 | 약(約) : 《논어·어진 이를 이웃함이(里仁)》 「공자께서 말씀하셨다. 『인하지 못한 자는 오래도록 곤궁한데 처할 수 없고, 오래도록 즐거움에 처할 수 없다.』」(子曰, 不仁者不可以久處約, 不可以長處樂) 주자는 「약은 곤궁함이다.」(約, 困窮也)라 하였다.

棣蕚長辭樂[4]
체 악 장 사 락

아가위 꽃 오래도록 즐거움 마다하고,

芝蘭未畢緣[5]
지 란 미 필 연

지초와 난초 인연 채 끝나지 않았다네.

最傷終訣語
최 상 종 결 어

가장 마음 아프기는
세상 결별하며 남긴 말,

歷歷在人傳[6]
역 력 재 인 전

또렷하게 사람들 전하고 있음이라네.

4 | 체악(棣蕚) : 체화(棣華)라고도 하며 곧 아가위 꽃으로 형제를 비유한다. 《시경·소아·아가위(常棣)》「아가위 꽃 꽃송이 울긋불긋하네. 모든 지금 사람들 가운데 형제만한 이 없다네.」(常棣之華, 鄂不韡韡. 凡今之人, 莫如兄弟) 당나라 두보의 〈동지가 지난 후(至後)〉「매화 피려 함 자각하지 못하겠는데, 아가위 꽃 한번 헤어져 영원히 서로 바라네.」(梅花欲開自不覺, 棣蕚一別永相望)

5 | 지란(芝蘭) : 지란옥수(芝蘭玉樹)의 준말로 빼어난 자제들을 가리키는 말. 《진(晉)나라의 역사·사현(謝玄)의 전기》「사현의 자는 유도이다. 어려서부터 영민하여 종형인 사랑과 함께 숙부인 사안에게 신임을 받았다. 사안이 일찍이 자질들을 경계하려고 말하였다.『너희들은 어떡하면 사람의 일에 간여를 하면서도 그것을 아름답게 할 수 있겠느냐?』 여러 사람 가운데 말하는 이가 없었는데 사현이 답하여 말했다.『비유하자면 지초와 난초 옥나무가 뜰의 섬돌에 나려고 하는 것이나 같을 따름입니다.』」(玄字幼度. 少穎悟, 與從兄朗俱爲叔父安所器重. 安嘗戒約子姪, 因曰, 子弟亦何豫人事, 而正欲使其佳? 諸人莫有言者. 玄答曰, 譬如芝蘭玉樹, 欲使其生於庭階耳)

6 | 역력(歷歷) : 선명한 모양을 나타내는 첩자(疊字) 의태어.

17. 送金惇叙[1]

김돈서를 전송하다

君指望洋我刮龜[2]
군 지 망 양 아 괄 귀

그대 바다 바라봄 가리키는데
나는 거북의 등이나 깎고,

君來正値我歸時
군 래 정 치 아 귀 시

그대 옴 마침
나 돌아올 때 만났다네.

丈夫事業如行遠
장 부 사 업 여 행 원

사나이 사업이란
먼 길 가는 것과 같아서,

發軔須從正路馳[3]
발 인 수 종 정 로 치

길 떠나면 모름지기
바른 길 따라 달려야 하리.

1 | 김돈서(金惇叙) : 설월당(雪月堂) 김부륜(金富倫 : 1531~1598)의 자이다. 김부신(金富信)의 아우이며, 상세한 것은 권2 44번 시의 주 1)을 보라.

2 | 망양(望洋) : 《장자·가을 강(秋水)》「(황하의 물귀신인) 하백이 비로소 얼굴을 돌려 바다를 바라보고서 (바다의 수호신인) 약을 향하여 탄복해서 말했다. ……『저는 (견문이 좁기 때문에) 오랫 동안 뛰어나신 분들의 비웃음을 받아왔습니다.』」(河伯始旋其面目……望洋向若而歎曰, 吾將見笑於大方之家)

괄귀(刮龜) : 괄모귀배(刮毛龜背)를 말하며, 아무래 노력해도 안 되는 헛수고를 말한다. 송나라 소식의 〈동파(東坡)〉 제8수 「거북 등의 털 깎아서, 어느 때나 양탄자 이루겠는가?」(刮毛龜背上, 何時得成氈) 조차공(趙次公)의 주석 「거북의 등에서 양탄자를 짤 털을 깎는다는 것은 속담이다.」(龜背上刮氈毛, 諺語也) 송나라 시원지(施元之)의 주석 「부대사의 〈금강경송〉에 『거북의 털처럼 실체가 없고, 토끼의 뿔처럼 형체가 없다』라는 구절이 있다.」(傅大士金剛經頌, 如龜毛不實, 似兎角無形)

3 | 발인(發軔) : 인(軔)은 수레를 세워둘 때 쓰는 바퀴에 괴는 고임목. 발인은 수레바퀴의 고임목을 빼고 수레를 출발시킨다는 뜻. 나중에는 뜻이 바뀌어서 출발함, 또는 길을 떠난다는 뜻으로 쓰이게 되었다. 굴원(屈原)의 《초사·슬픔을 만남(離騷)》「아침에 창오 출발함이여, 저녁때 현포에 이른다네.」(朝發軔於蒼梧兮, 夕余至乎縣圃)

18~19. 喜諸君見訪

제군들이 찾아줌에 기뻐하다

18

歷險尋幽打磵門 역 험 심 유 타 간 문	험한 곳 건너 그윽한 곳 찾아 시냇가 문 두드리니,
主人驚喜失愁煩 주 인 경 희 실 수 번	주인 놀라 기뻐하며 근심과 번민 잊었다네.
簷前負日蒲隨地[1] 첨 전 부 일 포 수 지	처마 앞 햇빛 받고 있으니 갯버들 땅 따르고,
洞裏禁春雪映樽[2] 동 리 금 춘 설 영 준	골짝 안 봄 막아 눈 술잔에 비치네.

1 | 포수지(蒲隨地) : 포(蒲)는 곧 포류(蒲柳)로 갯버들이다. 당나라 두보의 〈되는대로 짓다(漫成)〉 「물가의 냇버들 땅 따라 있고, 마을의 좁은 길 문 따라 생겼네.」(渚蒲隨地有, 村徑逐門成)

2 | 금(禁) : 《요존록》 「금은 《증운》에서 당하다, 겁박하여 제어하다의 뜻이다라고 하였다.」(禁, 增韻, 當也, 劫制也)

見事苦遲非適用
견 사 고 지 비 적 용

일 봄 더딤 괴로워해도
알맞게 쓰이지 않고,

鑽書欲學是狂言
찬 서 욕 학 시 광 언

책 파고 배우고자 함
바로 미친 말이라네.

請君聽取嚶嚶鳥
청 군 청 취 앵 앵 조

청컨대 그대들 재잘재잘
새소리 들어 보게나,

此道如今詎不存
차 도 여 금 거 부 존

이 도 지금
어찌 남아있지 않는가?

19

巖居不必爲無求[3]
암 거 불 필 위 무 구

은거함 꼭
추구함 없이 할 필요 없으나,

褊性從來合置幽
편 성 종 래 합 치 유

호좁은 성품 예로부터
그윽한 곳에 놓임 알맞았다네.

已怵崎嶇勞僕馬
이 출 기 구 로 복 마

이미 험난함 마부며 말
수고롭힘 슬퍼하였으니,

何妨寂寞老山丘
하 방 적 막 로 산 구

쓸쓸하게 산 언덕에서
늙어감 무엇 거리끼리오?

3 | 암거(巖居) : 암거(嵒居), 산거(山居)라고도 하며, 보통 벼슬을 버리고 은거하는 것을 이르는 말이다. 상세한 것은 《내집》 권1 154번 시의 주 1)을 보라.

旋將薄酒澆深恨 선 장 박 주 요 심 한	묽은 술로 깊은 한 엷게 하고자 하고,
擬把長閒作勝遊 의 파 장 한 작 승 유	오랜 한가로움 가지고 빼어난 놀이 삼았으면 하네.
病脚莫愁難逐景 병 각 막 수 난 축 경	병든 다리 경치 좇기 어려움 걱정하지 말리니,
猶能携杖與乘舟 유 능 휴 장 여 승 주	그래도 지팡이 잡고 함께 배에 오를 수 있다네.

20~21. 次韻惇叙與庇遠章仲, 雪後唱酬之作[1]

돈서가 비원, 장중과 함께 눈 온 뒤에 주고받은 시의 각운자를 써서 짓다

20

雪應吾君一念餘 설 응 오 군 일 념 여	눈 응당 그대 오로지 바라던 것이니,
天心仁愛信非疎 천 심 인 애 신 비 소	하늘 마음 씀 인자하고 사랑스러워 실로 성김 없다네.
明年麥熟徵先見[2] 명 년 맥 숙 징 선 견	내년 보리 익음 징조 먼저 드러나고,
此日冬溫沴已虛 차 일 동 온 려 이 허	이날 겨울 따뜻하니 악기 이미 비었다네.

1 | 비원(庇遠) : 이국량(李國樑 : 1517~1554)의 자이며, 호는 양곡(暘谷), 본관은 영천(永川)이다. 농암(聾巖)의 아우인 이현준(李賢俊)의 아들이며 진사이다. 퇴계의 문인이며 또한 질서(姪壻)이다.
장중(章仲) : 권호문(權好文 : 1532~1587)의 자. 호는 송암(松巖)으로, 퇴계의 맏형인 이잠(李潛)의 외손자이다. 본관은 안동(安東). 상세한 것은 《내집》 권2 184번 시의 주 1을 보라.

2 | 명년맥숙(明年麥熟) : 송나라 소식의 〈까마귀가 보리를 심음을 노래함(鴉種麥行)〉「내년에 보리 익어 까끄라기 창처럼 뚫고 나오면, 농부 먹기도 전에 까마귀 먼저 쪼겠네.」(明年麥熟芒攢槊, 農夫未食鴉先啄) 이 구절은 눈이 오면 그해의 농사가 풍년이 진다는 것을 읊은 것이다.

有客尋山迷失路 유 객 심 산 미 실 로	나그네 산 찾다 길 잃고 헤매는데,
知君扃戶出無驢[3] 지 군 경 호 출 무 려	그대 문 나설 나귀 없음 안다네.
履穿多病溪堂叟[4] 이 천 다 병 계 당 수	신발 구멍나고 병 많은 계당의 늙은이,
猶擁熏罏煖腹書[5] 유 옹 훈 로 난 복 서	오히려 따뜻한 술독 안고 뱃속의 책 데운다네.

3 | 출무려(出無驢) : 당나라 한유(韓愈)의 〈아들 부가 장안성 남쪽에서 글을 읽다(符讀書城南)〉「보지 못했는가, 삼공의 후손들이, 헐벗고 굶주리며 나갈 때 당나귀도 없는 것을.」(不見三公後, 寒饑出無驢)

4 | 이천(履穿) : 《장자·산목(山木)》「옷이 헤지고 신발이 떨어진 것은 가난한 것이지 병이 아니다.」(衣弊履穿, 貧也, 非憊也) 《사기》 권126 〈골계열전·동곽선생전(滑稽列傳·東郭先生傳)〉「동곽선생은 공거에서 오래도록 조서를 기다리고 있었으므로 빈곤하여 굶주리고 추위에 떨었으며 옷은 헤지고 신발도 완전하지 못했다. 눈 속을 가면 신발은 위는 있고 아래는 없어 발은 그대로 땅을 다 밟았다.」(東郭先生久待詔公車, 貧困飢寒, 衣敝, 履不完. 行雪中, 履有上無下, 足盡踐地)

5 | 복서(腹書) : 당나라 한유의 〈아들 부가 장안성 남쪽에서 글을 읽다(符讀書城南)〉「사람이 사람 구실을 하려면, 속에 《시경》과 《서경》으로 말미암아야 하네. 《시경》과 《서경》은 부지런하면 이에 자기 것이 되지만, 부지런하지 못하면 (자기 것이 되지 못하여) 속이 텅 빈다네.」(人之能爲人, 由腹有詩書. 詩書勤乃有, 不勤腹空虛)

【원운시】

詠雪. 寄李丈庇遠權友章仲

눈을 읊다. 이비원 어르신과 권장중에게 부침

김부륜(金富倫)

雲暗天昏霰集餘	구름 어둑해지고 날 어두워져 싸락눈 모인 끝에,
忽看滕六散疏疏	눈 펄펄 흩어짐 급히 보게 되네.
寒侵客榻雙襟冷	차가움 손님 걸상 파고드니 양 옷깃 싸늘하고,
光透書牕一空虛	빛 서재 창 뚫고 들어오니 온 하늘 환하다네.
有水未容王子舸	물 있어도 왕자유의 배 띄우지 못하고,
無詩難上浩然驢	시 없으니 맹호연의 나귀 오르기 어렵다네.
箇中不禁思君意	그 가운데 그대 생각하는 뜻 금하지 못하여,
爲遣蒼頭寄素書	종놈 보내어 편지 부친다네.

21[6]

淸齋遙夜耿寒燈 청 재 요 야 경 한 등	맑은 서재 아득한 밤 차가운 등 빛나는데,
雪句搜尋和友朋 설 구 수 심 화 우 붕	눈 구절 뒤져 찾아 벗에게 화답하네.
老病欲抛鉛槧事[7] 노 병 욕 포 연 삭 사	늙고 병들어 문필의 일 내던지려고 하다가,
因君挑撥意飜興 인 군 도 발 의 번 흥	그대들 시정 돋우는 바람에 뜻 뒤쳐 일어났다네.

6 | 뒤의 절구는 원운시를 찾을 수 없다.

7 | 연삭(鉛槊) : 《고증》「아마 『鉛槧』과 같을 것이다. 또는 『槧』자의 오자인 것 같다.」(恐與鉛槧同. 又或槧之誤) 연참(鉛槧)은 먹 또는 분필 및 서판을 말하는데, 곧 문필, 혹은 문장 짓는 일을 말한다. 상세한 것은 《별집》 244번 시의 주 6)을 보라.

22~23. 士敬以病, 未遂淸凉之約, 有作夾之所和韻[1]

조사경이 병으로 청량산에 가기로 한 약속을 지키지 못하였는데 금협지가 화답한 시의 각운자로 지은 작품이 있기에

22

玉立千崖間碧紅 옥 립 천 애 간 벽 홍	옥 바로 선 듯한 천 길 낭떠러지 푸르고 붉음 섞여 있고,
雲遮仙賞不多重 운 차 선 상 불 다 중	구름에 가린 선경 감상 그리 자주 있지 않네.
恐君結習餘些子[2] 공 군 결 습 여 사 자	아마 그대 세속의 취미 조금은 남아 있는 듯하니,
飛步無緣閬苑中[3] 비 보 무 연 낭 원 중	나는 듯한 걸음으로 낭원 거닐 인연은 없는 듯하네.

右戲惇叙

위는 김돈서를 놀림

1 | 사경(士敬) : 월천(月川) 조목(趙穆 : 1524~1606)의 자이다. 본관은 횡성(橫城)이며 퇴계와 동향인 예안의 월천(月川 : 다래)에서 살았다. 상세한 것은 《내집》 권2 6번 시의 주 1)을 보라.

협지(夾之) : 일휴당(日休堂) 금응협(琴應夾 : 1526~1596)의 자. 본관은 봉화(奉化)이며, 세한 것은 《내집》 권2 205번 시의 주 1)을 보라.

2 | 결습(結習) : 불교어로 인간세상의 욕망과 번뇌 등을 가리키는 말이며, 여기서는 몹시 좋아하여 버릴 수 없는 취미를 말한다. 상세한 것은 《내집》 권1 164번 시의 주 7)을 보라.

3 | 낭원(閬苑) : 곧 곤륜산에 있는 낭풍원(閬風苑)을 말하며, 전설상 신선이 산다는 곳으로 《신선전(神仙傳)》에 보인다. 상세한 것은 《내집》 권1 88번 시의 주 12)를 보라.

23

幸未相隨入軟紅[4]
행 미 상 수 입 연 홍

다행히도 서로 따라
붉은 먼지로 들어가지 않았는데,

同攀仙嶽約重重
동 반 선 악 약 중 중

함께 신선의 산 잡고 오르자
약속 거듭거듭 하였다네.

有他中路芙蓉主[5]
유 타 중 로 부 용 주

달리 중도에 일 생긴
부용봉 주인,

擧白眞堪罰一中[6]
거 백 진 감 벌 일 중

흰 술잔 들어 실로
벌주라도 한번 먹여야겠네.

右戲士敬
위는 사경을 놀림

惇叙非不能獨尋, 士敬病猶可勉尋, 而皆不爾. 士敬又無一詩, 尤不當, 故云. 士敬於今不可無言, 夾之一詩太少, 亦不可不徵也

돈서는 혼자서 찾아올 수 없었던 것도 아니고 사경은 병중이라도 힘을 써서 찾아올 수 있었는데, 모두 그렇게 하지 않았다. 사경은 또한 시 한 수도 남기지 않아 더욱 부당하므로 이렇게 말하였다. 사경은 지금 말을 하지 않을 수 없고 협지의 시 한 수는 너무 적으므로 또한 요구를 하지 않을 수 없다

4 | 연홍(軟紅) : 송나라 소식의 〈장지기(蔣之奇)와 전협권(錢勰權)이 경령궁으로 수행하면서 지은 시의 각운자를 써서 짓다(次韻蔣穎叔錢穆父, 從駕景靈宮)〉 두 수 중 첫째 시 「반백의 머리 목까지 드리운 것 부끄럽지 않고, 연분홍의 먼지는 오히려 수레바퀴 따르는 것 그리워하네.」(半白不羞垂領髮, 軟紅猶戀屬車塵) 소식 자신의 주석 「선배들의 우스갯소리에 『서호의 바람과 달이 동화궁의 향기로운 연분홍 먼지보다 못하다.』라는 것이 있다.」(前輩戲語, 有西湖風月, 不如東華軟紅香土)

5 | 부용주(芙蓉主) : 조목을 말한다. 조목이 부용봉 남쪽의 월천(月川)에 살고 있기 때문에 이렇게 말하였다.

6 | 거백(擧白) : 《문선》 진나라 좌사(左思)의 〈오나라의 서울(吳都賦)〉 「마을마다 잔치요 골목마다 술을 마시며, 술잔이 날고 흰 잔을 드네.」(里讌巷飮, 飛觴擧白)

24. 重陽病中示諸君

중양절날 병중에 제군들에게 보이다

三年不作登高會[1] 삼 년 부 작 등 고 회	3년 동안 높은 곳 오르는 모임 갖지 않았는데,
此日兼逢未播香 차 일 겸 봉 미 파 향	이날 또 만났건만 향기 뿌리지 못했다네.
好待明年誇落帽[2] 호 대 명 년 과 락 모	내년 잘 기다려 모자 떨어짐 자랑하려면,
莫教玄鬢總如霜 막 교 현 빈 총 여 상	검은 머리 온통 서릿발처럼 되게하지 말아야지.

1 | 등고(登高) : 옛날 환경(桓景)이 비장방(費長房)의 말을 듣고 9월 9일에 산수유를 넣은 주머니를 팔뚝에 매고 높은 곳에 올라 국화주를 마시면서 화재를 피하였다는 것을 말한다. 남조 양(梁)나라 오균(吳均)이 지은 《속제해기(續齊諧記)》라는 책에 나오며, 상세한 것은 《내집》 권1 51번 시의 주 2)를 보라. 옛날 중국에서는 관직 등으로 타향살이를 할 때 9월 9일 중양절이 되면 높은 곳에 올라 고향쪽을 바라보며 술을 마시는 습속이 있었는데, 이를 읊은 대표적 시로는 말한다. 당나라 두목(杜牧)의 〈9월 9일 중양절날 제안에서 높은 곳에 오르다(九日齊安登高)〉 같은 것이 있다.

2 | 낙모(落帽) : 진(晉)나라 환온(桓溫)의 참모였던 맹가(孟嘉)가 9월 9일 중양절에 모자가 바람에 불려 떨어졌는데도 몰랐다는 데서 나온 고사로, 중양절에 높은 곳에 올라간다는 뜻의 전고(典故)로 쓰이게 되었다. 《진나라의 역사·환온의 전기(晉書·桓溫傳)》에 나오며, 상세한 것은 《내집》 권1 53번 시의 주 7)을 보라.

25. 出山韻

산을 나와서 짓다

矯翮同超世[1] 교 핵 동 초 세	깃촉 곧추세울 때는 모두 세상 뛰어넘을 것 같았는데,
辭雲獨墮塵 사 운 독 타 진	구름과 작별하고 홀로 먼지 속에 떨어졌다네.
從今淸夜月 종 금 청 야 월	지금부터 맑은 밤 달뜨게 되면,
仙夢繞山頻[2] 선 몽 요 산 빈	신선세계 꿈꾸면서 자주 산 감돌겠네.

1 | 교핵(矯翮) : 거핵(擧翮), 또는 진핵(振翮)과 같은 표현이다.

2 | 선몽요산빈(仙夢繞山頻) : 송나라 진단(陳摶)의 〈돌아와 은거하다(歸隱)〉「십 년 동안 자취 붉은 먼지 좇아다니다가, 청산으로 고개 돌려 자주 꿈속에 드네.」(十年蹤跡走紅塵, 回首青山入夢頻)

26. 野池[1]

들의 못

露草夭夭繞碧坡[2]
노 초 요 요 요 벽 파

이슬 머금은 풀 아리땁게
　　짙푸른 언덕 두르고,

小塘淸活淨無沙
소 당 청 활 정 무 사

작은 연못 맑고 생기 있는데
　　맑아서 모래 하나 없네.

1 | 서애본(西厓本) 《연보》에 의하면 이 시는 선생이 18세 때 지은 것이라고 하였다. 《언행록》 「선생이 젊었을 때에 연곡(燕谷 : 제비실이라는 마을 이름인데 溫溪 부근에 있다)에 놀러 간 일이 있었다. 그 골짜기에 조그만 못이 있었는데 물이 매우 맑았다. 선생이 시를 짓기를 …… 하였다. 천리가 유행하는데 인욕이 끼어들까 두렵다는 말이다.」(先生少時, 偶遊燕谷, 谷有小池, 水甚淸淨, 乃有詩曰……謂天理流行, 而恐人欲間之) 김부륜의 기록.

2 | 요요(夭夭) : 어리고 아리따운 모습을 나타내는 첩자(疊字) 연면(聯綿) 의태어. 《시경·주남·도요(桃夭)》 「복숭아 나무 아름다움이여, 그 꽃 곱고 곱다네.」(桃之夭夭, 灼灼其華) 주자는 「요요는 어리고 예쁜 모양이다.」(夭夭, 少好之貌也)라 하였다.

雲飛鳥過元相管
운 비 조 과 원 상 관

구름 날고 새 지나감이야
원래 서로 관련이 있는 것이지만,

只恐時時燕蹴波[3]
지 공 시 시 연 축 파

다만 두렵기는 때때로
제비 물결 차는 것이라네.

3 | 노초~연축파(露草~燕蹴波) : 《요존록》「이 시는 주자의 〈책을 보다가 느낌이 일어〉시를 보고서, 그 시에서 감발하여 지은 것이다. 〈책을 보며〉 시는 용이면서 체에 이르는 것을 말하였고, 이 시는 체이면서 용으로 미루어 헤아리는 것을 말하였다.」(此篇, 與朱子觀書有感之詩, 相發. 觀書詩言用而達於體, 此篇語體而推於用)

간재(艮齋) 이덕홍(李德弘)의 《계산기선록(溪山記善錄)》「신유년(1561) 여름에 내가 이 시는 언제 지으신 것이냐고 물어보았다. 선생께서 말씀하셨다. 『내가 열여덟 살에 지은 것이다. 당시에는 터득한 것이 있었다고 생각하였지만 이제 와서 생각해보니 마음속으로 매우 가소롭다. 이 이후 한 걸음 더 나아간다면 반드시 오늘 전날을 웃은 것과 같게 될 것이다.』」(辛酉夏, 德弘問此何時所作也. 先生曰, 吾十八歲時作也. 當時以爲有得, 到今思之, 則心極可笑. 此後若更進一步, 則必如今日之笑前日矣)

27. 詠懷[1]

마음 속을 읊다

獨愛林廬萬卷書 독 애 림 려 만 권 서	홀로 숲속 오두막의 만 권 책 사랑하여,
一般心事十年餘 일 반 심 사 십 년 여	마찬가지 심사로 10년여를 보냈다네.
邇來似與源頭會 이 래 사 여 원 두 회	그로부터 근원과 만남 있는 것 같아,
都把吾心看太虛[2] 도 파 오 심 간 태 허	내 마음 모두 다잡아 태허 본다네.

1 | 서애본(西厓本) 《연보》에 의하면 이 시는 선생이 19세 때 지은 것이라고 한다.

2 | 도파~간태허(都把~看太虛) : 태허(太虛)는 아득하고도 오묘한 경지, 또는 하늘을 가리키는 말. 《장자·지북유(知北游)》「곤륜산을 지나가지 않으며, 태초의 경지에서 놀지 않는다.」(不過乎崑崙, 不游乎太虛) 주자의 〈일용의 자신에 대한 경계를 평보에게 보이다(日用自警示平父)〉「원융하여 끝이 없으니 크게 남음이 없으니, 곧 이 몸과 마음이 크게 빈 것이라네.」(圓融無際大無餘, 即此身心是太虛)

28. 題龍壽寺

용수사를 제목삼아 짓다

晩過龍門醉似泥[1]
만 과 용 문 취 사 니

저녁 때 용문사 지나는데
곤드레만드레 취하여,

頹然僧榻我爲誰[2]
퇴 연 승 탑 아 위 수

스르르 중의 걸상에 스러지니
나 누구인가?

覺來神骨清如許
각 래 신 골 청 여 허

깨어보니 정신과 육체
그렇게 맑은데,

政是東山月上時
정 시 동 산 월 상 시

마침 동산에
달 솟아오를 때라네.

1 | 취사니(醉似泥) : 당나라 이백의 〈양양가(襄陽歌)〉 「곁의 사람 무슨 일로 웃는가 물어보는데, 산의 늙은이 취하여 곤드레만드레하여 사람 웃겨 죽인다 하네.」(傍人借問笑何事, 笑殺山翁醉似泥) 청나라 왕기(王琦)가 인용한 송나라 오증(吳曾)의 《능개재만록·사실·취여니(能改齋漫錄·事實·醉如泥)》 「남해에 벌레가 있는데 뼈가 없으며 니라고 한다. 물 속에 있을 때에는 활발하다가 물이 없어지면 취하여 진흙더미 같아진다.」(南海有蟲, 無骨, 名曰泥. 水中則活, 失水則醉如一塊泥然)

2 | 아위수(我爲誰) : 당나라 백거이의 《취음선생전(醉吟先生傳)》 「취음선생이라는 사람은 그 성씨며 자, 고향과 관작을 잊었으며, 어질어질 내가 누구인가도 모른다.」(醉吟先生者, 忘其姓字鄕里官爵, 忽忽不知吾爲誰) 송나라 소식의 〈정혜원의 흠장로께서 부쳐주신 시의 각운자를 써서 짓다(次韻定慧欽長老見寄)〉 8수 중 제3수 「우리 어쩌다 만나더라도 묻지 마세나, 나 내가 누구인지 기억하지 못하니.」(相逢莫相問, 我不記吾誰)

29~30. 寄題金綏之濯清亭. 二首

김유지의 탁청정에 지어부침. 두 수

29

山擁溪回抱一亭
산 옹 계 회 포 일 정

산 안고 시내 두르며
정자 하나 안고 있는데,

主人非是冷書生
주 인 비 시 냉 서 생

주인 냉정한
서생 아니라네.

珍羞八百叱奴取[1]
진 수 팔 백 질 노 취

팔백 리 진수성찬
종 불러 가져오게 하고,

美酒十千投轄傾[2]
미 주 십 천 투 할 경

만금 어치 맛 좋은 술
비녀장 던져놓고 기울이네.

1 | 진수팔백(珍羞八百) : 《진서》 권42 〈왕혼전(王渾傳)〉 「왕개는 황제의 장인으로 지극히 호사스러웠으며, 팔백리박이라는 소가 있었는데 그 발굽과 뿔을 항상 밝게 닦았다. 왕제가 천만 전을 소에 걸고 활쏘기 내기를 하였다. 왕개 또한 자기가 잘 쏘는 것을 믿고 왕제에게 먼저 쏘게 하였는데 한 발만에 과녁을 꿰뚫었으며, 이에 호상에 기대어 좌우에 고함을 치기를 소의 심장을 찾아오라 하였는데, 조금 후에 심장이 이르자 한 칼에 베고는 곧 떠났다.」(王愷以帝舅奢豪, 有牛名八百里駮, 常瑩其蹄角. 濟請以錢千萬與牛對射而賭之. 愷亦自恃其能, 令濟先射. 一發破的, 因據胡床, 叱左右速探牛心來, 須臾而至, 一割便去)

2 | 투할(投轄) : 위 1번 시의 주 6)을 보라.

斫樹奇謀人未識[3] 작 수 기 모 인 미 식	나무 벤 기이한 계책 남들 알아주지 못 했고,
穿楊妙技客誰爭[4] 천 양 묘 기 객 수 쟁	버들 꿰뚫은 신묘한 재주 손들 중 누가 다투겠는가?
濯淸儘有風流在 탁 청 진 유 풍 류 재	탁청정에 풍류 얼마간 남아 있어,
竹簟冰肌到骨淸 죽 점 빙 기 도 골 청	대자리 얼음 살갗 뼛속까지 맑게 이르네.

30

堪笑乾坤一草亭[5] 감 소 건 곤 일 초 정	웃을 만하네, 하늘과 땅 사이에 한 칸의 초가집 뿐이라는,
杜陵詩句我平生 두 릉 시 구 아 평 생	두보의 시구 내 평생 읊조림.
種來湖橘應成長 종 래 호 귤 응 성 장	호숫가에 귤 심었으니 응당 자랐을 것이요,

3 | 작수(斫樹) : 손빈과 방연의 고사이다. 위 2번 시의 주 1)을 보라.

4 | 천양묘기(穿楊妙技) : 신궁이었던 양유기의 고사를 썼다. 양위 12번 시의 주 4)를 보라. 이상 두 구절은 김유지의 무예가 뛰어났음을 말한 것이다.

5 | 건곤일초정(乾坤一草亭) : 당나라 두보의 〈늦봄에 양서의 새로 세 낸 초가집을 적다(暮春題瀼西新賃草屋)〉 제3수 「내 신세 양쪽 귀밀머리 쑥대 같고, 내 살 곳은 하늘과 땅 사이에 한 칸의 초가집이라네.」(身世雙蓬鬢, 乾坤一草亭)

留得囊錢任倒傾[6] 유 득 낭 전 임 도 경	자루에 돈 남겨 마음껏 기울이네.
夢裏每尋溪友約 몽 리 매 심 계 우 약	꿈속에서는 언제나 시냇가 친구와 한 약속 찾을 때마다,
席間行見野人爭[7] 석 간 행 견 야 인 쟁	자리에서는 노상 농부들 다툼 보게되네.
何當結屋淸泉上 하 당 결 옥 청 천 상	어떡하면 맑은 샘 가에 집 짓고서,
不使君家獨占淸 불 사 군 가 독 점 청	그대 집에서 맑음 독점하지 않게 하겠는가?

6 | 유득낭전(留得囊錢) : 당나라 두보의 〈빈 주머니(空囊)〉「주머니 비어 껄끄러움 부끄러워함 꺼리어, 일전 남겨놓고 보네.」(囊空恐羞澀, 留得一錢看)

7 | 석간~야인쟁(席間~野人爭) : 《열자·황제편(黃帝篇)》「그가 갈 때만 해도 객사에 든 사람들이 마중하고 전송하며 객사 주인이 자리 시중을 하고 그의 처는 망건과 빗질 시중을 하였으며, 객사에 든 사람들은 자리를 비켜주었고 불을 쬐던 사람들도 아궁이에서 물러났다. 그러나 그가 돌아오자 객사에 든 사람들이 그와 더불어 자리를 다투게 되었다.」(其往也, 舍者迎將家, 公執席, 妻執巾櫛, 舍者避席, 煬者避竈. 其反也, 舍者與之爭席矣) 같은 내용이 《장자·우언(寓言)》편에도 보인다. 또 위 11번 시의 주 6)을 보라.

31~34. 送金惇叙之玄風

김돈서가 현풍으로 감에 전송하다

31

嗟君與世異酸醎[1] 차 군 여 세 이 산 함	아! 그대 세상과 흥취 달리하여,
數日來從此澗庵 수 일 래 종 차 간 암	여러 날 이곳 시냇가 초막으로 와 따랐다네.
愧我空虛無寸益[2] 괴 아 공 허 무 촌 익	내 공허하여 조금의 보탬도 되지 못함 부끄럽고,
却資麗澤好相參[3] 각 자 이 택 호 상 참	오히려 함께 절차탁마함 힘입어 서로 잘 참작하였다네.

1 | 이산함(異酸醎) : 함(醎)은 함(鹹)의 속자이며, 산함(酸鹹)은 사람들의 각기 다른 기호나 흥취를 가리키는 말이다. 당나라 한유의 〈사문 벼슬하는 노씨네 넷째 형 운부 나리의 가을을 바라며라는 시작에 답하다(酬司門盧四兄雲夫院長望秋作)〉「운부 우리 형 광기 있어 기호 속세와 취향 다르다네. 날마다 와서 나 찾아 떠나려하지 않고, 시 논하고 부 말하며 서로 이러쿵저러쿵 얘기 많이 한다네.」(雲夫吾兄有狂氣, 嗜好與俗殊酸鹹. 日來省我不肯去, 論詩說賦相諵諵)

2 | 무촌익(無寸益) : 사귀어서 도움이 될 만하지 못함을 말한다. 《논어·계씨(季氏)》「공자께서 말씀하셨다.『(자기에게) 유익한 벗이 셋 있는데 …… 곧은 이를 벗하고, 성실한 이를 벗하며, 견문이 많은 이를 벗하면 유익하다.』」(孔子曰, 益者三友……友直, 友諒, 友多聞, 益者) 여기서는 겸양적인 표현으로 쓰였다.

3 | 이택(麗澤) : 친구끼리 서로 절차탁마하는 것을 「이택」이라고 한다. 《주역·태괘(兌卦)》「못이 연이어 있는 것이 『태』의 괘상이다. 군자는 이 괘상을 보고 친구들과 모여 서로 연마하고 익힌다.」(麗澤, 兌. 君子以朋友講習)

32

何忍身爲小丈夫 하 인 신 위 소 장 부	어찌 차마 몸 소장부 될 터인가?
盛年努力指前途 성 년 노 력 지 전 도	한창때 노력하여 앞길 지향하여야지.
如吾病劣那容說 여 오 병 렬 나 용 설	나처럼 병들고 졸렬함 어찌 말할 만하리?
有志終成不滿隅[4] 유 지 종 성 불 만 우	뜻 있어도 끝내 한쪽 귀퉁이도 채우지 못했다네.

33

歲暮分携別有愁 세 모 분 휴 별 유 수	해 저물녘에 잡은 손 놓고 헤어져 유독 걱정되었나니,
離羣誰與事探搜 이 군 수 여 사 탐 수	우리 무리 떠나 누구와 함께 더듬어 찾는 일 있을까하고.

4 | 불만우(不滿隅) : 《안자춘추(晏子春秋)·외편 상》「(齊나라) 경공(景公)이 말하기를 『내가 듣건대 아들이 다섯이라도 집 귀퉁이를 하나 채우지 못하는데 하나뿐인 아들이 조정을 채운다 하였으니 바로 그대를 말함이 아니겠는가?』라 하였다.」(公曰, 吾聞之, 五子不滿隅, 一子可滿朝, 非迺子耶) 송나라 황정견(黃庭堅)의 〈양명숙이 지은 시의 각운자를 써서 짓다(次韻楊明叔)〉 제4수 「평범한 선비 나라 빛낼 수 있고, 세 잔약한 사람 한 귀퉁이도 채우지 못한다네.」(匹士能光國, 三孱不滿隅)

此行正値梅花發[5] 차 행 정 치 매 화 발	이번 가는 길 마침 매화꽃 핌 만났으니,
應對瓊枝憶共遊 응 대 경 지 억 공 유	옥 같은 가지 마주하면 함께 놂 기억해야 하리.

34

玄風見說盛儒風 현 풍 견 설 성 유 풍	현풍 땅 듣자하니 유가의 풍습 성한 곳이라 하는데,
邑長今同化蜀翁[6] 읍 장 금 동 화 촉 옹	고을 수령 지금 촉땅 교화시킨 늙은이와 꼭 같구나.
學問要須明義利 학 문 요 수 명 의 리	학문이란 모름지기 의와 리 밝혀야 하리니,
他年儻得發吾蒙 타 년 당 득 발 오 몽	훗날 갑자기 나의 어리석음 깨우쳐주리.

5 | 매화발(梅花發) : 당나라 이백의 〈벗이 매화호에 놀러감에 송별하다(送友人游梅湖)〉 「그대 매화호 놀러감 송별하니, 응당 매화 피는 것 보리라.」(送君游梅湖, 應見梅花發)

6 | 화촉옹(化蜀翁) : 곧 한나라 때 문옹(文翁)을 말한다. 《한나라의 역사》 권89 〈후덕한 관리들의 전기·문옹의 전기(循吏傳·文翁傳)〉 「문옹은 여강 서땅 사람이다. …… 경제 말년에 촉군의 군수가 되었는데 인애로웠으며 교화를 잘 펼쳤다. 촉군이 땅이 편벽되고 만이의 풍속이 있는 것을 보고 문옹은 그들을 잘 가르쳐서 나아가게 하고자 하였다.」(文翁, 廬江舒人也……景帝末為蜀郡守, 仁愛好教化. 見蜀地辟陋有蠻夷風, 文翁欲誘進之)

35. 次韻答金惇叙

같은 각운자를 써서 지어 김돈서에게 답하다

人情物理鮮能天 인 정 물 리 선 능 천	사람의 정리와 사물의 이치 하늘 같기 드물고,
姜被知君本自連[1] 강 피 지 군 본 자 련	강굉의 이불 그대 본래 동기 스스로 이어졌음 알리라.

1 | 강피(姜被) : 《후한의 역사》 권53 〈강굉의 전기(姜肱傳)〉 「강굉의 자는 백회로 팽성의 광척 사람이다. 집안이 대대로 명문귀족이었다. 강굉은 두 아우인 중해·계강과 함께 모두 효행으로 널리 알려졌다. 그 우애는 날 때부터 지극하여 항상 함께 자고 일어났다. 각기 아내를 맞은 후에도 형제가 서로 그리워하여 따로 잠을 잘 수가 없었다.」(姜肱字伯淮, 彭城廣戚人也. 家世名族. 肱與二弟仲海·季江, 俱以孝行著聞. 其友愛天至, 常共臥起. 及各娶妻, 兄弟相戀, 不能別寢) 당나라 이현(李賢)이 주석에서 인용한 《사승이 지은 후한의 역사서(謝承書)》 「강굉은 성품이 효성이 독실하여 계모를 섬기면서 삼가고 부지런하였다. 어머니가 나이가 젊었는데도 더욱 엄격히 하였다. 강굉은 (효자를 기린) 《시경·패풍(邶風)》의 〈개풍〉편의 효에 감응되어 형제들과 함께 자면서 침실에는 들어가지 않으며 어머니의 마음을 위로하였다.」(肱性篤孝, 事繼母恪勤. 母旣年少, 又嚴厲. 肱感愷風之孝, 兄弟同被而寢, 不入房室, 以慰母心)
자련(自連) : 「기가 같고 가지가 이어졌다」는 동기연지(同氣連枝)의 준말로, 형제간에는 같은 기가 이어졌음을 뜻하는 말이다.

分樹不堪猶復合[2]
분 수 불 감 유 부 합

나무조차 나뉨 견딜 수 없어
오히려 다시 합쳤거늘,

同根何事或相煎[3]
동 근 하 사 혹 상 전

같은 뿌리 무슨 일로
어쩌다 서로 볶아대는가?

2 | 분수~부합(分樹~復合) : 한나라 성제(成帝) 때 전진(田眞) 형제의 고사에서 나온 말. 양(梁)나라 오균(吳均)의 《속제해기(續齊諧記)》「경조의 전진 형제 세 사람은 모두 재산을 나누기로 하여 자산이 모두 똑같아졌으나 대청 앞의 자형수 한 그루만은 세 조각으로 나누기로 함께 합의하였다. 다음날 자르려고 가보니 그 나무는 말라죽어 모양이 마치 불에 탄 듯하였다. 전진이 가서 보고는 크게 놀라 아우들에게 말하기를 『나무는 본래 밑동이 같은데 곧 쪼개어 나눌 것이라는 말을 듣고 초췌해졌다. 이는 사람이 나무보다 못한 것이다.』라 하였다. 이에 슬픔을 이기지 못하여 다시는 나무를 가르지 않겠다고 하자 나무가 그 소리에 응하여 꽃을 무성하게 피웠다. 형제들은 서로 느낀 바가 있어서 재물을 합쳐 마침내 효성이 뛰어난 가문이 되었다. 전진은 벼슬이 태중대부에까지 이르렀다.」(京兆田真兄弟三人, 共議分財, 生貲皆平均, 惟堂前一株紫荆樹, 共議欲破三片. 明日就截之, 其樹即枯死, 狀如火燃. 真往見之大驚, 謂諸弟曰, 樹本同株, 聞將分斫, 所以顦顇. 是人不如木也. 因悲不自勝, 不復解樹, 樹應聲榮茂. 兄弟相感, 合財寶, 遂為孝門. 真仕至太中大夫)

3 | 동근상전(同根相煎) : 삼국시대 위나라 조식(曹植)의 〈일곱 걸음 만에 지은 시(七步詩)〉「콩 삶는데 콩깍지 때니, 콩 솥 안에서 우네. 본래 같은 뿌리에서 났는데, 삶아댐 어찌 이리 다급한가?」(煮豆燃豆萁, 豆在釜中泣. 本是同根生, 相煎何太急)

36. 次鏡浦臺微字韻[1]

경포대에 걸린 시의 「희미할 미(微)」자 운을 써서 짓다

看詩看畫不熹微
간 시 간 화 불 희 미

시 보고 그림 보니
희미하지 않고,

鏡浦江門玉一圍[2]
경 포 강 문 옥 일 위

경포대 강 문
옥이 한번 에워쌌네.

況是君家好兄弟
황 시 군 가 호 형 제

하물며 그대 집
형제간의 사이 좋아,

蘭舟同上白鷗飛[3]
난 주 동 상 백 구 비

목란배에 함께 오르니
흰 갈매기 나르네.

1 | 이하는 시는 그 내용으로 보건대 김부륜이 강릉으로 놀러가서 지은 시의 각운자를 써서 지은 시임을 알 수 있다. 원운시가 남아 있는 것도 있고 없는 것도 있다.

2 | 경포~옥일위(鏡浦~玉一圍) : 《요존록》「산남은 이때 강릉통판이었다.」(山南時爲江陵通判) 산남은 위에 나온 김부인(金富仁)의 호이다. 주석대로라면 김부신이 강릉판관으로 있을 때 김부륜 형제들이 그를 방문한 것 같다.

3 | 난주(蘭舟) : 목란나무로 제조한 배. 목란은 나무의 재질이 아름답기 때문에 옛날 사람들이 흔히 이 나무로 배를 만들었다. 나중에는 뜻이 변하여 주로 배를 아름답게 표현하는 말로 쓰이게 되었다. 《내집》 권1 50번 시의 주 2)를 참고하라.

【원운시】

鏡浦舟中, 次臺亭韻

경포대의 배 안에서 경포대의 정자에 걸린 시의 각운자를 써서 짓다

김부륜

從他暮色正熹微　　저녁 풍경 마침
　　희미하건 말건 상관하지 않는데,

船外銀波幾匝圍　　배 밖의 은빛 물결
　　몇 번이나 둘러쌌던가?

千里還鄕寥落處　　천리 길 밖이라 고향으로 돌아가고 싶음 마음
　　쓸쓸하기만 한데,

夢魂應向此中飛　　꿈속의 넋 응당
　　이쪽 향하여 나르리.

37. 次丘山書院韻[1]

구산서원 시의 각운자를 써서 짓다

看圖知院稱嘉名
간 도 지 원 칭 가 명

그림 보고 서원
아름다운 명칭 걸맞음 알았는데,

病謝鋪張愧不情
병 사 포 장 괴 부 정

병으로 서문 펼침 사양함
본마음 아니었음 부끄럽네.

寄語諸君好堅坐
기 어 제 군 호 견 좌

여러분들에게 굳게 자리
잘 지키라는 말 부치노니,

從來出入害工程
종 래 출 입 해 공 정

예로부터 들락거림
공부하는데 방해된다네.

1 | 구산서원은 오봉서원(五峯書院)의 옛 이름으로, 《내집》 권4 〈서원을 열 수로 읊음(書院十詠)〉의 다섯 번째 시에 보인다.(7번 시를 보라) 그곳의 《고증》에서 「강릉부 서쪽에 있는데, 공자를 배향한다.」(在府西, 享孔子)라 하였다. 명종 16년 함헌을 중심으로 한 지방 유림의 공의로 창건하여 공자의 영정을 모셨으며, 정조 6년(1782)과 순조 6년(1806) 각각 주자와 송시열(宋時烈)을 추가 배향하였다. 대원군의 서원철폐령 때 훼철되었다.

頃年在京師, 咸君可中,[2] 以丘山書院圖, 及創院首末, 來示苦勸作記, 僕方在病中, 未得應副. 至今以爲恨, 今見惇叙訪院絶句, 益令人起感. 又詩中言, 諸生皆散去院空, 故末句云耳

요 몇 년 서울에 있었는데 함가중 군이 구산서원도 및 서원을 창건한 시말을 내게 보여주고 굳이 기문을 짓기를 권하였는데, 나는 바야흐로 병중이라 부응할 수가 없었다. 지금에 이르고 보니 유감스럽게 느껴지는데다가 이제 돈서가 서원을 찾아서 지은 절구를 보니 더욱 사람으로 하여금 감회를 일으키게 한다. 또 시중에서 말하기를 「유생들 모두 흩어져 떠나니 서원 비었네」라 하였으므로 마지막 구절에서 그렇게 말하였을 따름이다

2 | 함군가중(咸君可中) : 《요존록》 「이름은 헌이며 호는 칠봉으로, 벼슬은 참판을 지냈다.」(名軒, 號七峯, 官參判) 본관은 강릉(江陵)이다. 중종 29년인 1534년 알성문과에 병과로 급제하여 간성군수가 되었다. 1562년 삼척부사로 있을 때 학풍의 퇴폐를 통탄하여 강릉에 오봉서원을 짓고 서장관으로 명나라에 다녀올 때 가져온 공자의 진영을 비치하여 추모하였다. 성균관 전적(典籍)을 지냈으며 품계는 통훈대부(通訓大夫)까지 올랐다.

38~39. 金惇叙和余所和琴夾之遊山諸作, 就其中復和二首, 却寄二君[1]

김돈서가 내가 화답한 금협지의 산에서 노닌 여러 시작에 화답하여 곧 그 가운데서 다시 두 수를 화답하여 도로 두 사람에게 부치다

38

雖云萬物備吾身[2] 수 운 만 물 비 오 신	비록 만물 내 몸에 갖추어져 있다지만,
老去常憂虛作人 노 거 상 우 허 작 인	늙어가며 항상 근심스러워하네, 헛된 사람되어감.
賴有前言明此理 뇌 유 전 언 명 차 리	전현의 말 이 이치 밝힌 데 힘입었으니,

1 | 퇴계의 원운시는 《속집》 권2에 보이며 제목은 〈금협지가 청량산에 놀러갔다가 돌아와서 시를 가져와 보여 주길래 그 가운데 몇 수에 화답하다(琴夾之, 遊淸凉山回, 攜詩來示, 就和其若干首)〉이다. 퇴계가 화답한 시는 모두 5수인데 이 시는 그 중 네 번째와 다섯 번째 시이다.

2 | 만물비오신(萬物備吾身) : 《맹자·마음을 다함(盡心) 상》「맹자가 말하였다. 『만물이 모두 내 마음에 갖추어져 있다. 몸을 돌이켜 생각해보면 이보다 더 큰 즐거움은 없다. 용서를 힘쓰면 인을 구함에 이보다 가까운 것은 없다.』」(孟子曰, 萬物皆備於我矣. 反身而誠, 樂莫大焉. 强恕而行, 求仁莫近焉) 송나라 귀산(龜山) 양시(楊時)의 〈이날 다시 얻기 어려우니. 동학들에게 보임(此日不再得, 示同學)〉「만물 내 몸에 갖추어 있지만, 구하면 얻어도 버리면 없어진다네.」(萬物備吾身, 求得舍即亡)

豈無窮巷樂餘春[3] 기 무 궁 항 락 여 춘	어찌 궁벽한 골목에서 남은 봄 즐김 없겠는가?
靑雲舊友多疑舊 청 운 구 우 다 의 구	청운의 옛 친구 옛날 의심함 많고,
白面新知少信新 백 면 신 지 소 신 신	백면서생 새로 안 사람 새것 잘 믿지 않네.
問子隱功深策勵 문 자 은 공 심 책 려	묻노니 그대 공 숨기고 생각 깊이 힘쓴다니,
忽如對榻講論親[4] 홀 여 대 탑 강 론 친	홀연히 걸상 마주하고 강론 가까이 함과 같다네.

右讀書有感

위는 「책을 읽다가 느낌이 있어」이다

3 | 궁항(窮巷) : 누항(陋巷)과 같은 뜻이다.

낙여춘(樂餘春) : 《논어·선진(先進)》편에 나오는 무풍영(舞雩風詠)을 말한다. 송나라 소식의 〈사마군실(光)의 독락원(司馬君實獨樂園)〉「동이 술로 남은 봄 즐기고, 바둑으로 긴 여름 소일하네.」(樽酒樂餘春, 棊局消長夏)

4 | 대탑강론친(對榻講論親) : 송나라 소식의 〈이날 수륙사에 묵으면서 북산의 청순스님께 부침(是日宿水陸寺寄北山淸順僧)〉「근년 들어 그윽이 은거하는 맛 차츰 알게 되어, 뜻 높은 이 더불어 걸상 마주하고 담론하고 싶네.」(年來漸識幽居味, 思與高人對榻論)

【원운시】

琴夾之應夾表兄讀書淸涼, 賦詩進溪堂, 得和教略干首以來, 敬次其韻求正

금협지 응협 외사촌 형이 청량산에서 글을 읽으며 시를 지어
퇴계 선생님께 바쳤는데, 몇몇 시를 화답받을 수 있었으므로 삼가
그 각운자를 써서 지어 바르게 고쳐주실 것을 구한다

김부륜

百病千愁困一身　　백 가지 병폐 천 가지 근심
　　온몸 괴롭히고,

讀書常恨不如人　　책 읽음 늘 남만
　　못함 한스러워 하네.

虛抛歲去仍抛月　　헛되이 해 지나보내고
　　또 달 보내니,

纔度秋來又度春　　가을 지났나 싶더니
　　또 봄 지났다네.

寂感良心存亦失　　고요한 느낌 좋은 마음
　　있어도 또 없는 듯하고,

優遊弱念掃還新　　우유부단하니 약한 생각
　　쓸어도 또 새롭네.

莫將往事空嗟歎　　지난 일 가지고 헛되어
　　탄식하고 한숨짓지 말게나,

猛省工夫自此親　　맹렬히 살피는 공부
　　이로부터 가까워진다네.

右讀書有感. 先生批云, 自勵如此, 使人心開眼明

위는 「책을 읽다가 느낌이 있어서」이다. 선생이 평하시기를 「이와 같이 힘쓴다면 사람으로 하여금 마음을 열고 눈을 밝게 하겠다.」라 하셨다

39

長夏幽居澗水濱 장 하 유 거 간 수 빈	긴 여름 시냇물 가에 그윽이 은거하니,
一庭苔綠草生新[5] 일 정 태 록 초 생 신	온 뜰의 이끼 푸르고 풀 새로 났다네.
詩來濬發吾心感 시 래 준 발 오 심 감	시 보내와 내 마음 감탄하여 발함 펴내었으니,
不是空身覓擧人 불 시 공 신 멱 거 인	빈 몸으로 천거되기 바라는 사람 아니라네.

右溫繹有感

위는 「찬찬히 따져보다 느낌이 있어」이다

5 | 태록초생(苔綠草生) : 당나라 유우석(劉禹錫)의 〈누추한 집(陋室銘)〉 「이끼 자국 섬돌로 푸르게 오르고, 풀 빛은 발로 파랗게 드네.」(苔痕上階綠, 草色入簾靑)

【원운시】

終日沈潛學海濱	종일토록 배움의 바다 가에서 깊이 침잠하여,
要須溫故更知新	모름지기 옛 것 푹 익히고 새 것 알려고 하네.
平生不究先賢志	평생을 선현의 뜻 궁구하지 않고,
肯作滔滔世上人	도도한 세상 사람 되려고 하는가?

右歸家溫繹有感. 先生批云, 可爲夾之誦之

위는 「집으로 돌아와 찬찬히 따져보다 느낌이 있어」이다. 선생께서 평하시기를 「협지가 암송할만한 것이 된다.」라 하셨다

40. 示金惇叙

김돈서에게 보이다

點樂難從且學淵[1]
점 락 난 종 차 학 연

증점의 즐거움 따르기 어려워
잠깐 안연 배우고자 하니,

非求地底與天邊
비 구 지 저 여 천 변

땅 바닥과 하늘가에서
구하는 것 아니라네.

勸君火急添功用[2]
권 군 화 급 첨 공 용

권컨대 그대 서둘러
공부 더 하시고,

莫慢追思廿載前
막 만 추 사 입 재 전

스무 해 전의 일일랑
헛되이 좇아 생각지 말게나.

1 | 점락~차학연(點樂~且學淵) : 점락(點樂)은 무풍영(舞雩風詠)을 말한다. 자세한 것은《내집》권1 112번 시의 주 25)를 보라.《주문공집》권45 〈요덕명(廖德明)에게 답함(答廖子晦)〉「배우는 사람들은 반드시 증점이 본 것을 봐야하고 증점이 간직한 것을 간직할 수 있어야하나 날로 쓰는 자기를 극복하고 예를 회복하는 공효에 대해서는 오히려 안자를 스승으로 삼아야 합니다.」(學者須是見得曾點之所見, 存得曾點之所存, 而日用克己復禮之功, 却以顏子爲師)

2 | 권군~첨공용(勸君~添功用) :《요존록》「유종원 시의 구절을 온전히 썼다.」(全用柳子厚詩) 당나라 유종원이 유우석이 보낸 시 두 수에 화답한 〈나중 시에 화답함(疊後)〉에 나오는 구절로 「권컨대 그대 서둘러 공부 더하시어, 당시의 두 가지 명필이라는 묘한 소리 얻는 것 구하게나.」(勸君火急添功用, 趁取當時二妙聲)라 하였다.

41. 紅梅韻

홍매

玉骨丹砂略試裝[1] 옥 골 단 사 략 시 장	옥 같은 모습 붉은 단사 마치 꾸민 듯하니,
羣芳甘與讓韶光 군 방 감 여 양 소 광	뭇 꽃들 기꺼이 아름다운 봄경치 양보했다네.
嘉栽已得來同社 가 재 이 득 래 동 사	아름다운 묘목 이미 얻어 같은 동아리에 들게 되었으니,
不分君家獨擅香 불 분 군 가 독 천 향	공의 집에서만 풍기던 향기 나눈 것 아니라네.

汾川紅梅, 去年取接條, 來接不活. 今得栽於安東來植, 故因見公吟賞絶句而幷及之

부내의 홍매에서 작년에 접붙일 가지를 가져와 접을 붙였으나 살지 못하였다. 이제 안동에서 묘목을 얻어 와서 심었으므로 공께서 읊고 감상한 절구를 보고 아울러 언급하였다

1 | 옥골단사(玉骨丹砂): 《문집》의 원주에 「『뼈 골』자는 『모양 모』자가 되어야 한다.」(骨作貌)라 하였다. 이는 매화를 형용한 것으로 옥골은 흰 꽃잎을, 단사는 꽃술을 가리킨다.

42. 追次金惇叙西行, 留別諸友韻[1]

김돈서의 서쪽으로 가며 여러 벗들을 두고 떠나다라는 시의 각운자를 써서 뒤늦게 짓다

圖南君去慕鵬遊[2]
도 남 군 거 모 붕 유

남쪽 바다 도모하여 그대 떠남
붕새 남 그리워하는데,

事異行裝獨倚樓[3]
사 이 행 장 독 의 루

이 일 떠나나 꾸리거나
홀로 누대에 기댐과는 다르네.

1 | 《설월당집》에는 같은 각운자를 써서 지은 시가 보이지 않는다.

2 | 도남~붕유(圖南~鵬遊) : 《장자·자유롭게 노님(逍遙遊)》「북해에 고기가 한 마리 살고 있으니, 그 이름은 곤(鯤)이라고 하였다. 곤의 크기는 몇 천리나 되는지 알 수 없다. 변화하여 새가 되었는데 그 이름을 붕(鵬)이라고 하였다. 붕의 등도 몇 천리나 되는지 알 수 없다. 노하여 날면 그 날개가 하늘에 구름이 드리워져 있는 듯 하였다. 이 새는 바다가 움직이면 장차 남해로 옮아가려 한다. 남해라는 것은 천지이다.……바람이 쌓임이 두텁지 않으면 설령 큰 날개를 지고 있다 하더라도 아무 힘이 없다. 그렇기 때문에 9만 리나 높이 날아 올라간다고 하면 바람은 그 밑에 있을 것이다. 그 뒤에 이제 바람을 두텁게 해서 등으로 푸른 하늘을 지고서도 막힌 것이 없어진 뒤에야 장차 남쪽으로 날아가려고 기도하여 볼 것이다.」(北冥有魚, 其名爲鯤. 鯤之大, 不知其幾千里也. 化而爲鳥, 其名爲鵬. 鵬之背, 不知其幾千里也. 怒而飛, 其翼若垂天之雲. 是鳥也, 海運則將徙於南冥, 南冥者, 天池也……風之積也不厚, 則其負大翼也無力. 故九萬里則風斯在下矣. 而後乃今培風, 背負靑天, 而莫之夭閼者, 而後乃今將圖南) 당나라 두보의 〈악양성 아래서 묵다(泊岳陽城下)〉「남해 도모함 헤아릴 수 없으니, 변화하여 곤이 붕 되겠는가?」(圖南未可料, 變化有鯤鵬) 송나라 황정견(黃庭堅)의 〈같은 각운자를 써서 상보와 세필 두 사람에게 답하다(次韻答常甫世弼二君)〉「붕새의 나래 남쪽 바다 도모하여, 하늘에 드리우고 회오리바람 타고 오르네.」(鵬翼將圖南, 垂天上扶搖)

3 | 행장독의루(行裝獨倚樓) : 《고증》「두보의 시구를 온전히 사용했다.」(用杜全句) 두보의 〈강가에서(江上)〉 시의 구절로 「공훈과 업적 자주 거울 보고, 나가고 숨음 홀로 누대에 의지하네.」(勳業頻看鏡, 行藏獨倚樓)로 되어 있어 두보의 원시에는 행장(行藏)으로 되어 있지만 퇴계는 (行裝)으로 바꾸어 썼다.

我亦今爲天放客 아 역 금 위 천 방 객	나 또한 오늘 하늘에서 놓여난 나그네이거늘,
回頭何柰却生愁 회 두 하 내 각 생 수	고개 돌리면 근심 생겨남 어찌하겠는가?

43~44. 次集勝亭韻[1]

집승정 시의 각운자를 써서 짓다

43

地平江瀾畫難成 지 평 강 란 화 난 성	땅 평평하고 강 물결쳐 그림 이루기 어려운데,
窓對仙雲海邑清 창 대 선 운 해 읍 청	창문으로 신선 구름 대하니 바닷가 고을 맑다네.
塵世幾人能到此[2] 진 세 기 인 능 도 차	속세의 인간 몇 사람이나 이곳에 이를 수 있었겠는가?
滄波白鳥共閒情 창 파 백 조 공 한 정	푸른 물결 흰 새와 한가로이 정 나눈다네.

1 | 집승정(集勝亭) : 《고증》「집승정은 영해에 있는 성헌 백견룡의 별장에 있다. 백견룡은 일찍부터 퇴계의 문하에서 유학하여 학문을 하는 방법을 들었으며, 선생이 〈경잠〉을 써서 주었다.」(亭在寧海白惺軒見龍別業. 惺軒早遊門下, 聞爲學之方, 先生書敬箴以畀之) 《요존록》에서는 「말씨를 상세히 살펴보니 예천(安孝思의)의 정자는 아닌 것 같다. 더 고찰해보아야 한다. 집승정은 서울 도심에서 20리 떨어진 서강용산에 있다.」(細詳詞語, 疑非蘆浦之亭. 當更攷. 集勝亭在京城二十里西江龍山) 임억령(林億齡)의 《석천시집(石川詩集)》(〈沈鎬集勝亭〉)과 이이(李珥)의 《율곡집(栗谷集)》(〈次集勝亭韻〉)에 율시와 같은 각운자를 써서 지은 시가 보인다. 심호(沈鎬)는 아들과 함께 모두 사마방목(司馬榜目)에 이름이 나오는데, 거주지가 모두 경(京)으로 되어 있으므로 《요존록》의 설이 맞는 것 같다.

2 | 진세~능도차(塵世~能到此) : 송나라 장순민(張舜民)의 〈9월 9일 중양절에 검법이 높은 곳에 올라 지은 시에 화답하다(九日和檢法登高之作)〉「세상에서 몇 사람이나 이곳에 이를 수 있었겠는가? 술주전자 앞에서 만사 서로 빼앗지 말게나.」(世上幾人能到此, 樽前萬事莫相侵)

44

攬秀高亭擅勝名
남 수 고 정 천 승 명

빼어난 곳 자리잡은 높은 정자
좋은 이름 차지하고,

遙岑景物眼中生
요 잠 경 물 안 중 생

아득한 봉우리 경치
눈 안에서 생겨나네.

長江近海平逾闊
장 강 근 해 평 유 활

긴 강 바다에 가까워지니
평평함 더욱 넓어지고,

曲島縈沙逈更明
곡 도 영 사 형 경 명

굽은 섬에 모래 얽히니
멀어질수록 밝아지네.

蕩箔鎔金延月上[3]
탕 박 용 금 연 월 상

흔들리는 발 녹은 금
떠오르는 달 맞이하고,

跳舟活玉帶烟橫
도 주 활 옥 대 연 횡

배에 튀는 살아 있는 옥
비낀 연무 띠고 있네.

世人豈識江湖事
세 인 기 식 강 호 사

세상 사람들이야 어떻게 알랴
강호의 일을,

飜訝吾言太不情
번 아 오 언 태 불 정

도리어 나의 말 너무
정리에 맞지 않다 의아해 하리라.

3 | 용금(鎔金) : 달이 물에 비치어 흔들리는 모양을 형용한 것이다. 당나라 유우석(劉禹錫)의 〈동정호의 가을 달을 노래함(洞庭秋月行)〉「동정호 가을달 호수 한가운데서 떠오르는데, 겹 물결 만 이랑 금 녹인 듯하네.」(洞庭秋月生湖心, 曾波萬頃如鎔金)

45. 溪莊病中, 喜鄭直哉來訪[1]

계장에서 병중에 정직재가 찾아옴을 기뻐하다

節飮期君善養身[2]
절 음 기 군 선 양 신

술 절제하며 그대
몸 잘 수양함 바라지만,

君來莫怪勸頻頻[3]
군 래 막 괴 권 빈 빈

그대 와서 자주
술 권함 이상하게 생각 마오.

1 | 계장(溪莊) : 하계에 있는 양진암(養眞庵)을 가리킨다. 상세한 것은 《내집》 권1 85번시의 주 1)을 보라.

정직재(鄭直哉) : 《고증》 「이름은 이청이다.」(名以淸) 본관은 청주(淸州)이며 약포 정탁(鄭琢)의 삼촌으로 문과에는 급제하지 못하여 강계(姜界)교수 같은 낮은 벼슬에 머물렀음. 《속집》에도 정직재에게 지어준 시가 두 수 보이는데, 그 중에서 〈정직재 경장이 찾아주심에 감사하여 붓을 놀려 장난삼아 웃음거리를 지어 드린다(謝鄭直哉庚長見訪, 縱筆戱奉博粲云)〉 라는 시에서는 「같은 해에 태어난 동지」(同庚同志)라고 하였다. 제목과 시구로 봐서 퇴계와 동갑이며 생일은 빨랐다는 것을 알 수 있다. 그러나 구봉령(具鳳齡)이 지은 그 분의 묘갈에는 퇴계선생보다 3년 먼저 [1498] 태어난 것으로 되어 있다. 《백담집(栢潭集)》 제9권.

2 | 선양신(善養身) : 당나라 백거이(白居易)의 〈왕산인께 드림(贈王山人)〉 「옥지관의 왕거사, 기 복용하고 놀 먹으며 몸 수양 잘한다네.」(玉芝觀裏王居士, 服氣飧霞善養身)

3 | 막괴권빈빈(莫怪勸頻頻) : 당나라 두보의 〈왕씨네 열 다섯째 판관이 모시고 검중으로 돌아감을 송별하면서 「열 개」자를 운자로 얻어 짓다(送王十五判官扶侍還黔中, 得開字)〉 「검양에는 믿음직한 사신 응당 적을 터이니, 술잔 자주 권한다고 괴이히 여기지 말게나.」(黔陽信使應稀少, 莫怪頻頻勸酒盃) 《속집》 권2 〈정직재가 권사군이 그에게 보내준 근체시 한 수를 보내면서 화답하기를 간절히 바라므로 흉내 내어 지어서 보낸다. 한바탕 웃을 일이다(鄭直哉, 寄示權使君贈渠, 近體詩一首. 索和甚勤, 效顰呈, 似可發一笑)〉에도 「그대는 술 좋아하는 정박사」(君爲愛酒鄭博士)라는 구절이 있다.

那將五十年前面[4]
나 장 오 십 년 전 면

어찌하면 오십 년 전
얼굴 가져볼까나?

更負逢場酒入脣[5]
갱 부 봉 장 주 입 순

다시 만난 자리에서
술 입술로 넘김 사양하고 말았으니.

4 | 오십년전면(五十年前面) : 위 주석에서 인용한 시에 「50년 전에는 죽마 타고 함께 놀았다」(五十年前竹馬同)는 구절이 있다.

5 | 주입순(酒入脣) : 당나라 두보의 〈곡강(曲江)〉 「잠깐 꽃 눈 앞을 지나감 다 보려고 하면, 시름 많을 때 술 입술로 들어감 싫어하지 말게나.」(且看欲盡花經眼, 莫厭傷多酒入脣)

46. 王母城[1]

왕모성

仙符猶足禦神姦[2]
선 부 유 족 어 신 간

선부 오히려 귀신의
재앙 막을 수 있다는데,

底用城池縹緲間
저 용 성 지 표 묘 간

어찌하여 성과 해자
까마득하게 만들었는가?

應是此鄕爲福地
응 시 차 향 위 복 지

이 고을 분명히
복된 땅일 것이니,

故留靈壁鎭高山
고 류 영 벽 진 고 산

일부러 영험한 성벽 남겨
높은 산 지키게 하였으리.

1 | 왕모성(王母城) : 《고증》「고세대 위에 있다.」(在高世臺上) 지금의 도산면(陶山面) 원촌리(遠村里)에 있으며, 1361년 고려의 공민왕(恭愍王)이 안동으로 피난 왔을 때 쌓았다는 전설이 있다. 또 이름을 왕모산성(王母山城)이라 한 것은 공민왕의 어머니가 이곳에 피난하였기 때문이란 이야기도 전한다.

2 | 선부~어신간(仙符~禦神姦) : 《풍속통(風俗通)》「동해의 도삭산에는 큰 복숭아 나무가 있는데 가지가 구불구불 천리나 뻗어나갔다. 그 북쪽에는 귀문이 있으며, 두 신이 그곳을 지키고 있는데 신도와 울루라고 하며, 뭇 귀신들을 다스린다. 황제가 이 때문에 이 문에다 복숭아나무로 만든 판을 세워놓고 두 신을 그려놓아 노략질하는 귀신들을 막았다. 《전술》에서는 말했다. 복숭아나무는 서방의 나무이며, 다섯 나무 가운데 정화로 신선의 나무이다. 맛이 맵고 기가 사나워 요사한 기운을 억누르고 백귀를 다스릴 수 있다. 지금 사람들이 문 위에 복숭아나무 부절로 사악함을 물리치는 것은 이 때문이다.」(東海度朔山有大桃, 蟠屈千里. 其北有鬼門, 二神守之曰, 神荼鬱壘, 主領衆鬼. 黃帝因立桃板於門, 畫二神以禦鹵鬼. 典述云, 桃乃西方之木, 五木之精, 仙木也. 味辛氣惡, 故能厭伏邪氣制百鬼. 今人門上用桃符辟邪, 以此也) 당나라 한유의 〈사자연시(謝自然詩)〉「내 듣자하니 옛날 하후씨 때에는, 사물 본떠놓고 신령함과 간악함 알았다네.」(余聞古夏后, 象物知神姦)

47. 玉堂憶梅[1]

옥당에서 매화를 그리워하다

一樹庭梅雪滿枝 일 수 정 매 설 만 지	한 그루 뜰의 매화 흰 눈 가지에 가득한 모습,
風塵湖海夢差池[2] 풍 진 호 해 몽 차 지	풍진 잦은 세상에서 꿈속에 들락날락 한다네.
玉堂坐對春宵月[3] 옥 당 좌 대 춘 소 월	옥당에서 마침 봄날 밤에 달 마주하고 있자니,
鴻鴈聲中有所思 홍 안 성 중 유 소 사	기러기 우는 소리에 그 모습 생각난다네.

1 | 옥당(玉堂) : 한림원(翰林院)의 별칭으로 일찍이 송태종이 한림원에 친히 행차하여 「옥당지서」(玉堂之署)라 쓴 비백체(飛白體)의 액자를 내린 데서 유래하였다. 조선에서는 홍문관(弘文館)을 일러 옥당이라고 하였다. 상세한 것은 《내집》 권1 31번 시의 주 1)을 보라.
《연보》 임인년(1542) 조 「선생은 늘 거센 조정의 벼슬에서 거리낌 없이 선뜻 물러나려는 뜻이 있었기 때문에, 영광스러운 벼슬자리에 있는 것을 즐겨하는 바가 아니었다. 이 해 봄에 옥당에서 숙직하고 있으면서 매화를 생각하며 읊은 시가 있었는데, …… 하였으니 그 고결하고도 단아한 마음을 엿볼 수 있다.」(先生常有急流勇退之志, 雖處榮宦, 非其所樂也. 是年春, 在玉堂直廬. 有憶梅詩云……其雅意所在, 可見)

2 | 치지(差池) : 참치(參差)와 뜻이 같은 모음이 같은 첩운(疊韻) 연면 의태어. 《시경·패(邶)나라의 민요·제비(燕燕)》 「제비들 훨훨 날며, 앞서거니 뒤서거니 한다네.」(燕燕于飛, 差池其羽) 주자는 치지(差池)를 「가지런하지 않은 모양」(不齊之貌)라고 하였다.

3 | 좌대(坐對) : 여기서 「좌」(坐)자는 「바로」, 「마침」 등과 같은 뜻을 가진 부사로 사용되었다.

48~51. 贈李叔獻[1]

이숙헌에게 주다

48

病我牢關不見春 병 아 뢰 관 불 견 춘	병든 이 몸 문 꼭 잠그고 있던 터라 봄을 보지 못했는데,
公來披豁醒心神[2] 공 래 피 활 성 심 신	그대 와 흉금 탁 털어놓으니 심신이 깨었다네.
已知名下無虛士[3] 이 지 명 하 무 허 사	명성 아래 헛된 선비 없음 이미 알게 되었으나,

1 | 이숙헌(李叔獻) : 숙헌은 율곡(栗谷) 이이(李珥 : 1536~1584)의 자이다. 율곡이 장인인 노경린((盧慶麟))의 인도로 퇴계를 찾은 것은 무오년(1558)년의 일이며, 《내집》 권2에도 이때 지어준 시가 수록되어 있다. 상세한 것은 《퇴계시풀이 2》(2007년, 영남대학교 출판부) 211번 시의 주 1)(530쪽)을 보라.

2 | 피활(披豁) : 탁 트이고 밝다는 뜻도 있으나 여기서는 흉금을 털어 성의를 보인다는 뜻으로 쓰였다. 당나라 두보의 〈삼가 고씨네 서른 다섯째 사또님[高適]께 부침(奉簡高三十五使君)〉「하늘 가에서 서로 만남 기뻐하여, 흉금 털어놓고 내 진심으로 대하였다네.」(天涯喜相見, 披豁對吾真)

3 | 명하무허사(名下無虛士) : 명불허전(名不虛傳)이란 말과 같은 뜻이다. 당나라 백거이(白居易)의 《백공육첩(白孔六帖)》 권32 「염립본은 그림을 잘 그렸다. 형주에 이르러 장승요의 옛 자취를 보고는 말하기를 『필시 헛된 명성만 얻었을 따름이다.』라 하였다. 다음날 또 가보고는 말하기를 『그래도 근대의 훌륭한 솜씨로다.』라 하였다. 그 다음날 또 가보고는 탄식하여 말하기를 『명성 아래 헛된 사람은 없구나.』라 하였다. 앉았다 누웠다 관찰하고 그 아래서 열흘 남짓 묵다가 그제야 떠났다.」(閻立本善畫. 至荆州見張僧繇舊迹, 曰, 定虛得其名耳. 明日又往, 曰, 猶是近代佳手. 明日又往嘆曰, 名下無虛士. 坐卧觀之, 留宿其下十餘日方去)

堪愧年前闕敬身
감 괴 연 전 궐 경 신

연전부터 몸 공경히
못함 부끄러워 할 만하네.

嘉穀莫容稊熟美[4]
가 곡 막 용 제 숙 미

좋은 곡식은 돌피보다 못한
설익음 용납지 않고,

纖塵猶害鏡磨新[5]
섬 진 유 해 경 마 신

가는 먼지조차 오히려
거울 새로 닦는데 해롭다네.

過情詩語須删去[6]
과 정 시 어 수 산 거

과장 지나친 시어일랑
모름지기 깎아내 버리고,

努力工夫各日親
노 력 공 부 각 일 친

공부에 노력함 우리들
모두 날마다 가까이 해보세.

4 | 가곡~제숙미(嘉穀~稊熟美) : 《맹자·고자(告子) 상》「오곡은 종자의 아름다운 것이지만, 만일 익지 못하면 피만도 못하다. 인 또한 그것을 익숙하게 하는데 있을 따름이다.」(五穀者, 種之美者也, 苟爲不熟, 不如荑稗. 夫仁, 亦在乎熟之而已矣) 이 고사로 보아 이 시구의 「熟美」는 「不熟美」의 줄임으로 보아야 한다.

5 | 경마(鏡磨) : 주자의 〈임대춘을 전송하다(送林熙之)〉 다섯 수 중 제5수 「옛 거울 거듭 갈아 옛 방법 중시하니, 눈 부시어 오로지 해와 함께 빛 밝기 다투네.」(古鏡重磨要古方, 眼明偏與日爭光)

6 | 과정시어(過情詩語) : 《요존록》「숙헌이 선생에게 올린 시에서 『선생님의 냇물은 (공자의) 수사의 물결에서 나누어졌고, 봉우리는 (주자의) 무이산이 빼어난 것 같네. ……』라 하였다.」(叔獻上先生詩, 溪分洙泗派, 峯秀武夷山云云) 이 시는 율곡이 강릉으로 돌아가서 보낸 시에 화답한 것이다. 인용된 시는 《율곡선생전서(栗谷先生全書)》 권14 〈잡저 1·쇄언(雜著一·瑣言)〉에 보인다.

49

三日霪霖變玉華[7]
삼 일 음 림 변 옥 화

사흘 장맛비 온 세상을
옥 꽃으로 변하게 하여,

滿空飄絮地滋芽
만 공 표 서 지 자 아

온 하늘에 버들솜 나부끼고
땅에는 새싹 불어났다네.

東君愧之詩人賞[8]
동 군 괴 지 시 인 상

봄 귀신 그것
시인이 감상함 부끄러워하여,

粧點園林替萬花
장 점 원 림 체 만 화

동산의 숲 일일이 단장하여
만송이 꽃으로 바꾸었네.

7 | 삼일음림(三日霪霖) : 《퇴계집》 권23의 무오년(1558)에 보낸 〈조사경에게 답하다(答趙士敬)〉 「며칠 전에 한양의 유생 이이가 성주(星州)에서 내방하였는데, 비 때문에 사흘 동안 머물다가 떠났습니다. 그 사람은 두뇌가 명석하고 박람강기(博覽强記)하였는데, 우리의 학문에 자못 뜻을 두고 있었습니다. 후생이 두렵기만 하니, 예전 성현의 말씀이 참으로 나를 속이지 않은 것을 알겠습니다. 일찍이 듣자하니 그가 문장을 너무 숭상한다 하기에 억제하고자 하여 시를 짓지 못하게 하였습니다. 떠나는 날 아침에 눈이 내렸는데 시험삼아 읊조려보게 하였더니 말에 기대어 몇 수를 읊었습니다. 시는 그 사람의 탁월함만 못하나 또한 볼만합니다.」(數日前, 漢中李生珥自星山來訪, 關雨留三日乃去. 其人明爽多記覽, 頗有意於吾學. 後生可畏, 前聖眞不我欺也. 曾聞其太尙詞華, 欲抑之, 不令作詩. 去日朝雪作, 試使吟咏, 倚馬出數首. 詩則不如其人, 然亦可觀)

옥화(玉華) : 매화나 국화처럼 옥 같이 순결한 꽃을 가리키는 말.

8 | 동군(東君) : 봄을 관장하는 귀신. 곧 봄을 가리키는 말로 쓰였다. 봄은 오행(五行)으로 보면 목(木)에 해당하고, 목은 방위로는 동쪽, 계절로는 봄을 가리키기 때문에 이렇게 말한다.

50

靄靄斯須失遠山[9]
애 애 사 수 실 원 산

뭉게뭉게 잠깐만에 구름피어
먼 산 방향 잃으니,

噪飢亞+鳥鵲自飛還
조 기 아 작 자 비 환

깍깍 주린 까마귀며 까치
제풀에 날아 돌아오네.

飜嫌不共晴姸日
번 혐 불 공 청 연 일

오히려 유감스럽기는 맑고
좋은 날 함께 못함이니,

綠水芳郊洗眼看
녹 수 방 교 세 안 간

푸른 물 꽃핀 교외
눈 씻고 본다네.

9 | 애애(靄靄) : 구름이나 운무 따위가 뭉게뭉게 이는 모양을 말한다.

51

別我雲中屋 별 아 운 중 옥	나와 구름 속 집에서 헤어져,
行穿海上山[10] 행 천 해 상 산	바닷가 산 뚫고 갔다네.
忍心艱險際 인 심 간 험 제	어렵고 험한 곳에서 인내심 기르고,
諳俗旅遊間 암 속 여 유 간	나그네 유람하는 사이 풍속 알았으리라.
本厚華應曄 본 후 화 응 엽	뿌리 깊으면 꽃 빛날 것이고,
源深水自瀾[11] 원 심 수 자 란	근원 깊으면 물결 절로 인다네.
煩君時寄札 번 군 시 기 찰	번거롭겠지만 그대 이따금 편지 부치어,
千里慰慵閒 천 리 위 용 한	천리 밖 게으르고 한가함 위로해주길.

10 | 행천해상산(行穿海上山) : 《요존록》「숙헌은 바야흐로 강릉으로 가는 중이다.」(叔獻方赴江陵)

11 | 본후~수자란(本厚~水自瀾) : 《용비어천가(龍飛御天歌)》 제1장 「뿌리가 깊은 나무는 바람에도 흔들리지 않고 그 꽃이 아름다우며 그 열매가 많이 열린다. 근원이 먼 물은 가뭄에도 마르지 않고 흘러서 내를 이루어 바다에까지 반드시 이른다.」(根深之木, 風亦不扤, 有灼其華, 有蕡其實. 源遠之水, 旱亦不竭, 流斯爲川, 于海必達)

52~53. 芝山蝸舍[1]

지산와사

52

高齋瀟灑碧山傍
고 재 소 쇄 벽 산 방

높은 서재 소쇄하게
　짙푸른 산 곁에 있는데,

祇有圖書萬軸藏
지 유 도 서 만 축 장

다만 도화와 서책
　만 축 갈무리하여두었네.

東澗遶門西澗合
동 간 요 문 서 간 합

동쪽 시내 문 에돌아
　서쪽 시내와 합치고,

南山接翠北山長[2]
남 산 접 취 북 산 장

남쪽 산 푸른 빛 접하여
　북쪽 산에 길게 이어지네.

1 | 《고증》「《별집》의 〈김돈서가 화답한 시의 각운자에 맞추어……〉라 한 시의 소서에 의하면 위의 시는 병술년(1526)에 (온혜 큰집의) 서재에서 지은 것이며, 아래의 시는 신묘년(1531)에 지산와사를 짓고 지은 것이다.」(案別集次金惇叙所和云云小序, 上一首乃丙戌在西齋作, 下一首乃辛卯築芝山作) 상세한 것은 《퇴계시풀이 권1》 45번 시의 주2) 「산후소축」(山後小築) 조(160쪽)와 같은 책 권6 225번 시의 서문(399쪽)을 참조하라.

2 | 동간~북산장(東澗~北山長): 당나라 백거이의 〈위광선사에게 부침(寄韜光禪師)〉「동쪽 시내 물 서쪽 시내 물로 흐르고, 남쪽 산의 구름 북쪽 산의 구름에서 이네.」(東澗水流西澗水, 南山雲起北山雲)

白雲夜宿留簷濕
백 운 야 숙 류 첨 습

흰 구름 밤새 묵어
처마 축축하게 하여 놓고,

清月時來滿室凉
청 월 시 래 만 실 량

맑은 달 이따금 와
온 방 서늘하게 채우네.

莫道山居無一事[3]
막 도 산 거 무 일 사

산에 거처하니 아무 일
없다 말하지 말게나,

平生志願更難量
평 생 지 원 경 난 량

평생의 뜻과 바람
다시 헤아리기 어렵다네.

3 | 막도~무일사(莫道~無一事) : 송나라 범성대(范成大)의 〈봄날의 회포(春懷)〉「그윽하게 거처하니 아무일 없다 말하지 말라, 봄 되니 풍물 온통 마음에 걸리네.」(莫道幽居無一事, 春來風物總關心)

53

卜築芝山斷麓傍 복 축 지 산 단 록 방	지산의 산기슭 끊어진 곁에 터 잡아 집지으니,
形如蝸角祇身藏 형 여 와 각 지 신 장	형태 달팽이 뿔 같아 겨우 몸만 감추네.
北臨墟落心非適[4] 북 림 허 락 심 비 적	북쪽으로는 촌락 굽어보고 있어 마음에 알맞지 않으나,
南挹烟霞趣自長 남 읍 연 하 취 자 장	남쪽으로는 연하 떠 올릴 수 있으니 흥취 절로 많다네.
但得朝昏宜遠近 단 득 조 혼 의 원 근	다만 아침저녁으로 멀리 가까이 하기에 마땅함만 얻을 뿐,
那因向背辨炎凉 나 인 향 배 변 염 량	어찌 마음에 맞느니 안 맞느니 염량세태 따지리!
已成看月看山計 이 성 간 월 간 산 계	이미 달 구경하고 산 구경할 계책 이루었으니,
此外何須更較量 차 외 하 수 갱 교 량	이 외에 또 다시 헤아릴 것 무슨 필요 있으리!

4 | 북림~심비적(北臨~心非適) : 허락(墟落)은 촌락(村落)과 같은 뜻. 《연보》 병오년(1546) 조 「퇴계의 동쪽 바위에 양진암을 지었다. 이에 앞서 온계의 남쪽 지산의 북쪽에 작은 집을 지었는데 인가가 조밀하여 자못 그윽하고 조용하지가 않았다.」(築養眞菴于退溪之東巖. 先是, 構小舍於溫溪之南, 芝山之北, 以人居稠密, 頗未幽寂)

54. 禪峻上人將遊楓岳, 再贈一絶[1]

선준 스님이 금강산을 유람하려 함에 다시 절구 한 수를 보내주다

飄然不繫野雲蹤
표 연 불 계 야 운 종

표연히 매이지 않는
　들판의 구름 같은 자취,

一錫將凌二萬峰[2]
일 석 장 릉 이 만 봉

지팡이 하나로 2만
　봉우리 오르려 하네.

若得無多眞法妙
약 득 무 다 진 법 묘

만약에 참된 법 묘함
　많이 얻지 못한다면,

不如歸坐舊山中
불 여 귀 좌 구 산 중

옛 산 속에 돌아와
　들어앉음만 못 하리.

1 | 선준상인(禪峻上人) : 《도산전서》의 〈일목록(逸目錄 : 없어진 시의 목록)〉(外集逸)에 〈준스님이 새로운 암자를 짓고 지금 동해로 유람 갔으니 명년 한식에는 꼭 만날 것이라(峻師旣新齋庵, 今遊東海. 明年寒食當會)〉라는 제목이 보이나 구체적인 사실은 미상.
풍악(楓岳) : 금강산의 가을 명칭.

2 | 석(錫) : 중의 지팡이, 곧 석장(錫杖)을 말한다. 아랫 부분은 상아나 뿔로, 가운데 부분은 나무로, 윗 부분은 주석으로 만드는데, 윗부분에는 큰 고리가 있으며 그 고리에 다시 작은 고리를 여러 개 달아 짚고 다니면 소리가 난다.
능(凌) : 여기서는 오른다는 뜻으로 쓰였다. 당나라 두보의 〈태산을 바라보다(望嶽)〉의 「반드시 꼭대기 까지 올라가서, 뭇 산들 잗다란 것 둘러본다네.」(會當凌絶頂, 一覽衆山小)의 「凌」이 바로 이 뜻으로 쓰였다.

55. 源師曾見於鳳停寺, 今携金後凋詩, 來示次一絶云[1]

원 스님을 봉정사에서 만난 적이 있는데 이제 김후조의 시를 지니고 와서 보여주므로 같은 각운자를 써서 절구 한 수를 짓는다

白足袖詩來見我[2]
백 족 수 시 래 견 아

스님 소매에서 시
꺼내어 내게 보여주는데,

五年一夢憶天燈[3]
오 년 일 몽 억 천 등

5년을 한결같이 꿈꾸며
천등산 생각했다네.

1 | 원사(源師) : 바로 앞 시에서 인용한 〈일목록〉에 〈법원 스님의 시축에 적어주다(書法源詩軸)〉라는 제목이 있는 것으로 보아 혹 이 「원사」라는 스님이 바로 「법원」이 아닌지 알 수 없다.

봉정사(鳳停寺) : 경상북도 안동시 서후면 태장리 천등산(天燈山) 기슭에 있는 사찰. 상세한 것은 《퇴계시풀이》 권4 89번 시의 주 1)(151쪽)을 보라.

김후조(金後凋) : 김부필(金富弼 : 1516~1577)의 호. 아우인 읍청정(挹淸亭) 김부의(金富儀)와 종제인 설월당(雪月堂) 김부륜(金富倫)까지 모두 퇴계의 문하에서 공부하였다. 김부필에 대해서 상세한 것은 《내집》 권3 188번 시의 주 1)을 보라. 김후조의 원운시는 《오천세고》(한국국학진흥원)에 보이지 않는다.

2 | 백족(白足) : 《고승전·신이 하·담시(高僧傳·神異下·曇始)》 「담시 스님은 발이 얼굴보다 희었으며, 맨발을 진흙탕 물에 넣어도 젖었던 적이 없었으므로 천하에서는 모두 백족화상이라 불렀다.」(始足白於面, 雖跣足泥水, 未嘗沾濕, 天下咸稱白足和尙) 나중에는 백족화상을 줄여서 그냥 백족이라고도 하였으며, 고승(高僧)을 두루 일컫는 말로 쓰이게 되었다.

3 | 천등(天燈) : 봉정사가 있는 천등산을 말한다. 천등은 원래 대망산(大望山)이라 불렀는데, 의상대사의 제자인 능인(能仁)대사가 젊었을 때 대망산 바위굴에서 도를 닦고 있던 중 스님의 도력에 감복한 천상의 선녀가 하늘에서 등불을 내려 굴 안을 환하게 밝혀주었으므로 「천등산」이라 이름하고 그 굴을 「천등굴」이라 하였다는 전설이 전한다.

坐談舊事如舟壑[4]
좌 담 구 사 여 주 학

앉아서 옛일 이야기하자니
골짜기에 배 숨긴 것 같이 어리석은데,

莫怪衰顔露骨層
막 괴 쇠 안 로 골 층

쇠한 얼굴에 뼈 겹겹이
드러남 괴상하게 여기지 말게나.

4 | 주학(舟壑) : 《장자·대종사(大宗師)》「배를 골짜기에 감춰 두고, 어살을 못속에 감추어 두면 든든하다고 할 것이다. 그러나 깊은 밤 힘센 자가 그것들을 지고 달아난다면, 어리석은 자는 알지 못한다.」(藏舟於壑, 藏山於澤, 謂之固矣. 然而夜半有力者, 負之而走, 昧者不知也)

56. 挽李上舍克儉[1]

이극검진사를 애도하다

玉詫連城價[2] 옥 타 연 성 가	옥 같은 자질 몇 개의 성에 버금가는 가치 자랑할 만하였으나,
鵬愆萬里期[3] 붕 건 만 리 기	붕새 같은 포부 만 리 갈 기약 어그러졌다네.
人皆嗟失馬[4] 인 개 차 실 마	사람들 모두 말 잃었다 탄식하였으나,

1 | 이극검(李克儉) : 자는 약이(約而)로, 본관은 공주(公州)이며 영천(榮川 : 榮州)에 살았다. 중종(中宗) 23년(1531)에 식년 진사에 급제하였다.

2 | 옥타연성가(玉詫連城價) : 변화(卞和)가 형산(荊山)에서 얻었다는 화씨벽(和氏璧)을 말한다. 《내집》 권1의 128번시 〈옛날 일을 되새김(古意)〉에 「윤택하고도 윤택한 형산의 옥이여! …… 크게 알려져서 값은 몇 성을 묶은 것과 같았다네.」(溫溫荊山玉……雄誇價連城)라는 구절이 있다. 그곳의 주 39)를 보라. 당나라 한유의 〈현의 청사에서 느낌이 있어(縣齋有懷)〉 「누가 나라 기울일 사람 중매하는가? 몇 성을 묶을 만한 가치 자부한다네.」(誰為傾國媒, 自許連城價)

3 | 붕건만리기(鵬愆萬里期) : 붕정만리(鵬程萬里)의 기약이 어그러졌음을 말한다. 곧 포부가 꺾인 것을 말한다. 붕정만리는 《장자·자유롭게 노님(逍遙遊)》에서 나온 말이며, 상세한 것은 《내집》 권1 55번 시의 주 2)를 보라. 당나라 가도(賈島)의 〈하중의 양소윤님께 부치다(寄河中楊少尹)〉 「달 슬프게 바라보니 가을 석 달 뒤에, 만리 도모할 기약 어그러졌구나.」(悵望三秋後, 參差萬里期)

4 | 인개차실마(人皆嗟失馬) : 새옹지마(塞翁之馬) 또는 전화위복(轉禍爲福)을 말한다. 《회남자·인간훈(淮南子·人間訓)》 「저 화와 복은 번갈아 서로 생겨나는데 그 변화는 보기 어렵다. 국경 근처에 사는 사람 가운데 점을 잘 보는 사람이 있었는데 말이 아무 까닭도 없이 도망쳐 오랑캐 땅으로 들어갔다. 사람들이 모두 위로하자 그 어른이 말하기를 『이것이 어찌 복이 되지 않겠는가?』라 하였다.」(夫禍福之轉而相生, 其變難見也. 近塞上之人, 有善術者, 馬無故亡而入胡. 人皆弔之, 其父曰, 此何遽不爲福乎?)

公獨哂悲絲[5] 공 독 신 비 사	그대 홀로 실 물듦 슬퍼함 비웃었다네.
一夕仍諧謔 일 석 잉 해 학	어느날 저녁에 여전히 해학 즐기셨는데,
中身遽化遺 중 신 거 화 유	중년의 연세에 갑자기 세상 버리셨구려.
病□難赴葬 병 □ 난 부 장	이 몸 병 □하여 장례에 달려가기 어려워,
和淚寫哀詞 화 루 사 애 사	눈물 섞어 애도의 글 쓰고 있다네.

5 | 비사(悲絲) : 《회남자·설림훈(說林訓)》에서 나온 말. 묵자가 흰 실을 다듬다가 누렇게 물들일 수도 있고 검게 물들일 수도 있다는 것을 알고 슬퍼하며 울었다는 데서 나왔다. 상세한 것은 내집 권2 170번 시의 주 2)를 보라.

57. 挽淑人金氏[1]

숙인 김씨를 애도하다

從來閨秀作門楣[2]
종 래 규 수 작 문 미

예로부터 따님들
집안 일으켰으니,

積善陰功是福基
적 선 음 공 시 복 기

선 쌓은 남모르는 공덕
바로 복의 터전이라네.

柳母教兒常試膽[3]
유 모 교 아 상 시 담

유중영의 어머니처럼 아이 가르칠 때
늘 쓸개 맛 보였고,

1 | 숙인김씨(淑人金氏) : 《고증》「곧 소고 박승임의 모부인이다.」(卽朴嘯皐母夫人) 《요존록》「진사 박형의 부인이다. 선생이 묘지명을 지었다. ○ 통찬 김홍의 손녀인데, 통찬은 곧 문절공 김담의 아우이다.」(朴上舍珩配. 先生撰墓銘. ○ 通贊洪之孫女, 通贊卽文節公淡之弟) 퇴계가 지어준 김씨의 묘지명은 《퇴계집》 권46에 수록되어 있는 〈성균 진사 박군의 배위 숙인 예안 김씨의 묘지명(成均進士朴君配淑人禮安金氏墓誌銘)〉이다.

2 | 작문미(作門楣) : 당나라 진홍(陳鴻)의 〈장한가전(長恨歌傳)〉「사내는 제후에 봉해지지 않고 딸은 왕비가 되니, 보게나 딸아이가 오히려 집안을 빛낸다네.」(男不封侯女作妃, 君看女却作門楣) 송나라 진여의(陳與義)의 〈후처사님의 따님을 애도함(侯處士女挽詞)〉「지난날 어르신 재주 태사에 비길 만했으니, 정말 딸 낳아 간판으로 삼았다네.」(疇昔翁才比太師, 固應生女作門楣)

3 | 유모~시담(柳母~試膽) : 《고증》「유중영의 어머니 한씨는 일찍이 쓴 삼과 황련, 웅담을 빻아서 섞어 환으로 만들게 하여 아들에게 주고는 긴 밤에 공부를 할 때마다 그것을 입에 머금게 하여 열심히 공부하는 바탕이 되게 했다.」(柳仲郢母韓氏, 嘗命粉苦參黃連熊膽, 和爲丸, 賜諸子, 每永夜習學, 含之以資勤苦) 유중영은 당나라 유공작(柳公綽)의 아들로 《신·구당서》에 모두 전기가 수록되어 있다. 《신당서》 권163에는 「어머니 한씨는 곧 한고의 딸로 아들을 잘 가르쳤기 때문에 유중영이 어려서 배우기를 좋아했으며, 일찍이 웅담환을 지어서 밤에 씹으면서 열심히 공부하도록 도움을 주었다.」(母韓, 則皐女也, 善訓子, 故仲郢幼嗜學, 嘗和熊膽丸, 使夜咀嚥以助勤)라 하였다. 이 구절은 김씨가 현모였음을 말하는 것이다.

梁妻擧案必齊眉[4]
양 처 거 안 필 제 미

양홍의 처처럼 밥상 들 때
반드시 눈썹과 나란히 하셨다네.

聯翩見折蟾宮桂[5]
연 편 견 절 섬 궁 계

온 집안 줄줄이 섬궁의
계수나무 꺾음 보았고,

突兀行銘婦德碑[6]
돌 올 행 명 부 덕 비

행실 우뚝하셨으니 부덕
비석에 새길 만하였다네.

4 | 양처~제미(梁妻~齊眉) : 《후한의 역사·세상을 피해 달아난 사람들의 전기·양홍의 전기(逸民傳·梁鴻傳)》「오땅에 이르러 명문대가인 고백통에 의지하여 처마 밑에서 살면서 남들 집의 품팔이로 방아질을 하였다. 돌아올 때마다 아내가 밥을 차려주었는데 감히 양홍의 앞에서 쳐다보지 않고 밥상을 눈썹 높이와 같이 들었다. 고백통이 살펴보고는 기이하게 여겨 말하기를 『저 일꾼은 그 처로 하여금 이렇게나 공경하게 하니 보통 사람이 아닐 것이다.』라 하였다.」(至吳, 依大家皐伯通, 居廡下, 爲人賃舂. 每歸, 妻爲具食, 不敢於鴻前仰視, 擧案齊眉. 伯通察而異之, 曰, 彼傭能使其妻敬之如此, 非凡人也) 이 구절은 김씨가 양처였음을 말하는 것이다.

5 | 연편(聯翩) : 잇대어 끊어지지 않는 모양을 나타내는 의태어.
섬궁계(蟾宮桂) : 섬궁은 달의 별칭. 전설에 의하면 달에는 두꺼비와 계수나무가 살고 있다 한데서 나온 말이다. 당나라 이래로는 과거에 급제하는 것을 「두꺼비 궁전에서 계수나무를 꺾는다」(蟾宮折桂) 하였으므로 「섬궁」을 과거(科擧)를 가리키는 데 쓰이기도 하였다. 퇴계의 〈묘지명〉「승간과 승임이 같은 해에 벼슬에 나아갔으니 녹으로 부모를 봉양하는 영화는 세상에서 부러워하고 흠모하였다.」(侃與任, 同年釋褐, 祿養之榮, 世所歆聳)

6 | 돌올~부덕비(突兀~婦德碑) : 역시 진여의(陳與義)의 〈후처사님의 따님을 애도함(侯處士女挽詞)〉「훗날 강물과 함께 흘러가지 않고, (晉나라) 장림의 부덕비 우뚝하다네.」(他年不共江流去, 突兀張林婦德碑) 주자의 〈동안인을 추모하다(挽董安人)〉「저절로 부인의 덕 명문 지을 만한데, 누가 큰 비석에 그것을 새겨 넣으려는가?」(自應銘婦德, 誰與篆豊碑)

唯有慈烏風樹怨[7]
유 유 자 오 풍 수 원

오로지 효성스런 까마귀
　풍수지탄의 슬픔 있을 뿐이니,

極天蟠地盡無期[8]
극 천 반 지 진 무 기

하늘까지 미치고 땅끝까지 퍼져
　끝날 날 없으리.

7 | 자오(慈烏) : 당나라 백거이의 〈까마귀가 밤에 울다(慈烏夜啼)〉「효성스러운 까마귀 그 엄마 잃어, 까악까악 슬픈 소리 토해내네.」(慈烏失其母, 啞啞吐哀音)
풍수(風樹) : 풍수지탄(風樹之嘆), 곧 자식이 부모에게 효도를 하려고 하나 부모가 돌아가셔서 할 수 없다는 탄식을 말한다. 《공자가어·치사(致思)》「나무는 가만히 있으려 해도 바람이 그치질 않으며, 자식이 봉양을 하고자 하나 양친이 기다려 주지 않는다.」(樹欲靜而風不停, 子欲養而親不待) 《한시외전(韓詩外傳)》에도 나온다.

8 | 극천반지(極天蟠地) : 《예기·악기(樂記)》「예악이 하늘까지 퍼지고 땅끝까지 미쳐 음양(의 이치)을 행하고 귀신(의 힘)에 통한다.」(禮樂之極乎天而蟠乎地, 行乎陰陽而通乎鬼神)

58. 挽朴上舍珩[1]

박형 진사님을 애도함

大節潘南後[2] 대 절 반 남 후	큰 절의 반남공의 후손이시며,
冲然秀氣鍾 충 연 수 기 종	빼어난 기운 조화롭게 모으셨다네.
斂華無慕外 염 화 무 모 외	화려함 거두어 외물 흠모함 없었고,
守道儘安窮 수 도 진 안 궁	도 지키며 궁함마저 편안히 여기셨다네.

1 | 박상사형(朴上舍珩) : 《고증》「곧 소고 박승임의 부친이다.」(卽嘯皐之父) 1549년에 71세로 작고하였는데, 아들 승임의 현달로 이조참판에 추증되었다.

2 | 반남(潘南) : 《고증》「나주의 폐현으로 주 남쪽 40리 지점에 있다. ○ 박상충은 나주 사람으로 호는 반남이며, 벼슬은 직제학에 이르렀다. 공민왕 때 북쪽 원나라를 섬기는 것의 옳지 않음을 극간하다가 귀양가서 죽었는데, 조선에서 문정이란 시호를 추증하였다.」(羅州廢縣, 在州南四十里○案, 朴尙衷羅州人, 號潘南, 官直提學. 恭愍時, 爭事北元之非, 謫死, 我朝贈諡曰文正)

謝寶庭階列 사 보 정 계 렬	사씨네 보배 뜰의 섬돌에 늘어섰고,
于門駟駕通[3] 우 문 사 가 통	우씨네 대문에는 사마 드나들었다네.
忽聞封馬鬣[4] 홀 문 봉 마 렵	별안간 마렵봉 전해 들으니,
衰淚落秋風[5] 쇠 루 락 추 풍	늙은이 눈물 가을바람에 떨어지네.

3 | 사보~사가통(謝寶~駟駕通) : 보(寶)는 보수로, 옥수(玉樹)라고도 하며 훌륭한 아들을 비유하는 말. 《내집》 권5 41번 시 〈첨지이신 남치욱을 애도함(挽南僉知致勗)〉에 「슬프고 영화로움 보배로운 나무 보니, 사람들 우씨의 문에 경사 비기네.」(哀榮看寶樹, 人比慶門于)라는 구절이 있다. 그 주석(《퇴계시풀이·5》 110쪽)을 참조할 것.

4 | 봉마렵(封馬鬣) : 말갈기 같은 조그마한 봉분. 《예기·단궁(檀弓) 상》 「옛날에 선생님께서 말씀하시기를 『내가 옛날에 보니 봉분이 마루 같은 것을 보았고, 제방과 같은 것을 보았으며, 하나라 때의 집모양과 같이 덮은 것을 보았고, 도끼와 같은 것을 보았다. 나는 도끼와 같은 것을 좇겠다.』라 하셨는데, 곧 마렵봉을 일컫는 것이다.」(昔者夫子言之, 日, 吾見封之若堂者矣, 見若坊者矣, 見若覆夏屋者矣, 見若斧者矣. 從若斧者焉. 馬鬣封之謂也) 주자의 〈적계 호선생을 애도함(挽籍溪胡先生)〉 3수 중 제2수 「문인들 말갈기 같은 봉분 만드니, 추운 날 함께 옷깃 적시네.」(門人封馬鬣, 寒日共沾襟)

5 | 쇠루락추풍(衰淚落秋風) : 송나라 이강(李綱)의 〈우승이신 허숭로의 영전에 곡하다(哭許崧老右丞)〉 제2수 「돌아가심 슬픔 도무지 이기지 못하여, 늙은이 눈물 가을바람에 떨어지네.」(凋喪盡不堪, 衰淚落秋風)

59. 贈宗粹上人[1]

종수 스님에게 지어주다

萬事終歸一指薪[2]
만 사 종 귀 일 지 신

만사 마침내
한 손가락 섶으로 돌아가거늘,

勞生何用敝精神[3]
노 생 하 용 폐 정 신

삶 수고롭히며 무엇 때문에
정신 피폐하게 할 필요 있는가?

1 | 종수상인(宗粹上人) : 소백산 묘봉암에 있던 스님인데, 퇴계선생이 풍기군수로 재직시 산에서 만나 매우 좋아 하였다. 《원각요람(圓覺要覽)》「안으로는 덕과 지혜가 있고 밖으로는 빼어난 행실이 있으며 남의 위에 있는 사람을 상인이라고 한다.」(內有德智, 外有勝行, 在人之上, 日上人) 《패문운부》에서 재인용하였으며, 여기서는 중, 스님이란 뜻으로 쓰였다. 《고증》「종수 스님은 〈소백산록〉에 보인다.」(宗粹見小白山錄) 〈소백산록〉은 소백산 유람기인데 《내집》 권 41에 수록된 〈유소백산록(遊小白山錄)〉을 말하며, 종수상인은 그때 소백산에 묘봉암(妙峯庵)을 지어놓고 그곳에 거처하고 있었다. 《속집》 권2에 퇴계가 종수상인에게 지어준 〈묘봉팔경(妙峯八景)〉이 수록되어 있다.

2 | 일지신(一指薪) : 《장자·제물론(齊物論)》「천지는 하나의 손가락이며, 만물은 한 마리 말이다.」(天地一指也, 萬物一馬也) 같은 책 〈양생주(養生主)〉「손가락이 장작 지피는 일을 다 하면 불은 계속 타고 결코 꺼질 줄 모른다.」(指窮於爲薪, 火傳也, 不知其盡也) 진나라 곽상(郭象)의 주석「장작을 지핀다는 것은 앞의 장작이다. 앞의 장작을 손가락으로 지핀다는 것은 앞의 장작을 다 땐다는 것을 가리킨다. 그러므로 불이 계속 타 꺼지지 않고, 마음으로 양생을 받아들이는 것을 터득하게 되는 가운데 목숨이 계속하여 끊어지지 않는다.」(爲薪, 猶前薪也. 前薪以指, 指盡前薪之理, 故火傳而不滅, 心得納養之中, 故命續而不絶)

3 | 폐정신(敝精神) : 《장자·열어구(列禦寇)》「소인의 지식은 선물이나 편지 따위의 하찮은 일에서 떠나지 못하고, 정신을 천박한 일에 지치게 만들면서 그래도 도와 사물을 하나로 배워서 도와 사물이 하나가 되는 경지에 이르려 하고 있다.」(小夫之知, 不離苞苴竿牘, 敝精神乎蹇淺, 而欲兼濟道物太一形虛)

三杯飮酒猶通道[4]
삼 배 음 주 유 통 도

석 잔 술 마심
그대도 도에 통함과 같으나,

五斗呑葱不耐辛[5]
오 두 탄 총 불 내 신

다섯 말 파 삼킴
매움 견디지 못하겠다네.

黃卷舊聞天外樂[6]
황 권 구 문 천 외 락

누런 책 속에서 옛날에
하늘 바깥의 즐거운 들었더니,

白雲今見意中人[7]
백 운 금 견 의 중 인

흰 구름 속에서 오늘
마음에 둔 사람 보게 되었다네.

4 | 삼배통도(三杯通道) : 당나라 이백의 〈달 아래서 홀로 마시다(月下獨酌)〉 제2수 「석 잔이면 큰 도와 통하고, 한 말이면 자연에 부합하네.」(三杯通大道, 一斗合自然) 송나라 소식의 〈도연명의 음주시에 화답하다(和陶飮酒)〉 제17수 「누가 큰 도 멀리 있다고 하는가? 마침 석 잔 술로 통함에 의지한다네.」(誰言大道遠, 正賴三杯通)

5 | 오두탄총(五斗呑葱) : 매우 먹기 어려운 것을 말한다. 《새로 쓴 당나라의 역사·굴통(屈通)의 전기》 「(굴씨 형제가 모두 관리로서 너무 엄정하였기 때문에) 당시 말을 하기를 『차라리 쑥 석 되를 먹을지언정 굴돌개는 만나보지 않을 것이고, 차라리 파 서 말을 먹을지언정 굴돌통은 만나지 않겠다.』라 하였다.」(時為語曰, 寧食三斗艾, 不見屈突蓋, 寧食三斗葱, 不逢屈突通) 이 시구의 뜻은 세상을 살아가는 맛이 매우 신산하다는 것이다.

6 | 황권(黃卷) : 황권은 책, 서적을 말한다. 옛날에는 황벽나무로 종이를 누렇게 물들여 좀이 스는 것을 막았으므로 이렇게 부르게 되었다. 《퇴계시풀이·2》 48번 시의 주 5)를 참고하기 바란다.

7 | 백운~의중인(白雲~意中人) : 《고증》 「스님은 이때 운암에 거처했던 것 같다.」(案上人是時疑住雲庵)

妙峰宴坐觀空處[8]
묘 봉 연 좌 관 공 처

묘봉암에서 편안히 앉아
공(空) 살펴보는 곳에서,

眞覺人間一聚塵[9]
진 각 인 간 일 취 진

참으로 깨닫겠네, 인간세상
한 덩이 먼지임을.

8 | 묘봉(妙峯) : 《속집》 권2 〈묘봉팔경(妙峯八景)〉의 퇴계의 자주(自註) 「종수상인은 소백산의 높은 곳에 암자를 지어놓고 있었는데, 그곳의 이름을 묘봉이라고 하였다.」(宗粹上人結庵於小白山高處, 名曰妙峯) 또 《내집》 권42의 〈소백산록〉에서도 「산인인 종수가 내가 왔다는 말을 듣고 묘봉암에서 이곳으로 찾아왔다.」(山人宗粹聞余來, 自妙峯庵來見于此)라 하였다.

9 | 일취진(一聚塵) : 당나라 한산의 〈시삼백삼수(詩三百三首)〉 중 제47수 「비로소 생각건대 팔 척의 사나이, 잠깐 만에 한 덩이 먼지 되었다네.」(始憶八尺漢, 俄成一聚塵) 송나라 황정견(黃庭堅)의 〈성을 나서 나그네를 전송하면서 옛 친구인 동평후 조경진의 묘에 들르다(出城送客, 過故人東平侯趙景珍墓)〉 「곱게 가서 누구의 첩이 되었는가? 의기 모두 한 덩이 먼지 되었네.」(嬋娟去作誰家妾, 意氣都成一聚塵)

60. 寄子中[1]

정자중에게 부치다

我齒如君尙礪心
아 치 여 군 상 려 심

내 나이 그대와 같았을 때
여전히 마음 갈고 닦았는데,

中間虛負好光陰
중 간 허 부 호 광 음

중도에 좋은 시절
헛되이 저버렸다네.

回車自嘆迷途遠[2]
회 차 자 탄 미 도 원

수레 돌리고 스스로
길 헷갈려 멀어졌음 탄식하고,

食豢方知悅味深[3]
식 환 방 지 열 미 심

고기 먹어보고서야 바야흐로
맛 깊음 기뻐할 줄 알았다네.

1 | 자중(子中) : 문봉(文峯) 정유일(鄭惟一 : 1533~1576)의 자. 정유일에 대해서는 《내집》 권3 86번 시의 주 1)에 상세하다.

2 | 미도원(迷途遠) : 진나라 도연명의 〈돌아가지꾸나(歸去來辭)〉「이미 가버린 것 탓할 수 없음 깨달았고, 오는 것은 쫓을 수 없음 알았네. 실로 길 헷갈려 더 멀어지기 전에, 지금이 옳고 지난날이 그른 것 깨달았네.」(悟已往之不諫, 知來者之可追. 實迷塗其未遠, 覺今是而昨非)

3 | 식환~열마심(食豢~悅味深) : 환(豢)은 소와 양, 개와 돼지 같은 가축을 말한다. 여기서는 그 고기 곧 모든 식용 육류를 가리키는 말로 쓰였다. 《맹자·고자(告子) 상》「이치와 옳은 뜻이 내 마음을 기쁘게 함은 가축의 고기가 내 입을 즐겁게 해 줌과 같다.」(理義之悅我心, 猶芻豢之悅我口)

當處便行無物礙
당 처 변 행 무 물 애

그대 맞닥뜨린 곳 곧 뚫고 나가서
막히는 것 없고,

用時雖晦絶塵侵
용 시 수 회 절 진 침

쓰일 때 어둡기는 했으나
세속 쳐들어옴 끊었었다네.

檢身不及其如子[4]
검 신 불 급 기 여 자

내 몸 다잡음 미치니 못하니
어찌 그대 같으리?

歸去工夫只在欽
귀 거 공 부 지 재 흠

돌아가서 공부함
다만 공경함에 있으리.

4 | 검신불급(檢身不及) : 《서경·이훈(伊訓)》「밑에서는 충성을 다하였으며 남들에게는 다 갖추기를 바라지 않으셨고 자신을 단속할 때는 미치지 못할 듯이 하였습니다.」(爲下克忠, 與人不求備, 檢身若不及)

61. 出山半途遇雪, 寄鄭子中兼示諸姪[1]

청량산을 나서던 도중에 눈을 만나 정자중에게 부치고 아울러 여러 조카들에게 보이다

千巖萬壑裹瓊瑤[2]
천 암 만 학 과 경 요

천 봉우리 만 골짜기
아름다운 옥 싸고 있는데,

一色琪花亂眼飄[3]
일 색 기 화 난 안 표

한 색의 옥 꽃
눈앞에서 어지러이 나부끼네.

獨出仙山緣一病
독 출 선 산 연 일 병

홀로 신선 산 나옴
병 들어서인데,

思君回首更迢迢
사 군 회 수 갱 초 초

그대 그리움에 고개 돌려보니
더욱 까마득하네.

1 | 《요존록》「을묘년(1555) 겨울(윤11월 13일)에 청량산에 들어가서 머물 때이다.」(乙卯冬, 游淸凉山時) 《연보》에 의하면 이때 한 달이 지나서야 돌아왔다고 한다.

2 | 경요(瓊瑤): 아름다운 옥이란 뜻인데, 옥(玉)과 함께 시문에서 주로 눈을 표현할 때 쓰인다.

3 | 일색기화(一色琪花): 송나라 채침(蔡沈)의 〈대은병(大隱屛)〉 제2수 「옥 같은 풀 겨울에 더욱 푸르고, 옥 꽃 같은 눈 흰 색 다투네. 옥 가로질러 차가운 하늘에 불어대니, 만리 하늘 한 가지 색이라네.」(瑤草冬更青, 琪花雪争白. 横玉吹寒空, 萬里天一色)
난안표(亂眼飄): 북주(北周) 유신(庾信)의 〈협객의 노래(狹客行)〉 「고운 먼지는 길 가로막으며 일고, 놀란 듯한 꽃은 눈앞에서 어지러이 나부끼네.」(細塵障路起, 驚花亂眼飄)

62. 是日宿博石村舍, 夜起看月[1]

이날 박석촌의 집에 묵으면서 밤에 일어나 달을 구경하다

千丈瓊崖抱玉溪[2]
천 장 경 애 포 옥 계

천 길 구슬 같은 벼랑
옥 같은 시내 안고 있고,

夜寒霜冷月高低[3]
야 한 상 랭 월 고 저

밤 차고 이슬 서늘한데
달 높이 떴다 낮아진다네.

他年此地來幽伴[4]
타 년 차 지 래 유 반

다른 날 이곳으로
그윽한 짝과 찾아온다면,

會闢雲窓一畝棲
회 벽 운 창 일 무 서

틀림없이 구름 창 열어젖히고
밭 한 이랑 일구어 함께 깃들겠네.

1 | 박석촌(博石村) : 《고증》「청량산 골짜기 입구에 있다.」(在淸凉山洞口) 《요존록》에 의하면 또한 반송정촌(盤松亭村)이라고도 한다고 하였다.

2 | 천장경애(千丈瓊崖) : 당나라 우세남(虞世南)의 〈사자(獅子賦)〉「푸른 고개 만 겹이요, 구슬 같은 벼랑 천 길이라네.」(翠嶺萬重, 瓊崖千仞)

3 | 월고저(月高低) : 당나라 두목(杜牧)의 〈선주의 개원사에서(宣州開元寺)〉「소나무 절에서 일찍이 한 마리 학과 함께 깃들었었는데, 밤 깊으니 대전에 달 높이 떴다네.」(松寺曾同一鶴棲, 夜深臺殿月高低)

4 | 래유반(來幽伴) : 주자의 〈무이정사를 가서보고 지음(行視武夷精舍作)〉「진중하게나! 슬 내려놓은 사람이여, 다시 온다면 그윽한 짝 할 만하겠네.」(珍重舍瑟人, 重來足幽伴)

63~64. 出山明日, 次韻答黃仲擧[1]

청량산에서 나온 다음날 같은 각운자를 써서 지어 황중거에게 답하다

63

病人聊作入山謀 병 인 료 작 입 산 모	병든 사람 갑작스레 산에 들어갈 계책 세웠으나,
難與傍人說所由 난 여 방 인 설 소 유	곁의 사람에게 그 이유 설명하기 어려웠다네.
絶境隱雲盤幾里[2] 절 경 은 운 반 기 리	절경에 숨은 구름 몇 리나 서려 있는가?
高標擎漢立千秋 고 표 경 한 립 천 추	높은 꼭대기 은하수 받쳐들고 천추만세에 서 있네.

1 | 황중거(黃仲擧) : 금계(錦溪) 황준량(黃俊良 : 1517~1663)의 자이다. 상세한 것은 《퇴계시풀이 1》104번 시의 주 1)을 보라.

2 | 절경(絶境) : 외부세계와 단절된 곳을 말한다.

瑤臺頃刻如神幻 요 대 경 각 여 신 환	구슬 같은 눈 덮인 대 잠깐만에 귀신처럼 변하고,
玉闕鴻荒類壑舟[3] 옥 궐 홍 황 류 학 주	옥 같은 궁궐 크게 황폐하여 골짜기 속의 배와 같다네.
靜對碧窓看易理 정 대 벽 창 간 역 리	조용히 푸른 창 마주하고 《주역》 이치 살펴보니,
平章軀體更何求[4] 평 장 구 체 갱 하 구	평장한 그대의 몸 다시 무엇을 구하겠는가?

自註. 瑤臺言雪, 玉闕指山城,[5] 城闕故址

퇴계 자신의 주석. 요대는 눈을 말한다. 옥궐은 산성을 가리키며, 성궐의 옛터이다

右入山

위는 산에 들어가다

3 | 학주(壑舟) : 위 55번 시의 주 4)를 보라.

4 | 평창(平章) : 백성을 공평하고 밝게 잘 다스림을 뜻하는 말이다.

5 | 산성(山城) : 《고증》 「축융봉 아래에 있는데, 곧 공민왕이 머물던 곳이다.」(在祝融峯下, 即恭愍所住處)

【원운시】

又次李退溪韻

다시 퇴계 선생의 각운자에 맞추어 짓다

行藏常恨不同謀	벼슬길에서 나가고 숨음 늘 함께 도모하지 못함 한스러웠고,
千里承顔計末由	천리 길에 한번 뵙고자 하나 그 계책 끝내 이룰 길 없었다네.
積學功深非一日	쌓인 학문 공부 깊음 하루에 이루어진 것 아니시고,
停雲望苦已三秋	머무는 구름 바라보며 기다리는 괴로움 일일이 삼 년 같으시리.
藩籬已分槍榆鷃	한 지방의 고을살이 이미 낮은 문지방 타넘는 메추리 같은 분수에 알맞을뿐,
林壑寧藏濟世舟	숲과 골짜기에 어찌 세상 구제할 배 숨길 수 있으리오?
披霧升堂曾有約	안개 헤치고 대청 오르려 일찍이 약속 있었으나,
襟期懶向俗人求	마음속 기약 게을리 세속의 사람들에게 구하는 것처럼 되어버렸다네.

聞退溪入淸涼山讀書, 次前韻送之

퇴계 선생이 청량산으로 들어가 글을 읽으신다기에 전에 지은 시의 각운자를 써서 보내어 드리다

高懷脫俗與山謀
고아한 회포 속세 벗어나
산과 함께 함 꾀하여,

拂袖松關意有由
소나무 관문에 소매 떨치니
뜻 연유 있으시리라.

負笈匡廬尋舊日
책 상자 짊어지고 여산으로 들어간 광려와 같은
옛날 일 찾고,

著書雲谷繼千秋
운곡에서 책 지으신 주자와 같이
천년의 전통 이으신다네.

含情謾憶春天樹
정 머금고 함부로
봄날의 나무 그리워하고,

乘興空思雪夜舟
흥 올라 부질없이
눈 오는 밤의 배타고 찾아갈 생각하네.

比及宴居能解綬
편안히 거처할 때에
관인 끈 풀 수 있으리니,

藏山文字要深求
산에서 감추어놓으신 문자
깊이 구해보아야야 하리.

64

崔崒雲埋雪意沈[6]
최 줄 운 매 설 의 침

가파른 산 구름에 묻혀
눈 오려는 듯 어둑한데,

山居病客悄中心[7]
산 거 병 객 초 중 심

산에 있는 병든 나그네
마음 속 근심스럽네.

千崖凍合摧羚角
천 애 동 합 최 령 각

모든 벼랑 꽁꽁 얼어붙어
영양 뿔 꺾이겠고,

一室寒侵瘃佛金
일 실 한 침 촉 불 금

온방에 추위 침습하여
금부처도 동상 입겠다네.

6 | 최줄운매(崔崒雲埋) : 최줄(崔崒)은 높은 모양을 나타내는 의태어. 당나라 한유(韓愈)의 〈혜스님을 송별하다(送惠師)〉「까마득한 산봉우리는 높은 구름에 함몰되었고, 울퉁불퉁 산기슭은 호수에 잠겼다네.」(崔崒没雲表, 陂陀浸湖淪)

7 | 산거병객(山居病客) : 당나라 우곡(于鵠)의 〈산속에서 번 복야님께 부치다(山中寄樊僕射)〉(《全唐詩》 권518) 「하늘가에 두 깃발 귀한데, 산속의 병든 나그네 외롭다네.」(天畔雙旌貴, 山中病客孤)

骨法尙疑餐玉屑[8] 골 법 상 의 찬 옥 설	내 골격 여전히 옥가루 먹었는가 의심스러운데.
肩輿還愧出瓊林 견 여 환 괴 출 경 임	어깨 매는 수레 타니 오히려 구슬 같은 숲 나섬 부끄럽네.
故人不有如蘭贈[9] 고 인 불 유 여 란 증	옛 친구 난초 같은 시 보내주지 않았더라면,
窮巷何緣寫鬱襟 궁 항 하 연 사 울 금	궁벽한 골목에서 무슨 연고로 울적한 심사 씻어내었으리.

右出山

위는 산을 나서다

8 | 골법(骨法) : 사람이나 기타 동물의 타고난 골상(骨相)의 특징을 말하나, 여기서는 그냥 타고난 골격(骨格)을 가리킨다.
옥설(玉屑) : 옥가루는 원래 신선이 먹는 약, 곧 선약(仙藥)을 말하는데 여기서는 곧 눈을 선약에 비유한 것이다. 눈은 문학적으로 표현할 때 옥(玉)이나 경(瓊)자를 많이 쓴다.

9 | 여란(如蘭) : 《주역·계사 상(繫辭上)》「두 사람이 마음을 함께 하면 그 날카로움은 쇠를 끊고, 마음을 함께하여 한 말은 그 향기가 난초와 같다.」(二人同心, 其利斷金, 同心之言, 其臭如蘭)

【원운시】

又次退溪韻, 述懷

다시 퇴계 선생이 지은 시의 각운자를 써서 회포를 말하다

打窓風雪夜沈沈
눈 바람 창 때리고
밤 침침한데,

四壁孤燈愧照心
사방 벽의 외로운 등
마음 비춤 부끄럽네.

黑綬未禁催白髮
검은 관인 끈 금하지 못하네,
흰 머리 재촉함,

丹砂無計幻黃金
붉은 단사 계책 없다네,
황금으로 바꿀 수 있는.

盟寒久負湖山債
맹세 어겨 호수와 산의 빚
저버린 지 오래되었고,

習懶寧遊翰墨林
게으름 습관 되어 어찌
한묵의 숲에서 놀리?

賴有溪仙頻寄問
퇴계 신선 자주 시 부쳐와
안부 물어주는 덕에,

時吟淸韻濯煩襟
이따금 맑은 운 읊조리며
번거로운 마음 씻는다네.

65. 溪齋寄鄭子中[1]

계재에서 자중에게 부치다

茅齋深處石溪寒 모 재 심 처 석 계 한	띠로 이은 서재 깊은 곳에 바위 사이 시냇물 차고,
蕭瑟金風白玉灣[2] 소 슬 금 풍 백 옥 만	소슬한 가을 바람 흰 옥 같은 물굽이에 부네.
盡日待君君不到 진 일 대 군 군 부 도	종일토록 그대 기다렸으나 그대 이르지 않고,
碧雲銜照帶孱顏[3] 벽 운 함 조 대 잔 안	푸른 구름만 빛 머금은 채 삐죽삐죽한 산 띠고 있네.

1 | 제자들이 공부하기 위해 퇴계의 가(화암 가에 있었다고 한다)에 지은 집으로, 《퇴계잡영》에는 「계남서재」(溪南書齋)로 되어 있는데, 「퇴계 남쪽의 띠로 이은 서재」 정도의 뜻이 되며, 줄여서 계재(溪齋)라고 하였다. 상세한 것은 《퇴계시풀이 3》 84번 시의 주 1)을 보라.

2 | 소슬금풍(蕭瑟金風) : 금풍은 추풍, 곧 가을바람을 말한다. 오행 가운데 금(金)이 방위로는 서쪽, 계절로는 가을을 나타내기 때문에 이렇게 부른다. 삼국시대 위(魏)나라 문제(文帝) 조비(曹丕)의 〈연가행(燕歌行)〉「가을바람 소슬하고 하늘 기운 서늘한데, 초목은 빙글빙글 떨어지고 이슬 서리 된다네.」(秋風蕭瑟天氣涼, 草木搖落露為霜)

3 | 진일대군~벽운함조(盡日待君~碧雲銜照) : 남조 양(梁)나라 강엄(江淹)의 〈휴상인을 원망스럽게 이별하다(休上人怨別)〉「해는 저물고 짙푸른 구름 하늘 덮지만, 그리운 이는 도리어 오지 않는다네.」(日暮碧雲合, 佳人殊未來)

잔안(孱顏) : 가지런하지 못한 모양을 나타내기도 하나, 여기서는 산세가 험하고 높이 솟은 모양을 나타내는 의태어로 쓰였다. 또는 그런 산.

66~67. 前日靜存書末, 有嶺梅吐芬時寄一枝之語.[1] 今年此間, 節物甚異. 四月羣芳始盛, 而梅發與之同時. 人或以是爲梅恨, 是非眞知梅者, 乃所處之地, 所遇之時然耳. 適答靜存書, 因寄梅片, 兼此二絶, 亦不可不示左右[2], 願與靜存, 共惠瓊報, 庶幾爲梅兄解嘲也[3]

전날 정존의 편지 끝에 「고개의 매화가 향기를 뿜으면 때맞춰 한 가지를 보내주십사」하는 말이 있었다. 금년 이 곳에는 제철 사물이 매우 남달랐다. 4월에 여러 가지 꽃들이 비로소 성하게 피었는데 매화가 꽃을 피운 것이 그와 때를 같이 하였다. 사람들 가운데 혹 「이는 매화로서는 유감스럽다」고도 하는데, 이는 참으로 매화를 아는 것이 아니며 곧 처한 곳과 만난 때가 그럴 따름이다. 마침 정존에게 답장을 부치는 김에 매화 가지를 부치고, 아울러 이 절구 2수를 지어 또한 곁에 보여주지 않을 수 없으니, 원컨대 정존에게 주어 함

1 | 정존(靜存) : 이담(李湛 : 1510~1575)의 호로, 자는 중구(仲久이다. 이담에 대해서는 《퇴계시풀이 3》 87번 시의 주 1)을 보라. 《퇴계집》 권10 〈이중구에게 답하다(答李仲久)〉 「보내주신 편지에서 『고개의 매화가 향기를 내뿜거든 한 가지 보내주십사』라는 말은 사람으로 하여금 천리에 마음을 함께 한다는 뜻에 깊이 개연함을 갖게 합니다. 이곳에는 올해 봄 날씨가 매우 남달라 4월이 되어서야 꽃이 비로소 성하게 피기 시작하였습니다. 그리고 매화 또한 지세를 따르고 철에 응함을 면치 못하였습니다. 사람들 중 혹 이는 매화의 병처라 하는 사람도 있습니다만 가만히 생각건대 참으로 매화를 아는 자가 아닙니다. 부쳐온 편지에 답하는 김에 손으로 한 가지를 꺾어서 보내오신 뜻대을 채워드립니다. 절구 두 수를 읊어 이루었으니 바라건대 답장을 얻어 매형에게 해명하였으면 합니다.」(來諭嶺梅吐芬時寄一枝之語, 令人深有慨於千里同襟之意. 此間, 今年春候異甚, 至四月, 花始盛開, 而梅亦未免於因地應時. 人或以是爲梅病, 竊以爲非眞知梅者. 因報來書, 而手折一枝, 附書以實來意, 吟成二絶句, 冀得瓊報, 庶爲梅兄解嘲也)

2 | 좌우(左右) : 《고증》 「정자중인 듯하다.」(疑子中) 《요존록》에서는 기고봉(奇高峯)인 것 같다고 하였다.

3 | 이 편지와 여기 보이는 시는 61세 되던 해 4월에 지은 것이다.

께 아름다운 답장을 보내준다면 매형에게 놀린 것을 해명하게 될 것이다

66

梅花天惜太孤絶[4]
매 화 천 석 태 고 절

매화 꽃 하늘이
너무 외로울까 안타깝게 여겨,

且並羣芳發素葩[5]
차 병 군 방 발 소 파

또한 뭇 꽃들과 아울러
흰 꽃 피웠다네.

莫與國香論早晩[6]
막 여 국 향 론 조 만

국향과 더불어
이르다 늦다 논하지 말게나,

眞貞元不競年華
진 정 원 불 경 년 화

참된 곧음 원래부터
세월과 다투지 않는다네.

4 | 매화~태고절(梅花~太孤絶) : 주자의 〈유언집이 지은 목서 시의 각운자에 맞추어 짓다(次劉彦集木犀韻)〉「한매처럼 너무 외따로 떨어져 있게 하지 말고, 다시 기나긴 밤으로 하여금 피리 함께 불게 하라.」(莫似寒梅太孤絶, 更交遙夜笛中吹)

5 | 발소파(發素葩) : 소파(素葩)는 흰 꽃으로 매화를 가리킨다. 송나라 조변(趙抃)의 〈검병이좌장의 청사에서 매화를 감상하다(鈐兵李左藏廳賞梅)〉「세밀에 아름다운 숲에서 매화 흰 꽃 피웠는데, 술잔 앞에서 기이한 감상 시 지어 자랑하네.」(歲晏珍林發素葩, 樽前奇賞著詩誇)

6 | 국향(國香) : 난초의 별칭.

67

不將南北分先後[7]
불 장 남 북 분 선 후

남쪽 북쪽으로
앞뒤 구분하지 않았더라면,

肯把初終有異同
긍 파 초 종 유 이 동

어찌 처음과 끝
다름 있었겠는가?

折寄遙憐人似玉
절 기 요 련 인 사 옥

가지 꺾어 멀리 옥 같은
어여쁜 님에게 보낸다는,

晦庵詩句表深衷[8]
회 암 시 구 표 심 충

회암선생의 시 구절
깊은 마음 표현했다네.

7 | 남북분선후(南北分先後) : 송나라 소식의 〈양반(楊蟠)의 삼가 매화를 논하다라는 시의 각운자를 써서 짓다(次韻楊公濟奉議梅花)〉 제6수 「재 북쪽의 서리 맞은 가지 가장 많이 생각나니, 추위 참고 머물며 사군 오심 기다린다네.」(嶺北霜枝最多思, 忍寒留待使君來) 주석 「대유령의 매화는 남쪽 가지가 이미 지고나면 북쪽 가지가 막 피기 시작하는데, 춥고 따뜻한 기후가 다르기 때문이다.」(大庾嶺上梅花, 南枝已落, 北枝方開, 寒煖之候異也)

8 | 절기~회암시구(折寄~晦庵詩句) : 주자의 〈눈온 뒤의 일을 읊다라는 시의 각운자를 써서(次韻雪後書事)〉 「가지 하나 꺾어서 멀리 옥 같은 어여쁜 님에게 보내나니, 그리움 겁화(劫火)의 재 될까 한 되네.」(折寄遙憐人似王, 相思應恨劫成灰)

68~98. 辛亥早春, 趙秀才士敬, 訪余於退溪, 語及具上舍景瑞·金秀才秀卿所和權景受六十絶, 幷景瑞五律. 余懇欲見之, 士敬歸卽寄示, 因次韻遣懷[1]

신해년(1551) 이른 봄에 수재인 조사경이 퇴계로 나를 찾았는데, 진사 구경서와 수재 김수경이 화답한 권경수의 60절구 및 경서의 오언 율시를 언급하였다. 내 간절히 그 시들을 보고 싶어 하자 사경이 돌아가자마자 부쳐서 보여줌에 같은 각운자를 써서 지어 감회를 푼다

68

三三兩兩屋成村 삼 삼 량 량 옥 성 촌	셋씩 둘씩 집 마을 이루고,
日出爲朝日入昏 일 출 위 조 일 입 혼	해 뜨면 아침이고 해 지면 저녁이라네.

1 | 조수재사경(趙秀才士敬) : 수재(秀才)는 원래 재능이 우수한 사람, 또는 그러한 인재로 고을에서 발탁된 사람이라는 뜻이지만, 후대에 와서는 모든 과거시험 응시자, 또 지방 학교의 학생들을 이렇게 불렀다. 사경은 월천(月川) 조목(趙穆 : 1524~1606)의 자이다.
구상사경서(具上舍景瑞) : 상사(上舍)는 곧 진사를 말한다. 경서는 백담(栢潭) 구봉령(具鳳齡 : 1526~1586)의 자이다.
김수재수경(金秀才秀卿) : 수경은 지산(芝山) 김팔원(金八元 : 1524~1589)의 자이며, 달리 자를 순거(舜擧)라고도 하였다.
권경수(權景受) : 경수는 인재(忍齋) 권대기(權大器 : 1523~1587)의 자이다.
이때 함께 지은 시가 《내집》 권2에 14수(6번~19번 시), 《별집》에 19수(185번~203번 시)가 수록되어 있다. 조목과 구봉령, 권대기에 대한 상세한 사항은 《내집》 6번 시의 주 1)을 보라.

莫笑山中牢落甚[2]
막 소 산 중 뢰 락 심

웃지 말게나, 산속
많이 쓸쓸하다고,

人烟猶帶太平痕[3]
인 연 유 대 태 평 흔

인가의 연기 오히려
태평시대의 흔적 띠고 있다네.

69

寒谷春回尙未暄
한 곡 춘 회 상 미 훤

차가운 골짜기에 봄 돌아왔으나
아직 따뜻하지 않아,

閉門攲枕護眞元[4]
폐 문 의 침 호 진 원

문 닫아걸고 베개 받치고 기대어
참됨 원기 지키네.

今朝喜見君來訪
금 조 희 견 군 래 방

오늘 아침 기쁘게
그대 찾아와주어,

繙閱遺編得共論
번 열 유 편 득 공 론

묵은 책 뒤적여 보며
함께 담론할 수 있었다네.

2 | 뇌락(牢落) : 적적하고 쓸쓸한 모양을 나타내는 의태어.

3 | 인연(人烟) : 「烟」은 「煙」으로도 쓴다. 인연은 원래 인가에서 나는 연기라는 뜻으로 쓰였으나, 나중에 뜻이 변하여 인가 자체를 가리키는데 쓰이기도 하였다. 여기서는 후자의 뜻으로 쓰였다.

4 | 폐문기침(閉門攲枕) : 기(攲)는 기대다, 의지하다의 뜻. 당나라 이중(李中)의 〈대를 마주하다(對竹)〉 「문 닫고 베개에 기대어 들음만 못하니, 가을 소리 비처럼 집으로 들어온다네.」(不似閉門攲枕聽, 秋聲如雨入軒來)

진원(眞元) : 사람의 원기, 또는 본성을 말한다.

70

嗟我生平百事遲
차 아 생 평 백 사 지

아! 나 평생토록
모든 일 더딘 게 한스럽고,

自慙孤陋鬢成絲[5]
자 참 고 루 빈 성 사

스스로 외롭고 고루한데 귀밑머리
실타래 같이 되어감 부끄럽네.

永嘉數子雖曾識[6]
영 가 수 자 수 증 식

영가의 여러 사람
비록 일찍이 알았으나,

今日因君更得知
금 일 인 군 갱 득 지

오늘에야 그대 때문에
더 잘 알게 되었네.

具·金·權皆安東人

구봉령과 김팔원, 권대기는 모두 안동 사람이다

71

愁緖如抽獨繭長[7]
수 서 여 추 독 견 장

근심의 실마리 마치
한 고치의 실 길게 뽑듯 한데,

5 | 빈성사(鬢成絲) : 당나라 이백의 〈전징군 소양께 드림(贈錢徵君少陽)〉「봄바람 몇일 남았는데, 양쪽 귀밑머리 각각 실타래 되었네.」(春風餘幾日, 兩鬢各成絲) 주자의 〈유자 꽃(柚花)〉「빈 서재에서 해 지는 것 마주하니, 시름 절실하여 귀밑머리 실타래 되었네.」(空齋對日夕, 愁絶鬢成絲)

6 | 영가(永嘉) : 조선 때 안동대도호부에 속한 군 이름. 지금 안동의 별칭.

7 | 독견(獨繭) : 한나라 사마상여(司馬相如)의 〈임금님의 숲(上林賦)〉에 「순백 명주의 외투하단 가장자리가 땅에 끌리고」(曳獨繭之褕絏)라는 구절이 있는데, 《문선》에 주석을 단 당나라 이선(李善)은 「곽박이 말하기를 『독견은 한 고치에서 나온 실이다.』라 하였다.」(郭璞曰, 獨繭一繭之絲也)라 하였다.

不堪羸瘦似東陽[8]
불 감 리 수 사 동 양

견디지 못할 정도로 파리하게 야윔
동양령 심약과 같네.

吟詩可滌幽憂疾[9]
음 시 가 척 유 우 질

시 읊조리면 씻을 수 있다네,
깊이 근심하는 병,

口角瀾飜百卅章[10]
구 각 난 번 백 삽 장

입 언저리로 물결 흘러가듯 읽었다네,
시 백 삼십 수를.

景瑞·秀卿詩, 合一百三十首

경서와 수경의 시가 모두 합하여 130수이다.

8 | 동양(東陽) : 《고증》「심약은 일찍이 동양태수가 되었었는데, 맑고 메말라 허리띠를 이기지 못했다.」(案, 沈約嘗爲東陽令, 淸瘦不勝衣帶) 《남조의 역사·심약의 전기(南史·沈約傳)》「심약은 서면과 평소에 사이가 좋아서 마침내 그에게 편지를 통하여 자신의 심경을 알렸으며, 자신이 늙고 병이 많음을 『몇 달이 지나면 흔히 혁대의 구멍을 옮겨야 하는 것처럼 손으로 팔을 잡으면 매달 반씩 가늘어져 가는 것 같습니다.』라 하였다.」(與徐勉素善, 遂以書陳情於勉, 言己老病, 百日數旬, 革帶常應移孔, 以手握臂, 率計月小半分) 송나라 소식의 〈왕공안의 다시 함께 배를 띄우다라는 시의 각운자를 써서(次韻王鞏顏復同泛舟)〉「심랑은 맑고 메말라 옷을 이기지 못하고, 변로는 피둥피둥 허리가 열 아름이라네.」(沈郎淸瘦不勝衣, 邊老便便帶十圍) 변로는 후한의 변소(邊韶 : 자는 孝先)을 말한다.

9 | 유우질(幽憂疾) : 당나라 백거이의 〈도잠의 시체를 본받아 짓다(效陶潛體詩)〉 제10수 「저 깊이 근심하는 병도, 통쾌하게 마시면 사그라지지 않음 없다네.」(及彼幽憂疾, 快飮無不消)

10 | 구각(口角) : 입 언저리이고, 난번(瀾飜)은 말이 도도하게 흘러 끊어지지 않는 모양을 말한다. 《내집》 권1 70번 시의 주 8)을 보라.

72

老覺繁華意易闌
노 각 번 화 의 역 란

늘그막에야 깨달았네, 번화하면
　　뜻 쉽게 문드러진다는 것을.

須知淡泊是眞歡
수 지 담 박 시 진 환

모름지기 알았다네, 담박함이야말로
　　참된 즐거움이라는 것을.

可憐中道倀倀甚[11]
가 련 중 도 창 창 심

가련하여라, 도중에
　　갈팡질팡함 심하여,

不自收身及早還[12]
부 자 수 신 급 조 환

스스로 몸 거두어
　　제때에 일찍 돌아오지 못하였음이.

11 | 창창(倀倀) : 갈팡질팡하여 어찌할 바를 모르는 모양. 《예기·공자께서 평상시 거처하실 때(仲尼燕居)》「비유하자면 소경이 곁에서 부축해주는 사람이 없는 것과 같으니 갈팡질팡 어디로 가는가?」(譬猶瞽之無相與, 倀倀乎其何之?) 《순자·도를 닦음(修道)》편에 「사람이 법도가 없으면 갈팡질팡한다.」(人無法則倀倀然)라는 말이 있는데, 당나라 양경(楊倞)은 「『창창』은 갈 곳이 없는 모양이다. 두거나 갈 곳을 알지 못하는 것을 말한다.」(倀倀, 無所適貌也. 言不知所措履)라고 주석을 달았다.

12 | 부자~급조환(不自~及早還) : 진(晉)나라 도연명(陶淵明)의 〈돌아가자꾸나(歸去来辭)〉「실로 길을 잃고 멀리 가지 않아, 지금이 옳고 지난날이 틀렸다는 것 깨달았다네.」(實迷途其未遠, 覺今是而昨非)

73

濫恩當日偶將通
남 은 당 일 우 장 통

은혜 넘쳐 그날
어쩌다 벼슬길 통하려 하다가,

隨分如今得返窮
수 분 여 금 득 반 궁

분수 따라 지금에야
궁함으로 돌아오게 되었다네.

自笑於人都不逮
자 소 어 인 도 불 체

스스로 웃네, 남보다
조금도 미치지 못하면서,

嘐嘐援古欲追蹤[13]
교 교 원 고 욕 추 종

뜻 크게 옛것 잡고
자취 좇으려 했음을.

13 | 교교~욕추종(嘐嘐~欲追蹤) : 교교(嘐嘐)는 말과 뜻이 큰 것을 말한다.《맹자·마음을 다함(盡心) 하》「그 뜻이 높고 커서 말하기를『옛 사람이여, 옛 사람이여!』하는 것이다.」(曰, 其志嘐嘐然, 曰, 古之人古之人) 주자의 주석「『교교』는 뜻이 크고 말이 큰 것이다.」

74

愚戇從來苦信書[14] 우 당 종 래 고 신 서	나같이 어리석은 자는 이전부터 정말 책만 믿어왔는데,
況逢佳友慕塵餘[15] 황 봉 가 우 모 진 여	하물며 훌륭한 친구들 만나 옛 자취 그리워하였음에랴.
具君前後雖三見 구 군 전 후 수 삼 견	구군은 앞뒤로 세 번 만났었지만,
瞥地還分一夢如[16] 별 지 환 분 일 몽 여	잠깐 만에 또 헤어지니 한바탕 꿈 같았다네.

14 | 고(苦) : 부사로 쓰여서, 특히, 매우 또는 실로와 같은 뜻으로 쓰였다. 《내집》 권1의 〈도연명집에서 음주시에 화답하다(和陶集飮酒)〉 첫째 시에 「술이 없어서 실로 즐거움 없는 것」(無酒苦無悰)이라는 구절이 이 같은 용례에 해당한다.

15 | 진여(塵餘) : 곧 여진(餘塵)을 말하는데 여기서는 운자를 고려하여 도치하여 썼다. 옛 사람이 남긴 자취를 일컫는 말이다.

16 | 별지(瞥地) : 지(地)는 여기서 부사 구조조사로 쓰였다.

75

初見基山喜若驚[17] 초 견 기 산 희 약 경	풍기에서 처음 보고 놀랄 듯 기뻐하여,
終朝鈴閣對筵淸[18] 종 조 영 각 대 연 청	아침 내내 동헌에서 마주한 자리 맑았었지.
別來我亦歸田畝 별 래 아 역 귀 전 무	이별하고 나 또한 전원으로 돌아와서,
相望悠悠但係情 상 망 유 유 단 계 정	서로 바라봄 아득한데 다만 정만 매였다네.

景瑞見訪於豐基

구경서가 풍기로 찾아왔었다

17 | 기산(基山) : 밑의 자주(自注)로 보건대 풍기를 가리키는 말이다.

18 | 영각(鈴閣) : 영재(鈴齋)와 같은 뜻이며, 곧 동헌을 말한다. 영각은 《퇴계시풀이 1》 139번 시의 주 5)를 보라.

76

清凉遊歷幾多賢
청 량 유 력 기 다 현

청량산 거쳐 간
　　현자 그 얼마나 많은가?

自古流傳是洞天[19]
자 고 유 전 시 동 천

예로부터 전해 내려오길
　　별천지라 한다네.

結友來攀增所養
결 우 래 반 증 소 양

벗 맺어 붙잡고 올라와
　　수양함 더욱 많으니,

襟靈要妙孰窺焉
금 령 요 묘 숙 규 언

마음속 신령하고 오묘함
　　누가 그것 살피겠는가?

景瑞讀書淸凉山

경서는 청량산에서 글을 읽었다

19 | 자고유전(自古流傳) : 당나라 한유(韓愈)의 〈상중(湘中)〉「원숭이 슬퍼하고 물고기 뛰며 물결 뒤집히는 곳, 예로부터 전하여지길 멱라수라 한다네.」(猿愁魚踊水翻波, 自古流傳是汨羅)
동천(洞天) : 동천은 도교 용어로 신선의 거처를 말한다. 동굴 속의 별천지라는 뜻인데, 나중에는 주로 풍경이 빼어난 곳을 가리키는 말로 쓰이게 되었다. 「동천복지」(洞天福地)와 같은 뜻이다.

77

蓬門何敢望來賢[20]
봉 문 하 감 망 래 현

쑥대문 안에서 어찌 감히
현자 찾아오길 바라겠는가?

忽見君從小有天[21]
홀 견 군 종 소 유 천

불현듯 그대
소유천에서 나를 찾아옴 봤다네.

滿袖風烟留不得
만 수 풍 연 류 부 득

소매 가득한 바람과 안개
머물게 할 수 없었으니,

病夫依舊吝萌焉[22]
병 부 의 구 린 맹 언

병든 이 늙은이 여전히
비루하고 탐욕스러운 마음 싹튼다네.

出山見訪於退溪

산을 나와 퇴계에서(경서의) 방문을 받았다

20 | 봉문(蓬門) : 쑥대를 엮어 만든 문을 말하는데, 봉필(蓬蓽) 곧 봉호필문(蓬戶蓽門)의 준말이다. 대나무를 쪼개어 만든 문이란 뜻으로, 가난한 사람의 집이란 뜻으로 쓰이며 보통 선비의 집을 형용할 때 쓰인다. 상세한 것은 《내집》 권1 10번 시의 주 5) 「봉필」(蓬蓽)을 보라.

21 | 소유천(小有天) : 도교에서 말하는 신선이 산다는 곳. 소유청허지천(小有淸虛之天). 당나라 두보의 〈진주에서 이것저것 읊음(秦州雜詩)〉 제14수 「만고의 구지의 구멍, 몰래 소유천과 통하네.」(萬古仇池穴, 潛通小有天) 송나라 곽지달(郭知達)의 주석 「소유동천에는 신어가 있는데 그것을 먹는 자는 신선이 된다. …… 《모군내전》에서 말하기를 대천의 안에 현중동 36곳이 있는데 첫 번째가 왕옥산의 동이며, 주위가 만리인데 소유청허지천이라 한다. ……」(小有洞天中有神魚, 食之者仙……茅君內傳, 大天之內有玄中洞三十六所, 第一王屋山之洞, 周日萬里, 名日小有清虛之天……)

22 | 인맹(吝萌) : 《후한의 역사·황헌(黃憲)의 전기》 「황헌은 자가 숙도로, 여남 신양 사람이다. …… 같은 군의 진번과 주거가 늘 이르기를 『몇 달만 황선생을 뵙지 않으면 비루하고 탐욕스러운 싹이 다시 마음속에 자리 잡게 된다.』라 하였다.」(黃憲, 字叔度, 汝南愼陽人也……同郡陳蕃周舉常相謂日, 時月之間, 不見黃生則鄙吝之萌復存乎心) 당나라 이현(李賢)의 주석 「인은 탐하는 것이다.」(吝, 貪也)

78

去作飄然鶴背人[23]
거 작 표 연 학 배 인

그대 떠나서는 표연히
학 탄 사람 되었는데,

停雲悄悵見無因[24]
정 운 초 창 견 무 인

그리워하는 마음 구슬프나
만나 볼 길 없구려.

中間萬事何容說
중 간 만 사 하 용 설

그 사이의 온갖 일
어찌 다 말하겠는가?

不死如今又一春
불 사 여 금 우 일 춘

죽지 않고 지금
또 한번 봄 맞았구려.

景瑞又遊鶴駕山. 是時余遭家禍[25]

경서는 또한 학가산을 유람했다. 이때 나는 집안의 화를 당하였다

23 | 학배인(鶴背人) : 학의 등을 타고 나는 사람이란 뜻으로 신선을 가리키는데, 여기서는 구봉령이 청량산을 떠나 학가산(鶴駕山 : 학을 올라타는 산이라는 뜻)에 올랐기 때문에 이렇게 표현하였다.

24 | 정운(停雲) : 원래는 하늘에 잔뜩 낀 먹장구름이라는 뜻인데, 친구를 그리워하는 마음을 나타낼 때 쓰인다. 도연명의 시에 〈정운(停雲)〉이 있는데, 서문에서 「〈정운〉은 친한 친구를 생각한 시다.」(停雲, 思親友也)라 하였다.

25 | 가화(家禍) : 1550년에 퇴계의 넷째 형님인 온계(溫溪)공이 귀양을 가던 도중에 죽은 것을 말한다.

79

靜裏泉鳴不厭喧
정 리 천 명 불 염 훤

고요한 가운데 샘물 소리
크게 들리나 싫증나지 않고,

試營雲屋度朝曛
시 영 운 옥 도 조 훈

구름 속에 집 지어놓고
아침 저녁 지내본다네.

寧知衆棄還收錄
영 지 중 기 환 수 록

어찌 알았으리오? 뭇사람들 버린 것
다시 거두어 적을 줄을,

蹋凍衝寒到小軒
답 동 충 한 도 소 헌

언 땅 밟고 추위 무릅쓰고
작은 집에 이르렀다네.

80

羣疑未析千年上 군 의 미 석 천 년 상	여러 의심 천년토록 풀리지 않았는데.
萬慮纔消數盞中 만 려 재 소 수 잔 중	갖은 근심 몇 잔 술에 겨우 녹는다네.
巢拙夜床無處著 소 졸 야 상 무 처 저	보금자리 졸박하여 밤 잠자리 붙일 곳 없어,
暮天歸袂恨牽風 모 천 귀 몌 한 견 풍	저녁 되어 돌아가는 그대의 옷소매 바람에 끌림 한스럽네.

溪堂草創無溫房, 景瑞冒險夜歸

계당을 처음 열었을 때는 온돌방이 없어서 경서는 밤을 무릅쓰고 돌아갔다

81

晩入芹宮惑未開[26] 만 입 근 궁 혹 미 개	내 늦게사 성균관에 들어가서 의혹 깨치지 못했지만,
夢魂時惹碧松苔 몽 혼 시 야 벽 송 태	꿈속의 넋에는 이따금씩 거기 이끼 낀 푸른 소나무 나타났다네.
聞君已作西遊計[27] 문 군 이 작 서 유 계	듣건대 그대 이미 서울 올라가서 유학할 계책 세웠다니,
博約應須兩極來[28] 박 약 응 수 양 극 래	박문 약례 응당 양쪽 다 익혀야 하리.

時景瑞將入泮

이때 경서는 성균관에 들어가려던 참이었다

26 | 근궁(芹宮) : 반궁(泮宮)이라고도 하며, 조선에서 성균관을 달리 부르는 말. 이 말은 《시경·노송·반수(魯頌·泮水)》의 「즐거운 반궁의 물에서, 미나리 캔다네.」(思樂泮水, 薄采其芹)라는 구절에서 나왔다.

27 | 서유(西遊) : 서울인 한양으로 가서 유학하는 것을 말한다. 지리적으로 서울이 안동의 서(북)쪽에 있었기 퇴계의 시에서는 서울로 가는 것을 서행(西行)이라고 하였다. 반대로 서울서 예안으로 돌아오는 것은 동귀(東歸)라고 하였다.

28 | 박약(博約) : 곧 박문약례(博文約禮)를 말한다. 박약(博約) : 《논어·옹은(雍也)》「군자가 문에서 널리 배우고 예로써 요약한다면 또한 가히 도에서 어그러지지 않을 것이다.」(君子博學於文, 約之於禮, 亦可以弗畔矣夫) 《논어·안연(顔淵)》편에도 똑같은 말이 나온다.

82

吏職基山愧不任
이 직 기 산 괴 불 임

풍기에서 관리 직무
이기지 못함 부끄러워.

一年憂與病俱深
일 년 우 여 병 구 심

일 년 만에 근심과
병 모두 깊어졌다네.

箇中不有羣才子
개 중 불 유 군 재 자

그 가운데 여러
재사 없었더라면,

披豁何從慰此心[29]
피 활 하 종 위 차 심

흉금 털어놓고 어디에서
이 마음 위로하였겠는가?

秀卿始見於豐基

수경은 풍기에서 처음으로 보았다

29 | 피활(披豁) : 흉금을 털어놓는 것을 말한다. 당나라 두보의 〈삼가 고씨네 35째(高適) 사군께 부침(奉簡高三十五使君)〉「하늘가에서 기쁘게 만나, 흉금 터놓고 나의 참됨 마주하였네.」(天涯喜相見, 披豁對吾真)

83

秀卿詩似野晴春 수 경 시 사 야 청 춘	수경의 시 흡사 갠 봄날 들판 같아,
草色山光盡眼新[30] 초 색 산 광 진 안 신	풀 빛이며 산 경치 모두 눈에 새롭다네.
得處若非臻妙極 득 처 약 비 진 묘 극	얻은 경지 지극히 오묘하지 않았다면,
何能吐句便驚人[31] 하 능 토 구 편 경 인	어떻게 뱉는 구절마다 사람 놀라게 할 수 있겠는가?

30 | 초색산광(草色山光) : 송나라 구양수의 사 〈접연화(蝶戀花)〉 제14수 「풀빛이며 산 풍경 남은 빛 속에, 난간에 기댈 수 있는 사람 없다네.」(草色山光殘照裏, 無人會得凭欄意)

31 | 하능~변경인(何能~便驚人) : 송나라 조번(趙蕃)의 〈19일 빗속에서(十九日雨中)〉 「득의하여 쓰고 그림 어찌 이렇게 하리오? 사람 놀라게 내뱉는 구절 어쩌다 그렇게 하였네.」(得意寫圖那辦此, 驚人吐句或能之)

84

白雲院裏憶前春[32]
백 운 원 리 억 전 춘

백운동 서원에서
지난 봄날 있었던 일 생각해보니,

作者如林獨步新
작 자 여 림 독 보 신

글 지은 사람들 숲과 같이 많았으나
새롭기가 독보적이었다네.

竟蹶霜蹄眞怪事[33]
경 궐 상 제 진 괴 사

결국 서리 밟고 엎어진 굽
정말 괴이한 일이로구나,

由天寧復更由人[34]
유 천 녕 부 갱 유 인

하늘에 말미암은 것이지 어찌 다시
사람에게서 말미암은 것이리오?

書院諸生課藝, 秀卿最優, 其秋竟失禮闈[35]

서원의 여러 생도들이 글짓기를 하였는데 수경이 가장 뛰어났으나 그해 가을에 결국 예조에서 실패를 맛보았다

32 | 백운원(白雲院) : 백운동서원, 곧 소수서원(紹修書院)을 말한다.

33 | 경궐상제(竟蹶霜蹄) : 과거에 떨어짐을 이른다. 당나라 두보의 〈취하여 부른 노래(醉歌行)〉「옛날 버들잎 뚫었음 진실로 스스로 아나니, 잠깐 서리에 엎어지는 발굽은 잘못 아니라네.」(舊穿楊葉眞自知, 暫蹶霜蹄未爲失)

34 | 유천유인(由天由人) : 운수가 불길한 것이지 자기의 잘못은 아니라는 것을 말한다. 송나라 소옹(邵雍)의 〈천인음(天人吟)〉「일 같지 않은데다 때 또한 다르니, 천도에서 말미암기도 하고 사람에게서 말미암기도 하네.」(事既不同時又異, 也由天道也由人)

35 | 예위(禮闈) : 과거시험을 주관하는 예조를 가리킨다. 당나라 유우석(劉禹錫)의 〈선상인이 예부의 왕시랑이 방을 내건 후에 화답한 시를 멀리서 부쳐왔으므로 이어서 화답함(宣上人遠寄和禮部王侍郎放榜後詩, 因而繼和)〉「예부에서 새로 내건 방이 장안을 움직이니, 아홉 갈래 길에서 사람마다 말 달려와 보네.」(禮闈新榜動長安, 九陌人人走馬看)

85

草心難得報三春[36]
초 심 난 득 보 삼 춘

한 치 풀의 마음 석 달
　봄의 따뜻함에 보답하기 어려우니,

得失知君恨益新[37]
득 실 지 군 한 익 신

실패에 그대들 한
　더욱 새로움 알겠네.

叵耐天何滋見惑
파 내 천 하 자 견 혹

하늘 어찌하여 더욱
　의혹스러운지 견디기 어려우나,

不如堅志更修人
불 여 견 지 갱 수 인

굳은 뜻으로 다시
　사람의 도리 닦는 것만 못하다네.

此下兩君, 皆以家貧親老, 不得榮養爲恨. 此則正理, 而詩意皆若有過求之惑, 故頗述已志, 以解之

이하 두 사람은 모두 집이 가난하고 어버이가 연로한데 잘 봉양해드리지 못함을 한스러워했다. 이것이 올바른 도리이나 시의 뜻은 모두 지나치게 벼슬을 구한 것 같은 의혹이 있는 것 같아서 자못 나의 뜻을 말하여 그런 뜻을 해소시켰다

36 | 초심~보삼춘(草心~報三春) : 초심(草心)은 곧 촌초지심(寸草之心)을 말한다. 부모에 대한 자식의 보잘 것 없는 효심을 이르는 말이다. 삼춘(三春)은 부모의 사랑을 비유하는 말이다. 당나라 맹교(孟郊)의 〈나그네의 노래(遊子吟)〉「자애로운 어머니 손 안에 들린 실은, 나그네(자식)의 옷을 위해서라네. 떠날 즈음에 촘촘히 꿰매시는 것은, 늦게 돌아올까 걱정하셔서라네. 누가 말하는가? 한 치 풀의 마음이, 석 달 봄볕에 보답할 수 있으리라고.」(慈母手中線, 遊子身上衣. 臨行密密縫, 意恐遲遲歸. 誰言寸草心, 報得三春暉)

37 | 득실(得失) : 여기서는 편의(偏意) 복사로 쓰여 실(失)자의 뜻만 있다.

86

如我曾偸桂樹春[38]
여 아 증 투 계 수 춘

나 같은 사람도 일찍이
계수나무에 봄이 옴을 훔쳤는데도,

未能榮養轉憂新[39]
미 능 영 양 전 우 신

잘 봉양해드릴 수 없어서
근심만 새로워졌었다네.

俄然宰木風悲撼[40]
아 연 재 목 풍 비 감

갑작스레 산소의 나무
바람에 슬피 흔들리니,

淚到重泉不補人[41]
누 도 중 천 불 보 인

눈물 황천에 이르나
사람에게 도움 안 된다네.

38 | 계수춘(桂樹春) : 계는 과거에 급제한 것을 말한다. 곧 벼슬에 나아가 관리가 된 것을 비유한다. 《진(晉)나라의 역사·극선(郤詵)의 전기》「무제가 동당의 모임에서 전송해 주면서 극선에게 물었다. 『경은 스스로 생각하기에 어떠한가?』 극선이 대답하였다. 『신이 현량의 대책으로 뽑혀 천하의 제일이 된 것은 계수나무 숲의 한 가지나 곤산의 한 조각 옥과 같습니다.』」(武帝於東堂會送, 問詵曰, 卿自以爲何如? 詵對曰, 臣擧賢良對策, 爲天下第一, 猶桂林之一枝, 崑山之片玉) 당나라 두보의 〈장손 시어님의 영전에 곡하다(哭長孫侍御)〉「예부에서 일찍이 계수나무의 가지로 뽑혔고, 헌부에서는 옛날에 청총마 타셨다네.」(禮闈曽擢桂, 憲府舊乘驄)

39 | 영양(榮養) : 좋은 옷과 음식으로 부모를 잘 봉양하는 것을 말한다. 《진(晉)나라의 역사·문원전·조지의 전기(文苑傳·趙至)》「아버지가 밭을 갈면서 소를 부린다는 소리를 듣고 편지를 내던지고 눈물을 흘렸다. 스승이 괴이하게 여겨 물어보았더니 조지가 말하였다. 『저는 어려서부터 잘 봉양을 해드릴 수가 없어서 연로한 아버지로 하여금 고생을 면치 못하게 하였습니다.』 이에 스승이 매우 기특하게 여겼다.」(聞父耕叱牛聲, 投書而泣. 師怪問之, 至曰, 我小未能榮養, 使老父不免勤苦. 師甚異之)

40 | 재목(宰木) : 재('宰')는 곧 무덤을 가리킨다. 《좌전·희공(僖公) 32년》「중간쯤 수를 누렸다면 그대 묘의 나무가 한 아름은 되었을 것이오.」(中壽, 爾墓之木拱矣)
풍비(風悲) : 풍수지탄(風樹之嘆)을 말하는 것 같다.

41 | 누도중천(淚到重泉) : 당나라 한유의 〈맹동야(郊)가 아들을 잃다(孟東野失子)〉「하늘 보고 불러 봐도 들릴 때 없어, 땅 적신 눈물 황천까지 이르네.」(上呼無時聞, 滴地淚到泉)

87

孝親曾見一家春 효 친 증 견 일 가 춘	어버이께 효도할 때면 진작 온 집안에 봄기운 가득할 터이니,
菽水深歡彩服新[42] 숙 수 심 환 채 복 신	콩과 물 같은 악식조차도 깊은 기쁨이요 때때옷 춤 새롭다네.
一逐浮名終兩失 일 축 부 명 종 량 실	한번 뜬 명예 좇아 끝내 두 가지 다 잃는다면,
永慙烏鳥尙爲人[43] 영 참 오 조 상 위 인	영원히 까마귀에게 부끄럽겠지 오히려 사람 된 것이.

42 | 숙수심환(菽水深歡): 숙수(菽水)는 콩과 물로 악식(惡食)이라는 뜻. 가난한 중에도 부모를 잘 섬기는 즐거움이라는 뜻의 숙수환(菽水歡)을 말한다. 《예기·단궁(檀弓) 하》 「자로가 말하였다. 『슬프도다! 가난하다는 것은. 어버이가 살아서는 봉양할 것이 없고, 죽어서는 예를 행할 것이 없구나.』 이에 공자가 말했다. 『콩을 씹어 먹고 물을 마실지라도 그 마음에 기쁨을 다하면 그것을 일러 효도라고 한다.』」(子路曰, 傷哉, 貧也! 生無以爲養, 死無以爲禮也. 孔子曰, 啜菽飮水, 盡其歡, 斯之謂孝)
채복(彩服): 노래자(老萊子)는 효성이 지극하여 70이 훨씬 넘은 나이에도 양친을 봉양하면서 그들을 즐겁게 하여 드리기 위하여 어린이와 같은 장난을 하고 오색이 영롱한 색동옷을 입고 춤을 추었다고 한다. 곧 효성이 지극함을 가리키는 말로 쓰인다. 상세한 것은 《내집》 권1 55번 시의 주19)를 보라.

43 | 오조(烏鳥): 까마귀는 자란 뒤에 늙은 어미에게 먹을 것을 물어다 먹이기 때문에 효조(孝鳥) 또는 자오(慈烏)라고도 한다. 효성이 지극함을 비유하는 밀로 쓰인다. 상세한 것은 《내집》 권1 55번 시의 주17)을 보라.

88

荊樹夭夭一氣春[44]
형 수 요 요 일 기 춘

자형수 풋풋하니
온 기운 봄인데,

連枝接葉藹如新[45]
연 지 접 엽 애 여 신

이어진 가지 붙은 잎
새것처럼 우거졌다네.

只今憔悴多先謝
지 금 초 췌 다 선 사

지금은 시들어서
먼저 진 것 많으니,

風雨悽然每感人
풍 우 처 연 매 감 인

비바람 구슬퍼
매번 사람을 느끼게 하네.

依兩君詩, 言兄弟之情

두 사람의 시에 따라 형제간의 정을 말하였다

44 | 형수(荊樹) : 자형수(紫荊樹)를 말한다. 한나라 성제(成帝) 때 전진(田眞) 형제의 고사에서 나온 말. 양(梁)나라 오균(吳均)의 《속제해기(續齊諧記)》에 보이며, 자세한 것은 위 35번 시의 주 2)를 보라.
요요(夭夭) : 《시경·주남·도요(周南·桃夭)》「복숭아 풋풋하니, 꽃 풍성하다네.」(桃之夭夭, 灼灼其華) 주자의 주석 「요요는 어리고 예쁜 모양이다.」(夭夭, 少好之貌)

45 | 연지접엽(連枝接葉) : 양(梁)나라 오균(吳均)의 〈세상살이의 어려움(行路難)〉「청쇄문 밖의 석류 나무, 가지 이어지고 잎 붙었는데 시내 끼고 있네.」(青瑣門外安石榴, 連枝接葉夾御溝)

89

山林何地不王春[46] 산 림 하 지 불 왕 춘	산과 숲 어느 곳인들 임금님의 봄기운 왕성하지 않겠는가?
病骨溫存感慨新[47] 병 골 온 존 감 개 신	병약한 몸 위로하고 돌보시니 감개 새롭다네.
犬馬身疲無力展 견 마 신 피 무 력 전	보잘 것 없는 몸 이내 피로하여 뜻 펼칠 힘 없으니,
此心難訴意中人[48] 차 심 난 소 의 중 인	이 마음 호소하기도 어렵구나, 의중에 있는 사람에게까지도.

依兩君詩, 言君臣之義

두 사람의 시에 따라 임금과 신하의 의리를 말하였다

46 | 산림~불왕춘(山林~不王春) : 《시경·소아·북산(北山)》의 「넓은 천하가 왕의 땅이 아닌 곳이 없으며, 땅을 따른 물가에 사는 사람 가운데 왕의 신하가 아닌 것이 없네.」(溥天之下, 莫非王土. 率土之濱, 莫非王臣)라는 구절에서 뜻을 취한 것 같다.

47 | 온존(溫存) : 온난(溫暖)이라고도 하며, 위로하고 자상하게 돌본다는 뜻이다. 당나라 한유의 〈빗속에 형부의 맹간(孟簡)님께 몇 구절씩 이어 쓴 구절을 부침(雨中寄孟刑部幾道聯句)〉「위로하고 돌봄 깊은 은혜 느끼고, 절차탁마 밝은 가르침 받드네.」(溫存感深惠, 琢切奉明誡)

48 | 의중인(意中人) : 뜻이 통하고 마음에 드는 사람. 진나라 도연명(陶淵明)의 〈주속지와 조기, 사경이 세 젊은이에게 보이다(示周續之祖企謝景夷三郎)〉「허물어진 처마 밑에서 병 앓고 있다 보니, 종일토록 기쁜 일 하나 없네. 약과 침으로 이따금 차도 있으면, 내 마음속 사람 생각해보네.」(負痾頹簷下, 終日無一欣. 藥石有時閒, 念我意中人)

90

騷人從古謾悲哀[49]
소 인 종 고 만 비 애

우수(憂愁) 시인들 예로부터
함부로 슬퍼하여,

志在君親不要回
지 재 군 친 불 요 회

시의 뜻 임금과 어버이에 두고
돌리려 하지 않네.

却怪諸君徒慕此
각 괴 제 군 도 모 차

도리어 괴상한 것 제군들
한갓 이러한 뜻 흠모함인데,

關心得失謂何哉
관 심 득 실 위 하 재

시 잘되고 못됨에 마음 걸림
어떻게 평해야 할런지?

具金兩君詩, 皆以未遂決科, 榮親之願爲歎. 其初皆自景受詩, 發此意, 故於此指諸君, 而合言之

구봉령과 김팔원 두 사람의 시는 모두 과거에 급제하여 어버이를 영예롭게 하는 소원을 이루지 못함을 탄식하였다. 처음에는 모두 김팔원의 시에서 이 뜻을 펴냈으므로 여기에서는 제군을 가리켜 합하여 말하였다

49 | 소인(騷人) : 우수(憂愁) 시인(詩人). <슬픔을 만나다(離騷)>의 작자인 초나라 굴원(屈原)처럼 우수적 정서가 깃든 내용의 시를 주로 쓰는 사람을 가리킨다.

91

鵲寺逢君已恨遲[50] 작 사 봉 군 이 한 지	작사에서 그대 만났을 때 이미 늦게 만났음 한탄하였는데,
離愁如草雨中滋 이 수 여 초 우 중 자	이별의 근심 봄풀 같이 빗속에서 불어났다네.
只今縱未看君面 지 금 종 미 간 군 면	지금은 설사 그대의 얼굴 보지 못한다 하여도,
思見君詩慰拙衰 사 견 군 시 위 졸 쇠	그대의 시 생각하여보니 졸렬하고 쇠약한 이 몸에 위로된다네.

景受曾於鵲庵相見[51]

경수는 일찍이 작암에서 만난 적이 있다

50 | 작사(鵲寺) : 《요존록》「안동부 북쪽에 있으며 또한 석천사라고도 한다. 선생의 증조부 참판공의 분암(묘소를 관리하여주는 절)이다.」(在安東府北, 又謂石泉寺. 先生曾祖父參判公墳庵)

51 | 작암(鵲庵) : 《고증》「《속집》의 〈참의공사적〉에 보인다.」(見續集參議公事蹟)

92

吾雖不見兩君見[52]
오 수 부 견 양 군 견

내 비록 두 사람이
본 것 보지 못하였지만,

知得君詩亦爲親
지 득 군 시 역 위 친

그대 시 또한 어버이
위한 것임 알게 되었다네.

但可先修時命地[53]
단 가 선 수 시 명 지

다만 조정의 명령
먼저 닦아야 하리니,

五雲曾不隔淸宸[54]
오 운 증 불 격 청 신

오색 구름 일찍이
맑은 대궐 떠난 적 없다네.

余未見景受詩, 因兩君詩, 得景受詩中之意

나는 경수의 시를 미처 보지 못하였는데 두 사람의 시로 인하여 경수가 지은 시의 뜻을 알게 되었다

52 | 양군(兩君) : 구봉령과 권대기를 말한다.

53 | 시명(時命) : 운명과 조정의 명령이라는 뜻이 있는데, 다음 구절에 오운(五雲)이란 말이 있는 것으로 보아 후자의 뜻으로 쓰인 것 같다. 진나라 육기(陸機)의 〈맹호행(猛虎行)〉「수레 정돈하고 군주의 명 공손히 받들어, 채찍 쥐고 멀리 찾아가려네.」(整駕肅時命, 杖策將遠尋) 당나라 이선(李善)의 주석 「그 당시 임금의 명이다.」(時君之命也)

54 | 오운(五雲) : 곧 오운향(五雲鄕)을 말하며, 원래는 신선이 거처하는 곳을 이르는 말이나 임금이 있는 궁궐을 가리켜 말하기도 한다. 여기서는 후자의 뜻으로 쓰였다. 옛날에 황제(黃帝)가 탁록(涿鹿)에서 치우(蚩尤)와 싸울 때 오색의 구름이 황제가 쓰는 수레 덮개처럼 하늘을 덮었다고 한다. 당나라 두보의 〈지난날(서경에 있을 때)에(往在)〉「천자님 오직 대를 잇는 손자가 되시니, 오색구름 구중궁궐에 이네.」(天子惟孝孫, 五雲起九重)

93

天不容人苟速成[55]
천 불 용 인 구 속 성

하늘은 진실로 사람
　속히 이루려 함 용납지 않나니,

吾言猶可質諸經
오 언 유 가 질 제 경

내 말은 오히려 경서에서
　찾아낼 수 있다네.

不貪而得眞忠孝
불 탐 이 득 진 충 효

탐하지 않아도 얻음
　참된 충성과 효도이니,

愷悌神明實爾聽[56]
개 제 신 명 실 이 청

즐겁고 화락한 군자여! 신명이
　정말 그대의 말 들어주시리라.

55 | 속성(速成) : 《논어·자로(子路)》「공자께서 말씀하셨다. 『속히 하려고 하지 말고 작은 이익을 보지 말아야 한다. 속히 하려고 하면 제대로 이루지 못하고, 작은 이익을 보면 큰일을 이루지 못한다.』」(子曰, 無欲速, 無見小利. 欲速, 則不達, 見小利, 則大事不成)

56 | 개제~실이청(愷悌~實爾聽) : 「豈弟」(개제)라고도 하며 즐겁고 화평함을 나타내는 말이다. 《시경·대아·한산의 기슭(旱麓)》「즐겁고 화락한 군자여, 신이 위로하는 바라네.」(豈弟君子, 神所勞矣) 주자의 주석 「개제는 즐겁고 화평함이다.」(豈弟, 樂易也)

94

儒林多是混風塵
유 림 다 시 혼 풍 진

우리 유림 거의
이 풍진 세상에 혼탁해졌으니,

此道今誰肯問津[57]
차 도 금 수 긍 문 진

이 길 지금 누가
기꺼이 나루터 묻겠는가?

玉唱金酬相勉學
옥 창 금 수 상 면 학

옥으로 선창하고 금으로 화답하며
서로 학문 힘쓰니,

令人踊躍氣增新
영 인 용 약 기 증 신

사람 뛰어오르게 하고
기운 더욱 새롭게 하네.

57 | 문진(問津) : 《논어·미자가(微子)》「장저와 걸익이 함께 밭을 가는데 공자가 지나가다가 자로에게 나루를 묻게 하였다. 장저가 말하기를 『고삐를 잡고 있는 자가 누구인가?』라 하자, 자로가 말하였다. 『공구입니다.』『노나라의 공구인가?』『그렇습니다.』『이 사람은 나루를 알 것이오..』」(長沮桀溺, 耦而耕, 孔子過之, 使子路問津焉. 長沮曰, 夫執輿者爲誰? 子路曰, 爲孔丘. 曰, 是魯孔丘與? 曰, 是也. 曰, 是知津矣)

95

頗向巫山惱雨雲[58]
파 향 무 산 뇌 우 운

자못 무산 향하여
운우의 정 고심하니,

從來此物眩人魂
종 래 차 물 현 인 혼

예로부터 이것
사람의 혼 현혹하였다네.

麤才杜牧何須慕[59]
추 재 두 목 하 수 모

거친 재주꾼 두목 같은 이를
어찌 그리워할 것 있겠는가?

58 | 무산내우운(巫山惱雨雲) : 양대지몽(陽臺之夢), 곧 남녀가 잠자리를 함께 하는 것을 말한다. 전국시대 초나라 송옥(宋玉)의 〈고당부(高唐賦)〉「옛날에 초양왕이 송옥과 운몽대에서 놀면서 고당관을 바라보았는데, 그 위에는 홀로 구름 기운이 있었다. …… 왕이 송옥에게 물었다.『이는 어떤 기운인가?』송옥이 대답하기를『이른바 아침 구름이라는 것입니다.』라 하니, 왕이 말했다.『무엇을 아침 구름이라 하는가?』송옥이 말하기를『옛날에 선왕께서 고당관에서 놀았사온데 노곤해져서 낮잠을 자다가 꿈에 한 부인을 보았는데, 그 부인이 말하기를 "저는 무산의 여자입니다.……"라 하였습니다. 떠나면서 하직인사를 하고 말하기를 "저는 무산의 남쪽 높은 언덕의 험한 곳에 있는데, 아침에는 아침구름이 되고, 저녁에는 떠다니는 비가 됩니다."라 하였다.』고 합니다.」(昔者楚襄王, 與宋玉游於雲夢之臺, 望高唐之觀, 其上獨有雲氣…… 王問玉曰, 此何氣也? 玉對曰, 所謂朝雲者也. 王曰, 何謂朝雲? 玉曰, 昔者先王嘗游高唐, 怠而晝寢, 夢見一婦人, 曰, 妾巫山之女也……去而辭曰 妾在巫山之陽, 高丘之岨, 旦爲朝雲 暮爲行雨)

59 | 추재두목(麤才杜牧) : 《고증》「두목은 뛰어난 절개가 있었으나 좀스럽거나 조금도 삼가는 데가 없었다. 일찍이 〈금루의 곡〉을 지어 기녀 두추랑에게 보내주었다.」(案, 牧有奇節, 不爲齷齪少謹. 嘗以金縷衣曲送杜秋娘) 송나라 소식의 〈대나무 방죽(竹塢)〉「거친 재주 두목 실로 가소로우니, 군중의 십만 사내 불러 일으켰다네.」(麤才杜牧真堪笑, 喚作軍中十萬夫)

合置浮君酒一樽[60] 그대에게 벌주 한 동이
합 치 부 군 주 일 준 준비해두어야겠네.

兩君詩言, 景受有所眄, 故此下三絶及之

두 사람의 시에서 말하기를 경수가 눈길을 주는 사람이 있다고 하길래 아래의 세 절구에서 그것을 언급하였다

60 | 부군(浮君) : 부는 벌주라는 말이다. 《예기·투호(投壺)》편에 「이러한 자에게는 벌을 내린다.」(若是者浮)라는 말이 있는데, 정현(鄭玄)은 「부는 벌주의 술잔이 가득 차는 것이다.」(浮謂罰爵之盈滿者)라 하였다. 한나라 유향(劉向)의 《설원(說苑)》 권11 〈선설(善說)〉 「위문후가 대부들과 술을 마시는데 공승불인으로 하여금 술잔에 대한 감독을 하게 하면서 『술잔을 다 들이키지 않는 자는 벌주로 큰 잔을 주라.』고 하였다. 문후는 다 들이키지 못했으므로 공승불인이 그 잔을 들어 『주군께서 벌주를 드십시오.』라고 하였다."(魏文侯與大夫飮酒, 使公乘不仁爲觴政曰, 飮不釂者浮以大白. 文侯飮而不盡釂, 公乘不仁擧曰浮君)

96

由來陷溺是人心 유 래 함 닉 시 인 심	예로부터 빠지기 쉬운 것 사람의 마음인데,
我亦追前愧莫任 아 역 추 전 괴 막 임	나 또한 지난 날 좇아 생각해보면 감당치 못했음 부끄럽다네.
老去只今無此夢 노 거 지 금 무 차 몽	늙어가며 지금에야 이런 꿈 없어졌으나,
牛山何日秀穹林[61] 우 산 하 일 수 궁 림	우산 어느 날에나 숲 빼어나고 높게 되겠는가?

61 | 우산~수궁림(牛山~秀穹林) : 우산은 제(齊)나라의 동남쪽에 있는 산 이름이다. 《맹자·고자(告子) 상》에 「우산의 나무는 일찍이 무성하였는데, 큰 도시의 교외에 있어서 큰 도끼며 작은 도끼로 마구 찍어대니 그래도 여전히 무성할 수 있겠는가?」(牛山之木嘗美矣, 以其郊於大國也, 斧斤伐之, 可以爲美好)이라는 말이 있는데, 이 말이 들어 있는 문장을 특히 우산장(牛山章)이라고 한다. 이 장은 마구잡이로 멀쩡하고 훌륭한 것을 훼손한다는 것에 대한 비유를 하고 있다. 이 시 전체의 뜻은 물론 시어도 주자의 〈서재에 거처하자니 느낌이 일어(齋居感興)〉 제19수에서 많이 따온 것이다. 그 시를 다음에 참고로 붙여준다.

哀哉牛山木	애달프구나, 우산의 나무여,
斤斧日相尋	큰 도끼 작은 도끼 날로 찾아오네.
豈無萌蘗在	어찌 황벽나무 움 없으리오?
牛羊復來侵	소와 양 다시 와서 뜯는다네.
恭惟皇上帝	삼가 생각건대 하느님께서,
降此仁義心	이 인과 의의 마음 내리셨다네.
物欲互功奪	물욕은 서로 공로를 빼앗으니,
孤根孰能任	외로운 뿌리 누가 능히 맡으리오?
反躬艮其背	몸 반성하여 등에 머무르고,
肅容正冠襟	용모 엄숙히 하고 갓과 옷깃 바로잡네.
保養方自此	보존하고 기름 바야흐로 여기서 시작되니,
何年秀穹林	어느 해에나 숲 빼어나고 우거지게 되리?

97

聞君爲業不辭勞
문 군 위 업 불 사 로

듣자니 그대 학업에 힘써
수고로움도 마다 않는다는데,

立志非關恥縕袍[62]
입 지 비 관 치 온 포

뜻 세움 헌 솜옷
부끄러워함과는 상관없다네.

近日門闌衰替甚
근 일 문 란 쇠 체 심

근래 들어 집안 막히고
쇠퇴함 심하니,

藉君行見里門高
자 군 행 견 리 문 고

그대 덕에 마을
높아짐 보게 되었으면.

景受余再從姪濟之壻[63]

경수는 나의 재종질 제의 사위이다

62 | 불사로~치온포(不辭勞~恥縕袍) : 「치온포」는 헌 옷 차림으로 좋은 옷을 입은 사람과 함께 있으면서도 부끄럽게 여기지 않는다는 고사에서 온 말. 《논어·선생님은 드물게(子罕)》「공자께서 말씀하셨다. 『해진 솜옷을 입고도 여우와 담비 갖옷을 입은 자와 나란히 서 있으면서도 부끄러워하지 않는 사람은 아마 중유(仲由 : 子路)일 것이다.」(子曰, 衣敝縕袍, 與衣狐貉者立, 而不恥者, 其由也與?)「온포」는 헌 솜을 넣은 옷이다. 당나라 허혼(許渾)의 〈이명 수재가 서쪽으로 감에 전송하다(送李溟秀才西行)〉「만리 수고로움 마다 않고, 방한복에 헌 솜 겹으로 하네.」(萬里不辭勞, 寒裝疊縕袍)

63 | 재종질제(再從姪濟) : 《고증》「선생의 육촌 형인 이감의 아들로, 벼슬은 군자감의 정이다.」(先生從祖兄堪子, 軍資正)

98

一言非智頃書中 일 언 비 지 경 서 중	한 마디 지혜롭지 않은 말 지난 편지에 있어,
讀罷令人面發紅 독 파 령 인 면 발 홍	다 읽고나니 사람으로 하여금 얼굴 붉게 만든다네.
假曰非諛亦非劇 가 왈 비 유 역 비 극	가령 아첨은 아니나 심한 것도 아니라 한다면,
何如質慤古人風[64] 하 여 질 각 고 인 풍	어떻게 소박하고 성실한 옛 사람 풍도와 같겠는가?

頃得士敬書, 有擬論非倫,[65] 不敢承者, 此非謹言之道, 質慤之風. 士敬不思之甚, 故以是責之

근래에 사경의 편지를 받았는데 「제오륜(第五倫)이 아니면 감히 받들지 않겠습니다」라 논하려는 것이 있으니 이는 말을 삼가는 도와 바탕이 성실한 풍도가 아니다. 사경이 생각이 없음이 심하였으므로 이를 가지고 꾸짖는다

64 | 질각고인풍(質慤古人風) : 《후한의 역사·제오륜(第五倫)의 전기》 「제오륜의 자는 백어이며, 서울의 장릉 사람이다. …… 성품이 소박하고 성실하였으며 젊어서부터 문채가 있었고 관직에 있을 때 곧고 결백한 것으로 일컬어졌다.」(第五倫字伯魚, 京兆長陵人也……性質慤, 少文采, 在位以貞白稱)

65 | 윤(倫) : 곧 제오륜(第五倫)을 가리킨다.

99~102. 心經絶句, 次琴聞遠韻[1]

《심경》을 읊은 절구. 금문원이 지은 시의 각운자를 써서 짓다

99

人才堪嘆壞時文[2] 인 재 감 탄 괴 시 문	인재들 시문에 허물어짐 탄식할 만한데,
誰向遺經討一源[3] 수 향 유 경 토 일 원	누가 전인이 남긴 경전 근원 탐토할까?
絶喜琴生新有得 절 희 금 생 신 유 득	금군 새로 터득한 것 있음 매우 기뻐하노니,
指南經理爲求門[4] 지 남 경 리 위 구 문	경의 이치 지침 찾아서 문 두드린다네.

1 | 금문원(琴聞遠) : 성성재(惺惺齋) 금란수(琴蘭秀 : 1530~1604)의 자. 《내집》 권2 140번 시에 보인다.

심경(心經) : 주자의 제자인 진덕수(眞德秀 : 1178~1235)가 지은 책. 《사서》·《삼경》과 송나라 학자들이 마음을 어떻게 가지느냐 하는데 대한 격언과 좌우명 같은 내용을 모은 책이다. 진덕수의 호가 서산(西山)이었기 때문에, 《서산경》이라고도 부른다. 조선에서는 명나라의 황돈(篁墩) 정민정(程敏政 : 1445?~1499)의 주석을 덧붙인 부주본(附註本)이 유행했고, 퇴계가 본 《심경》도 부주본이었다.

2 | 시문(時文) : 현재 유행하고 있는 문체. 과거에 응시하기 위한 문체를 말한다.

3 | 유경(遺經) : 옛날부터 전하여 내려온 경서라는 뜻인데, 여기서는 《심경》을 말한다.

4 | 지남경리(指南經理) : 지남이 되는 경서의 이치. 《요존록》 「이(理)자는 아마 이(裡)자가 되어야 할 것이다.」 《요존록》의 설대로라면 「지남이 되는 경서 안에서」로 해석된다.

100

久愧淸凉勒我文
구 괴 청 량 륵 아 문

오랫동안 부끄러워하였네, 청량산에
나의 글 새긴 것,

容君棲息度靈源[5]
용 군 서 식 도 령 원

그대 깃들어 살면서
신령한 근원 건너게 하였네.

何時我亦成眞隱
하 시 아 역 성 진 은

어느 때나 나 또한
참된 은자 되려나?

壑月嵒風靜鎖門[6]
학 월 암 풍 정 쇄 문

골짜기의 달과 바위의 바람
조용하게 문 잠근다네.

一來京師, 兩年未歸, 聞遠尋余溪堂, 用其壁上詩韻, 幷和余舊所贈沙門勝天絶句見寄. 讀之, 使人悵然起感, 因次韻却寄云. 嘉靖癸丑, 臘月晦前數日, 溪翁草草

한번 서울에 와서 2년 동안 돌아가지 못하였는데 문원이 나의 계당을 찾아 그 벽위에 있는 시의 운자와 내가 옛날에 중 승천에게 준 절구에 화답하여 보내왔다. 읽어보니 사람으로 하여금 왠지 모를 감정이 일게 하므로 같은 각운자를 써서 지어 다시 부친다. 가정 계축년(1553) 섣달 그믐 몇일 전에 계옹이 쓰다

5 | 영원(靈源) : 영묘한 근원, 심령. 곧 마음을 가리켜 말한다.

6 | 학월암풍(壑月嵒風) : 암(嵒)은 곧 「바위 암」(巖)자와 같다. 송나라 왕십붕(王十朋)의 〈수락당을 제목으로 하여 짓다. 동파의 운을 써서 양원빈 첨판께 드리다(題壽樂堂. 用東坡韵, 贈楊元賓僉判)〉「수락당 서쪽으로는 와룡 마주하고 있고, 골짜기의 달과 바위의 바람이 창문에 가득하다네.」(壽樂堂西面卧龍, 壑月巖風滿窓户)

【원운시】

讀心經, 書二絶, 上退溪先生[7]

《심경》을 읽고 절구 두 수를 지어 퇴계선생께 올리다

西山一部倡斯文　　서산(진덕수) 의《심경》한 책
사문 선도하니,

敬義相須養本源　　경과 의 모름지기
본래의 근원 기르리.

四子遺書共終始　　북송의 네 분 유학자 책 남겨
처음과 끝 함께하니,

何須別路更求門　　어찌 모름지기 다른 길로
다시 문 찾겠는가?

聖遠千秋文自文　　성인 천추에 멀어지니
글은 글대로였는데,

幸從溪路溯眞源　　다행히 퇴계의 길 좇아
참된 근원 거슬러 올랐다네.

窻明几淨書宜讀　　창 밝고 책상 깨끗하니
책 읽기 좋은데,

分付山雲鎖洞門　　산의 구름에게 분부하여
골짝 문 잠그라하셨네.

7 | 이 원운시는《성재집(惺齋集)》권1에 수록되어 있다.

101

濡滯京城豈我圖[8]
유 체 경 성 기 아 도

서울에 오래도록 머무름
내 어찌 의도했으리?

夢魂長繞去歸途[9]
몽 혼 장 요 거 귀 도

꿈속의 넋 오래도록 감돌며
떠나 귀로에 오른다네.

半殘溪屋空延佇
반 잔 계 옥 공 연 저

반쯤 허물어진 냇가의 집
공연히 목 빼고 기다리게 해,

慙愧山中尺素書[10]
참 괴 산 중 척 소 서

산중에서 보내 온
한 자 편지 부끄럽기만 하네.

8 | 유체(濡滯) : 유(濡)도 머무르다, 미적거리다의 뜻이 있다. 유체는 오래 머무는 것을 말한다. 《맹자·공손추(公孫丑) 하》「세 밤을 자고 난 다음에 주를 나섰으니 이 어찌 오래 머물렀단 말인가! 나[尹士]는 이것을 기뻐하지 않는다.」(三宿而後出晝, 是何濡滯也! 士則玆不悅) 주자는「유체(濡滯)는 오랫동안 체류하는 것(遲留)이다.」라 하였다.
아도(我圖) : 도(圖)는 여기서 고려하다, 계획하다의 뜻으로 쓰였다. 《시경·대아·높은 산(崧高)》「내 네가 살 곳 도모해보니, 남쪽 땅 만한 곳 없다네.」(我圖爾居, 莫如南土)

9 | 몽혼장요(夢魂長繞) : 《심경》에 주석을 단 명나라 정민정(程敏政)의 〈상보사(尙寶司)에 벼슬하는 이사흠이 책봉되어 떠나감에 송별하면서 일부(一府)를 대신하여 짓다(送李士欽符臺冊封, 代府之作)〉「아득히 상상하여 보니 관문 나서며 고개 돌린 곳에 꿈속의 그대의 넋이 전각의 서쪽 모퉁이를 오래도록 감돌게 되시겠지.」(遙想出關回首處, 夢魂長繞殿西頭)

10 | 척소서(尺素書) : 척소(尺素)는 한 자 남짓 되는 짧은 비단. 옛날에는 비단에 종이 대용으로 글을 썼기 때문에 종이, 나아가 편지를 두루 가리키는 말로 쓰이게 되었다. 《문선·고악부(古樂府)》의 〈장성의 굴에서 말을 물 먹이며 노래함(飮馬長城窟行)〉「손님 먼 곳에서 찾아왔는데, 내게 잉어 두 마리를 주네. 아이 불러서 잉어 삶으라 하니, 뱃속에 한 자나 되는 흰 비단 편지 있네.」(客從遠方來, 遺我雙鯉魚, 呼兒烹鯉魚, 中有尺素書)

102

山僧卷裏吾詩句
산 승 권 리 오 시 구

산승의 두루마리 속
나의 시구,

舊日逢僧不記年
구 일 봉 승 불 기 년

지난 날 중 만났으나
지은 해 기억하지 못한다네.

久客蒙君追和寄
구 객 몽 군 추 화 기

오랜 나그네 신세에 그대가
뒤늦게 화답하여 부친 시 받아보니,

怳如同訪玉壺天[11]
황 여 동 방 옥 호 천

멍하니 함께
옥호천 찾은 듯.

11 | 옥호천(玉壺天) : 신선이 사는 별세계를 말한다. 진나라 갈홍(葛洪)의 《신선전·왕원전(神仙傳·王遠傳)》에 「옥 항아리를 열두 개 가졌는데 모두 밀랍으로 그 주둥이를 봉하였다.」(有十二玉壺, 皆以臘蜜封其口)라는 말이 있고, 또 후한의 비장방(費長房)은 저자를 관장하는 아전이었는데, 약을 파는 노인의 병속으로 들어가 그곳에 있는 집의 술과 안주를 다 마시고 나왔다는 말이 전한다. 왕원의 이야기는 《별집》 61번 시에 보이고, 비장방의 이야기는 《내집》 권3의 228번 시에 보인다.

【참고】 금란수의 차운시

謹次退溪先生贈勝師絶句韻, 因遞送呈[12]

삼가 퇴계선생께서 승천 스님에게 지어준 절구의 각운자를 써서 짓고,
내침 김에 바꾸어 전하여 보내드리다

瀟灑寒棲四壁圖	소쇄한 한서암에는 사방 벽 도서니,
摳衣幾向隴雲途	옷 걷고 몇 번이나 언덕 위의 흰 구름 가는 길 향하였던가?
二年遙隔春風座	2년이 아득하네 봄바람 불던 자리,
千里深情幾度書	천리에 깊은 정 몇 번이나 편지하셨던가?
白雲紅樹尋眞日	흰 구름 붉은 나무 참됨 찾던 날이,
正是山僧乞句年	바로 산의 중 시구 찾던 해라네.
滿幅瓊琚神句護	정성 가득한 옥 같은 구절 곡진하게 보호하니,
至今光照鬱藍天	지금껏 빛 비치어 푸른 하늘에 가득하네.

12 | 금란수의 차운시는 《성재집(惺齋集)》 권1에 수록되어 있다. 퇴계가 지은 시의 원주와 이 시의 제목을 보면 금란수가 차운한 원운시가 있을 것인데 《퇴계집》에서는 찾을 수 없다.

103~110. 題靈川畫竹, 八絶[1]_申公潛, 自號靈川, 善梅竹

영천자의 대나무 그림에 적다. 절구 여덟 수_ 신잠 공은 자호가 영천인데 매화와 대나무 그림에 뛰어났다

103

溪藤一幅牋[2] 섬계의 등나무로 만든 한 폭 종이에,
계 등 일 폭 전

月庭萬尺影 달 뜬 뜰에 그림자 만 자는 됨 직하네.
월 정 만 척 영

已超半全形 이미 온전한 형태 반은 뛰어넘었으니,
이 초 반 전 형

寧論長短境 어찌 길고 짧은 경지 논하겠는가?
영 론 장 단 경

1 | 영천자 신잠(1491~1554)의 자는 원량(元亮)이며, 그가 그린 묵죽에 지은 시는 《내집》 권2(75번 시)와 권3(218~227번 시), 그리고 《별집》(270번과 322번 시)에도 보인다.

2 | 계등(溪藤) : 절강(浙江)의 섬계(剡溪)의 등나무로 만든 종이를 말한다. 종이 가운데 질이 좋기로 가장 유명하다, 송나라 소식의 〈손각(孫覺)이 묘정에 걸 시를 구하다(孫莘老求墨妙亭)〉「편지 보내와 시 청하며 직접 써야한다 하여, 율미 붓 잡고 섬계의 등나무 종이에 쓴다네.」(書來乞詩要自寫, 為把栗尾書溪藤)

104

竿摧枝亦披
간 최 지 역 피

줄기 부러지고 가지 갈라졌어도,

烈氣凜猶在
열 기 름 유 재

꿋꿋한 기운 늠름하게
아직 그대로 있다네.

森森抽四三
삼 삼 추 사 삼

빽빽하게 서너 줄기 싹틔우니,

亦有淩雲態
역 유 릉 운 태

또한 구름 뚫는 자태 있다네.

105

苔蘚陰崖古[3]
태 선 음 애 고

이끼 응달진 벼랑에 낀지 오래되었고,

風霜苦節新[4]
풍 상 고 절 신

풍상에도 절개 굳게 지킴 새롭네.

3 | 태선음애(陰崖苔蘚) : 송나라 매요신(梅堯臣)의 〈기옹의 제산사에서 놀다라는 시에 화답하여 그 각운자를 써서 짓다(和綺翁遊齊山寺, 次其韻)〉「응달진 벼랑에는 젖 같은 샘물 이끼 축축하게 하고, 양달진 골짝에는 따뜻한 기운 향초와 전초 같은 향기 남기네.」(陰崖乳泉濕苔蘚, 陽谷暖氣留蘭荃)

4 | 고절(苦節) : 과도한 절약을 말하는데 나중에는 굳게 지켜 맹서를 바꾸지 않는 것을 고절이라 하였다. 《주역·절괘(節卦)》의 「절약을 하면 형통한다. 괴로운 절약은 (마음을) 곧게 할 수 없다.」(節, 亨. 苦節, 不可貞)라는 말에서 나왔다.

寒齋資目擊[5]
한 재 자 목 격

보잘 것 없는 서재에서 눈요기 되었는데,

颯爽動精神[6]
삽 상 동 정 신

상쾌함 정신 움직이네.

106

飄蕭帶暮烟[7]
표 소 대 모 연

휠휠 저녁 안개 띠고,

淅瀝鳴寒雨[8]
석 력 명 한 우

쏴쏴 차가운 빗소리 울리네.

更覺攪騷腸[9]
갱 각 교 소 장

시 짓는 마음 어지러움 더욱 느껴지는데,

凄風動湘浦
처 풍 동 상 포

차가운 바람 상수의 포구 움직이네.

5 | 한재(寒齋) : 한(寒)은 한미(寒微)하다, 빈한(貧寒)하다 등의 뜻이 있는데, 자신의 집을 겸양되이 표현하는 말로 쓰인다.
목격(目擊) : 《장자·전자방(田子方)》「공자가 말하였다. 『나와 같이 도에 통달한 사람은 눈으로 한번 보기만 하여도 그 사람이 가진 도(道)를 얻어 가지게 된다. 그러니 말을 할 필요조차 없다.』」(仲尼曰, 若夫人者, 目擊而道存矣, 亦不可以容聲矣)

6 | 삽상(颯爽) : 굳세고 곧게 높이 뻗은 모양이라는 뜻과 맑고 새로움, 상쾌함이란 뜻이 있는데 여기서는 세 번째 뜻으로 쓰였다.

7 | 표소(飄蕭) : 여러 가지 뜻이 있는데 여기서는 날린다[飛揚]는 뜻으로 쓰였다.

8 | 석력명(淅瀝鳴) : 석력(淅瀝)은 눈이나 우박, 비바람, 낙엽 등의 소리를 나타내는 첩운 연면 의성어. 주자의 〈가을밤에 한숨짓다(秋夜歎)〉「가을바람 쏴쏴하며 높은 상조로 울고, 가을 풀 아직 죽지 않았는데 가을 매미 우네.」(秋風淅瀝鳴淸商, 秋草未死啼寒螿)

9 | 소장(騷腸) : 시장(詩腸)과 같은 말. 곧 시사(詩思), 시정(詩情)과 같은 뜻이다.

107

舊竹短而勁 옛 대나무 짧지만 강하여,
구죽단이경

饕風猶力戰[10] 사나운 바람과도 힘껏 싸운다네.
도풍유력전

新竹挺未成[11] 새 대나무는 곧지만 채 자라지 못하였으니,
신죽정미성

何以當撼顫 어떻게 흔들림 감당하겠는가?
하이당감전

10 | 도풍(饕風) : 도풍학설(饕風虐雪)의 준말. 광포하고 사나운 바람과 눈.

11 | 구죽·신죽(舊竹·新竹) : 송나라 진여의(陳與義)의 〈선의랑이신 유로의 풍월당에 적다(題劉路宣義風月堂)〉「북쪽 창문의 옛 대나무는 짧고, 남쪽 창문의 새 대나무는 기네.」(北牕舊竹短, 南牕新竹長)

108

嘗笑老杜錯[12]
상 소 노 두 착

일찍이 두보의 잘못 웃었거니와,

竹多安有惡
죽 다 안 유 악

대나무 많다고 어찌 나쁨 있겠는가?

滿地盡風霜
만 지 진 풍 상

온 데가 다 바람과 서리이니,

看看久愈樂
간 간 구 유 락

보면 볼수록 즐거움 더욱 오래가네.

109

自有堅貞節
자 유 견 정 절

원래 굳고 곧은 절개 가지고 있었으니,

何妨偃蹇身[13]
하 방 언 건 신

높이 솟은 몸 어찌 거리끼리오.

12 | 노두착(老杜錯) : 노두는 당나라의 두보를 말한다. 동시대의 시인 두목(杜牧)과 구분하기 위하여 이렇게 부른다. 〈성도의 초당에 가려하면서 도중에 지어 엄정공에게 먼저 부치다(將赴城都草堂, 途中有作先寄嚴鄭公)〉제4수 「새 소나무 천 자 높이 되지 않음 유감스럽고, 나쁜 대나무는 응당 만 줄기 베 내어야지.」(新松恨不高千尺, 惡竹應須斬萬竿) 《구가주두시(九家注杜詩)》의 주석 「두보는 옛 숲으로 돌아가 대나무 가운데 나쁜 것을 찍어내어 새롭고 아름다운 것을 지켰다.」(甫歸故林, 竹之惡者斫之, 護其新美者) 또한 〈초당(草堂)〉에는 「문으로 들어가니 소나무 네 그루 있고, 성가퀴 거니느라니 모든 대나무 성그네.」(入門四松在, 步堞萬竹疎)라는 구절이 있다. 또한 〈집을 짓다(營屋)〉에는 「내게 강 북쪽에 대나무 있는데, 더운 겨울에도 춥게 느끼게 하네. …… 안타깝게도 이미 6년 흘러, 오늘 새벽 천 줄기 베어냈네.」(我有陰江竹, 能令朱夏寒……愛惜已六載, 玆晨去千竿)라는 구절이 있는데, 이런 사실들을 말한다.

13 | 언건(偃蹇) : 여러 가지 뜻이 있는데, 여기서는 높이 솟은(高聳) 모양을 가리킨다.

子陵逢漢帝
자 릉 봉 한 제

엄자릉 한나라 임금 만나,

橫足動星辰[14]
횡 족 동 성 신

다리 걸치어 별자리 움직였다네.

110

綠竹何太瘦
녹 죽 하 태 수

푸른 대나무 얼마나 바짝 말랐는지,

亭亭歲寒姿[15]
정 정 세 한 자

꼿꼿하여 날씨 추워진 후에도
시들지 않는 자태라네.

14 | 자릉~동성진(子陵~動星辰) : 자릉은 후한의 은자 엄광(嚴光)의 자이다. 《후한의 역사·은자들의 전기(逸民列傳)》「(광무제와) 같이 비스듬히 누웠는데 엄광이 발을 임금의 배 위에 얹었다. 다음날 태사가 객성 같은 천한 별이 임금의 성좌를 침범한 것이 심히 위중하였다고 아뢰었다. 임금이 웃으며 말하기를 『짐은 다만 내 친구인 엄자릉과 함께 누워 있었을 따름이니라.』라 하였다.」(因共偃臥, 光以足加帝腹上. 明日, 太史奏客星犯御坐甚急. 帝笑曰, 朕故人嚴子陵共臥耳) 원(元)나라 주관(周權)의 〈강잠부가 지은 조대의 각운자를 써서 짓다(次韻姜潛夫釣臺)〉「스스로 죽을 때까지 언덕과 골짜기에 숨어 산다 하면서도, 무슨 마음으로 다리 걸쳐 별자리 움직였던가?」(自分終身隱丘壑, 何心橫足動星辰)

15 | 정정세한자(亭亭歲寒姿) : 세한(歲寒)은 《논어·선생님은 드물게(子罕)》편의 「해가 차가워진 뒤에야 소나무와 잣나무가 늦게 시듦을 안다.」(歲寒然後知松柏之後凋也)라 한 말에서 나왔다. 대나무는 소나무, 매화와 더불어 세한삼우(歲寒三友)로 일컬어진다. 송나라 소철(蘇轍)의 〈대나무를 옮겨 심다(移竹)〉「늠름하도다 추워진 후에도 시들지 않는 자태, 다른 나무들 이 족속 아니라네.」(凜凜歲寒姿, 餘木非此族) 송나라 이처권(李處權)의 〈장거산을 모시고 청헌공의 사당을 배알하다(陪張巨山, 謁清獻公祠)〉「손수 하늘에 솟은 소나무 심었는데, 꼿꼿하여 날씨 추워진 후에도 시들지 않는 자태라네.」(手植參天松, 亭亭歲寒姿)

捐生餐雪日16
연 생 찬 설 일

목숨 내놓고 눈 먹던 날이요,

讓國食薇時17
양 국 식 미 시

나라 양보하고 고사리 먹던 때라네.

16 | **연생찬설(捐生餐雪)** : 《고증》「소무를 가리킨다.」(指蘇武)《한나라의 역사(漢書)》 권54 〈소무의 전기(蘇武傳)〉「선우는 더더욱 항복을 시키고 싶어 소무를 큰 지하창고에 유폐시키고 사람의 출입을 금하여 먹을 것과 마실 것을 끊어버렸다. 마침 하늘에서 눈이 내리자 소무는 구덩이에 누워서 눈을 씹어서 입고 있던 가죽옷의 털과 함께 삼켰다.」(單于愈益欲降之, 乃幽武置大窖中, 絶不飮食. 天雨雪, 武臥齧雪與旃毛幷咽之)

17 | **양국식미(讓國食薇)** : 백이와 숙제의 고사를 썼다. 《사기·백이의 전기》「백이와 숙제는 고죽국 임금의 두 아들이다. 아버지는 (막내인) 숙제를 후사로 세우려 했으나 아버지가 죽자 숙제는 백이에게 양위했다. …… 무왕이 이미 은나라의 어지러움을 평정하자 천하의 나라들은 주나라를 종주국으로 받들었다. 그러나 백이와 숙제는 그것을 부끄럽게 여기고 의리를 지켜 주나라의 곡식을 먹지 않았고 수양산에 숨어서 고사리를 캐어 먹고 살았다.」(伯夷、叔齊, 孤竹君之二子也. 父欲立叔齊, 及父卒, 叔齊讓伯夷.……武王已平殷亂, 天下宗周, 而伯夷·叔齊恥之, 義不食周粟, 隱於首陽山, 采薇而食之) 삼국 위(魏)나라 완우(阮瑀)의 〈백이를 애도하다(弔伯夷文)〉「수양산 쳐다보며 삼가 백이 애도하네. 동해에서는 나라 양보하였고, 서산에서는 고사리 먹었다네.」(瞻望首陽, 敬弔伯夷. 東海讓國, 西山食薇)

111. 將遊淸凉馬上作[1]

청량산을 유람하고자 하여 말 위에서 짓다

王母城前問葛仙[2]
왕 모 성 전 문 갈 선

왕모산성 앞에서
갈선대 묻노니,

丹崖靑壁玉壺天[3]
단 애 청 벽 옥 호 천

붉은 벼랑 푸른 절벽
옥항아리 속 별천지라네.

不應口腹資烟火[4]
불 응 구 복 자 연 화

응당 배 채움에
익힌 음식 힘입지 않으리니,

莫占人間有稅田
막 점 인 간 유 세 전

인간세상의 세금 내는 밭
차지하지 않았다네.

右過丹砂峽

위는 단사협을 지나면서

1 | 64세 4월 14일 경의 작으로 보인다.(정석태 《연표·3》, 298쪽)

2 | 왕모·갈선(王母·葛仙) : 모두 도산서당에서 청량산으로 가는 길에 있는 지명이다. 《내집》 권1 99번 시인 〈갈선대(葛仙臺)〉의 주석에서 퇴계는 「단사벽 남쪽에 왕모산성이 있고, 이 산이 서쪽으로 향하고 북쪽으로 껴안은 곳에 두 우뚝한 곳이 있으니 그 하나를 갈선이라고 부르고, 또 하나를 고세라고 부른다고 한다.」(丹砂壁南有王母城山, 山之西向而北抱處, 有兩臺, 名其一 日葛仙, 其一日高世云)라 하였다.

3 | 옥호천(玉壺天) : 위 102번 시의 주 11)을 보라.

4 | 연화(烟火) : 여기서는 익힌 음식이라는 뜻으로 쓰였다. 갈선대가 신선과 관련이 있는 이름이어서 이렇게 말한 것이다.

112. 渡彌川, 望山[1]

메네 긴 소를 지나며 산을 바라다

曲折屢渡淸淸灘[2]
곡 절 루 도 청 청 탄

굽고 꺾이어 여러 차례나
맑고 맑은 여울 건너니,

突兀始見高高山[3]
돌 올 시 견 고 고 산

우뚝하니 비로소
높고 높은 산 보이네.

淸淸高高隱復見
청 청 고 고 은 부 견

맑고 맑은 내 높고 높은 산
숨었다가 다시 보이며,

無窮變態供吟鞍
무 궁 변 태 공 음 안

끝없이 변하는 모습
안장에서 시 읊는 시상 제공해주네.

1 | 곧 미천장담(彌川長潭)인데, 우리 말로는 메네 긴 소라고 한다. 건지산 남쪽 도산구곡의 하류 지점이며, 《요존록》에 의하면 백운동 위쪽에 있다. 상류 쪽으로 한속담과 이어진다. 바로 위의 시와 같은 때 지은 것이다.

2 | 곡절루도(曲折屢渡) : 당나라 두보의 〈서지촌에서 초당을 지을 땅을 찾다가 밤이 되어 찬공의 토실에서 묵다(西枝村尋置草堂地, 夜宿贊公土室)〉 첫째 시 「시냇가 길 물 쭉 흐르는데, 이리 굽고 저리 꺾이어 바야흐로 몇 번을 건넜다네.」(溪行一流水, 曲折方屢渡)

3 | 돌올(突兀) : 높이 솟은 모양, 특출한 모양이라는 뜻으로 쓰였다.

113~114. 和愼仲所次夾之泰和之韻[1]

신중이 협지와 태화가 지은 시의 각운자를 써서 지은 시에 화답하다

113

皎潔千嵒白[2] 교 결 천 암 백	모든 바위 희어 밝고 깨끗한데,
虛明一室涼 허 명 일 실 량	텅 빈 밝은 방 서늘하다네.
思君不可見[3] 사 군 불 가 견	그대 그리워하나 볼 수 없어,
對月恨何量 대 월 한 하 량	달 마주하니 한 얼마나 되는지!

1 | 신중(愼仲) : 읍청정(挹淸亭) 김부의(金富儀 : 1525~?)의 자. 《내집》 권1의 60번 시에 보인다. 이 시의 원운시는 《읍청정유고》에 수록되어 있지 않다.
협지(夾之) : 일휴당(日休堂) 금응협(琴應夾 : 1526~1596)의 자. 《내집》 권2의 205번 시에 보인다.
태화(泰和) : 인백당(忍百堂) 김낙춘(金樂春)의 자. 《내집》 권5의 113번 시에 보인다. 《요존록》 「신중의 외종형이고 협지의 이종형이다.」(愼仲外兄, 夾之姨兄)

2 | 천암백(千嵒白) : 암(嵒)은 「바위 암」(巖)자의 이체자이다. 남조 송(宋)나라 사혜련(謝惠連)의 〈눈(雪賦)〉 「낮은 지대를 바라보면 넓은 땅이 모두 흰색이며, 산을 쳐다보면 많은 바위가 모두 하얗네.」(眄隰則萬頃同縞, 瞻山則千巖俱白)

3 | 사군불가견(思君不可見) : 당나라 이백의 〈달밤에 강을 가다가 원외랑인 최종지에게 부치다(月夜江行寄崔員外宗之)〉 「그대 그리워하나 볼 수 없어, 멀리 바라보아도 이별의 슬픔만 더하네.」(懷君不可見, 望遠增離憂)

114

諸君慕名山 제 군 모 명 산	제군들 이름난 산 흠모하여,
好友期同陟 호 우 기 동 척	좋은 벗들 함께 오르기로 기약했다네.
悵望終不來[4] 창 망 종 불 래	슬피 바라나 끝내 오지 않아,
苦被何纏縛 고 피 하 전 박	괴로움 어찌나 얽히어드는지.

4 | 종불래(終不來) : 송나라 왕안석(王安石)의 〈중명보가 이르지 않다(仲明父不至)〉「그대 기다려도 끝내 오지 않고, 파란 등만 숲과 골짜기에 반짝이네.」(佇子終不来, 青燈耿林壑)

115. 奉懷景靜城主[1]

삼가 경정 현령님을 그리워하다

前約我自停 전 약 아 자 정	지난 약속 내가 실로 그쳤는데,
後約公有掣 후 약 공 유 체	다음 약속은 그대가 미루었다네.
三日遊山中 삼 일 유 산 중	사흘간 산 속에서 노닐자니,
思君心不歇[2] 사 군 심 불 헐	그대 그리워하는 마음 그치지 않네.

1 | 경정(景靜) : 곽황(郭趪)의 자. 본관은 현풍(玄風 : 달리 苞山이라고도 함)이다. 1563년부터 1568년까지 5년 동안 예안 현감을 지내면서 역동서원 창건 등 치적을 쌓았다. 함양군수로 재직하던 도중 죽었는데, 퇴계가 고을 사람들을 대신하여 지어준 제문(권45)과 그를 애도한 만시(권5)가 《퇴계집》에 전하고 있다.
성주(城主) : 자기가 사는 고을의 원님을 부를 때 사용하는 호칭인데, 이퇴계는 예안 현감, 안동 부사, 진보 현감, 영천(榮川 : 영주) 군수 등에게 이러한 존칭을 사용하고 있다. 이 시의 내용은 아마 서로 만나서 함께 놀자고 하였으나 그것이 성사되지 못한 것을 아쉬워 한 것 같이 보인다.

2 | 사군심불헐(思君心不歇) : 당나라 장조(張潮)의 〈강바람(江風行)〉「멀리 삼천 리나 떨어진 곳에서, 그대 그리워하는 맘 그치지 않네.」(遠方三千里, 思君心未已)

116. 懷士敬[1]

사경을 그리워하다

若人期不來[2]
약 인 기 불 래

이 사람 기약하고 오지 않으니,

應坐無驢僕[3]
응 좌 무 려 복

나귀와 종 없기 때문이리라.

愛君莫資窮
애 군 막 자 궁

그대 사랑하나 궁함 도와주지 못하니,

愧負心蘭馥[4]
괴 부 심 란 복

마음속으로 난초 향 저버린 듯 부끄럽네.

1 | 사경(士敬) : 월천(月川) 조목(趙穆 : 1524~1606)의 자이다. 《내집》 권2의 6번 시에 보인다.

2 | 약인기불래(若人期不來) : 약(若)은 인칭대명사로 쓰이면 2인칭이나 3인칭으로 쓰이는데, 존경의 의미가 약간 담겨 있다. 송나라 진사도(陳師道)의 〈절구(絶句)〉 제4수 「책은 당연히 《주역》 다 읽었을 때가 뜻 흔쾌한데, 손님 가운데 훌륭하신 분 기약해놓고 오시지 않네.」(書當快意讀易盡, 客有可人期不來)

3 | 좌(坐) : 시어에서는 「인할 인」(因)자의 뜻으로 쓰일 때가 있는데 이를테면 당나라 두목(杜牧)의 〈산길(山行)〉에서 「수레 멈춤은 저녁 단풍잎 사랑스럽기 때문인데, 서리 맞은 잎 (한창 봄인 음력) 2월에 핀 꽃보다 붉다네.」(停車坐愛楓林晩, 霜葉紅於二月花) 같은 예가 있다.

4 | 심난복(心蘭馥) : 《주역·계사(繫辭) 상》 「두 사람이 마음을 하나로 합치면 그 날카로움은 쇠를 끊고, 마음을 합한 말은 향기가 난초와 같다.」(二人同心, 其利斷金, 同心之言, 其臭如蘭)

117. 屬朴生之華[1]

박지화에게 일러주다

客從遠方來[2]
객 종 원 방 래

손님 먼 곳에서 왔으나,

遊山値變食[3]
유 산 치 변 식

산에서 놀다보니 재계 음식밖에
드릴 수 없게 되었네.

1 | 박생지화(朴生之華) : 1513~1592. 《고증》「《일집》에 따르면 『갈 지』(之)자가 『가지 지』(枝)자로 되어 있다. 자는 군실이며, 본관은 정선, 호는 수암이다. 수학[天文算學]에 정통하였으며 시에 뛰어났고, 학관이 되었다. 임진란 때 돌을 품고 물에 투신하여 죽었다.」(案之逸集, 作枝. 字君實, 旌善人, 號守庵, 精數學能詩, 爲學官. 壬辰之亂懷石投水死) 허목(許穆)의 《미수기언별집(眉叟記言別集)》 권26에 〈박수암(朴守庵)의 사실(事實)〉이 실려 있는데 「서화담(徐花潭)에게 《주역(周易)》을 배웠고 수련(修鍊)하는 술법을 좋아하였다. …… 나이 80이 넘었는데, 자손들이 피난 가느라고 흩어져서 서로 잃었다. 수춘(壽春 : 春川)에서 물에 빠져 죽을 때, 선생이 나무를 깎아서 『백구는 본디 물에서 자는 것이다. 무슨 까닭으로 너무 슬퍼하랴.』(白鷗元水宿 何事有餘哀)라고 써 놓았다.」라 하였다. 번역은 한국고전번역원의 것을 발췌. 문집으로 《수암유고(守庵遺稿)》가 있고 저서로는 《사례집설(四禮集說)》이 있다.

2 | 객종원방래(客從遠方來) : 《논어·배우고(學而)》「어떤 벗이 먼 곳에서 오면 또한 즐겁지 아니한가?」(有朋自遠方來, 不亦樂乎?) 한나라 채옹(蔡邕)의 〈장성의 굴에서 말에게 물을 먹이다(飮馬長城窟行)〉「손님 먼 곳에서 찾아왔는데, 내게 잉어 두 마리(편지를 말함)를 주네.」(客從遠方來, 遺我雙鯉魚)

3 | 변식(變食) : 《논어·향당(鄕黨)》「재계할 때는 반드시 음식을 바꾸셨으며, 거처하실 때는 자리를 옮기셨다.」(齊必變食, 居必遷坐) 여기서는 산촌에서 먹는 소박한 음식이라는 뜻 같아 보인다.

獨留山舍中[4]
독 류 산 사 중

홀로 산속의 집에 남았으니,

看書應不輟
간 서 응 불 철

책 보기 응당 그쳐서는 안 되리.

4 | 독류산사중(獨留山舍中) : 《요존록》「《습유》의 〈정유일(鄭惟一)에게 답한 편지(答鄭子中書)〉에서는『이문학관 박지화는 지난해 나를 찾아왔다가 떠나는 길에 내려가면서 명산을 두루 유람하였다. 이번에 다시 찾아와 만나보고는 도산에 머물렀다.』라 하였다.」(拾遺答鄭子中書, 吏文學官朴枝華, 去年來某後, 去下道遍遊名山. 復此尋到見留陶山云)

118. 次惇叙遊山約韻[1]

돈서의 산을 유람하기로 약속하다라는 시의 각운자를 써서 짓다

塊居難遣鬱懷濃[2] 괴 거 난 견 울 회 농	외로이 살자니 울적한 마음 짙어짐 흩어지게 하기 어려워,
作意登山一盪胸[3] 작 의 등 산 일 탕 흉	작정하고 산에 올라 한번 가슴 씻어낸다네.
況有好朋相赴約 황 유 호 붕 상 부 약	하물며 좋은 벗과 함께 가기로 한 약속 있어,
凌雲豪氣跨千峰 능 운 호 기 과 천 봉	구름 뚫는 호매한 기운 천 개의 봉우리 넘었다네.

1 | 돈서(惇叙) : 설월당(雪月堂) 김부륜(金富倫 : 1531~1598)의 자이다. 《내집》 권2의 44번 시에 보인다. 《설월당집(雪月堂集)》에는 이러한 각운 운자를 써서 지은 시가 보이지 않는다.

2 | 괴거(塊居) : 외로이 지내다. 괴(塊)자는 「외로울 고」(孤), 「외로울 혈」(孑)자와 같은 뜻이다.

3 | 작의등산(作意登山) : 송나라 육유(陸游)의 〈아비산에 올라 꼭대기에 이르러 진나라 때 세운 각석을 찾았고 또한 북쪽으로 대해를 바라보았는데, 산길이 워낙 험해서 사람의 자취가 거의 이르지 않았다(登鶯鼻山, 至絶頂訪秦刻石, 且北望大海, 山路危甚, 人迹所罕至也)〉 「길거리에서 급히 되는대로 짚신 한 짝 사서, 작정하고 산에 오르니 그리 나쁘지 않네.」(街頭旋買雙芒屩, 作意登山殊不惡)

일탕흉(一盪胸) : 탕흉(盪胸)은 가슴을 시원하게 씻어낸다는 뜻이다. 당나라 두보의 〈태산을 바라보며(望嶽)〉 「층층이 나는 구름에 가슴을 훤하게 씻고, 눈시울을 찢어지게 떠 돌아가는 새가 들어갈 때까지 바라보노라.」(盪胸生層雲, 決眥入歸鳥)

119. 次聞余先行作韻[1]

내가 먼저 가서 시를 지었다는 시의 각운자를 써서 짓다

火急尋山入紫烟[2] 화 급 심 산 입 자 연	서둘러 산 찾아 자색 안개 속으로 들어갔는데,
遲君相逐故無緣 지 군 상 축 고 무 연	그대 쫓아옴 늦어 따르지 못했다네.
只應當日相迎笑 지 응 당 일 상 영 소	다만 이날 서로 맞아 웃으리니,
後著何嫌先著鞭[3] 후 저 하 혐 선 저 편	나중에 채찍 잡은 사람 어찌 먼저 잡은 사람 꺼리겠는가?

1 | 역시 김부륜과의 약속 때 지은 시인 것 같은데 원운시는 보이지 않는다.

2 | 심산입자연(尋山入紫烟) : 당나라 이교(李嶠)의 〈삼가 여산 높은 곳에서 눈에 들어오는 대로 라는 시에 화답하여, 임금님의 명을 받아 짓다(奉和驪山高頂寓目, 應制)〉「황제님의 가마 산꼭대기 오르는데, 산 높아 자색 안개 속으로 드네.」(步輦陟山巓, 山高入紫煙)

3 | 선착편(先著鞭) : 《진서·유곤전(晉書·劉琨傳)》「범양의 조적과 친구가 되었는데 조적이 쓰였다는 말을 듣고 친구에게 편지를 써서 말하기를 『나는 창을 베고 누워 아침을 기다리며 반역한 적도들과 용맹하게 맞서 싸움에 뜻을 두었으며, 항상 조적이 나보다 먼저 채찍을 잡게 될까 걱정했다.』라 하였다.」(與范陽祖逖爲友, 聞逖被用, 與親故書曰, 吾枕戈待旦, 志梟逆虜, 常恐祖生先吾著鞭) 송나라 소식의 〈건주팔경도(虔州八境圖)〉 제5수「부처가 되더라도 사령운보다 뒤지게 하지 말고, 채찍 잡으면 부질없이 조적(祖逖) 앞서게 하지 말게.」(成佛莫教靈運後, 著鞭從使祖生先)

120. 次般若臺韻[1]

반야대 시의 각운자를 써서 짓다

諸勝終須讓一頭[2] 제 승 종 수 양 일 두	여러 빼어난 경치인들 결국 한 자리 내줘야 하리니,
山僧指點勸人留 산 승 지 점 권 인 류	산의 중 한 곳 가리키며 사람 머물게끔 권하네.
多君善學能知戒 다 군 선 학 능 지 계	여러 사람들 학문 뛰어나 경계 알 수 있으니,
履谷因思少過尤[3] 이 곡 인 사 소 과 우	밟으며 이에 생각하네, 잘못과 허물 적게 함.

1 | 반야대(般若臺) : 《고증》「반야대는 청량산 금탑봉 아래에 있다.」(臺在淸凉山金塔峯下)

2 | 종수양일두(終須讓一頭) : 일두(一頭)는 일단(一端) 또는 일면(一面)과 같은 말. 송나라 진사도(陳師道)의 〈위연에게 드리다(贈魏衍)〉「명마 이미 스스로 천리 달릴 것 생각하니, 늙은이 결국 한 자리 내줘야 하겠네.」(名駒已自思千里, 老子終當讓一頭)

3 | 소과우(少過尤) : 송나라 범중엄(范仲淹)의 〈전선을 사직하는 표장(謝傳宣表)〉「신은 원컨대 새하로 달려가 거듭 마음과 정력을 다하여 적으나마 과실을 속죄하고자 합니다.」(臣願奔走塞下, 再竭心膂, 少贖過尤)

김부륜의 【원운시】

般若臺
반야대

千古高臺萬仞頭	천고의 높은 대 만 길 산봉우리,
登臨慄慄久難留	올라 내려다보니 덜덜 떨려 오래 머물기 어렵네.
若敎此意移平日	만약 이 뜻 평상시로 옮기게 한다면,
涉世應知少過尤	세상 살이 잘못과 허물 적어짐 알리라.

121. 周景遊遊山韻[1]

주경유의 산에서 놀다라는 시의 각운자를 써서

武陵遊錄筆奔騰[2]
무 릉 유 록 필 분 등

주무릉의 기행문
필세 달리는 듯 뛰어오르는 듯,

要學莊周說鷃鵬[3]
요 학 장 주 설 안 붕

장주가 메추리와 붕새
말한 것 배우려 하였네.

1 | 경유(景遊) : 신재(愼齋) 주세붕(周世鵬 : 1595~1554)의 자. 주세붕은 《내집》 권1의 156번 시에 보인다. 《내집》 권2에 퇴계가 주세붕의 청량산 기행문을 읽고 지은 시(72번 시)가 보인다. 주세붕의 문집인 《무릉잡고(武陵雜稿)》에는 이 시와 같은 각운자를 써서 지은 시가 보이지 않는다.

2 | 무릉유록(武陵遊錄) : 《무릉잡고(武陵雜稿)》 권7에 청량산 유람 기행문인 〈청량산을 유람한 기록(遊淸涼山錄)〉이 실려 있다.

필분등(筆奔騰) : 필세가 마치 말이 나는 듯 내달리는 것 같이 힘차다는 말. 원나라 조맹부(趙孟頫)의 〈필체에 대하여(論書)〉 「우군(왕희지) 소쇄하고 더욱 맑고 참되어, 붓 대면 말이 나는 듯 달리는 것 같고 생각은 입신의 경지에 이르렀다네.」(右軍瀟灑更淸眞, 落筆奔騰思入神)

還道朗吟南嶽日[4]
환 도 랑 음 남 악 일

또한 밝게 남악
읊조리던 날 말하였는데,

肯因豪氣說無憑[5]
긍 인 호 기 설 무 빙

기꺼이 호기 부려
근거 없는 말 하였겠는가?

3 | 장주설안붕(莊周說鷃鵬) : 《장자·자유롭게 노님(逍遙遊)》「북해에 고기가 한 마리 살고 있으니, 그 이름은 곤이라고 하였다. 곤의 크기는 몇 천리나 되는지 알 수 없다. 변화하여 새가 되었는데 그 이름을 붕이라고 하였다. 붕의 등은 몇 천리나 되는지 알 수 없다. 노하여 날면 그 날개가 하늘에 구름이 드리워져 있는 듯 하였다. 이 새는 바다가 움직이면 장차 남해로 옮아가려 한다. …… 메추라기가 비웃으며 말하기를 『저것은 장차 어디로 가는가? 나는 훌쩍 뛰어 올라가 보아도 불과 몇 길 올라가다가 내려오고, 쑥대 밭에서 뛰어노는데, 이것이 고작 내가 날 수 있는 한도일 뿐이다. 그런데 저것은 장차 어디로 날려고 하는가?』라 하였다.」(北冥有魚, 其名爲鯤. 鯤之大, 不知其幾千里也. 化而爲鳥, 其名爲鵬. 鵬之背, 不知其幾千里也. 怒而飛, 其翼若垂天之雲. 是鳥也, 海運則將徙於南冥……斥鷃笑之曰, 彼且奚適也. 我騰躍而上, 不過數仞而下, 翱翔蓬蒿之間, 此亦飛之至也, 而彼此奚適也) 당나라 한유(韓愈)의 〈최씨네 열 여섯째 소부가 이양을 다스리면서 시와 편지를 부쳐와 이에 30운자를 써서 답하다(崔十六少府攝伊陽, 以詩及書見投, 因酬三十韻)〉「시 부치며 조롱과 장난 섞었는데, 붕새와 메추리 말함 비슷하다네.」(寄詩雜詼俳, 有類說鵬鷃) 역시 한유의 〈가을 회포(秋懷)〉 제3수 「메추라기는 기껏 쑥대 위로 날아오름을 만족하지만, 대붕은 구만리를 차고 오른다네.」(斥鷃適蓬蒿, 大鵬摶九萬)

4 | 낭음남악일(朗吟南嶽日) : 주자가 호남성의 담주(潭州)로 남헌(南軒) 장식(張栻)을 찾아가 함께 형산에 올랐다가 시를 지어 《남악창수집(南嶽唱酬集)》을 남긴 것을 말한다. 남악은 원래 중국의 오악 중 하나인 형산(衡山)을 말한다. 주자의 〈취하여 축융봉을 내려오면서 짓다(醉下祝融峯作)〉「탁주 석 잔에 호기가 발하여, 밝게 읊조리며 축융봉을 나는 듯이 내려오네.」(濁酒三杯豪氣發, 朗吟飛下祝融峰) 축융봉은 형산의 주봉이다. 청량산에도 축융봉이 있기 때문에 이렇게 말하였다. 주세붕의 〈청량산을 유람한 기록〉의 제일 마지막 부분이 이 사실을 언급하였다.

5 | 무빙(無憑) : 무빙무거(無憑無據), 곧 근거없는 말이라는 뜻.

122~123. 庭梅, 二絶

뜰의 매화. 절구 두 수

122

手種庭前小小梅 수 종 정 전 소 소 매	손수 심은 뜰 앞의 작디작은 매화,
今年初見一枝開[1] 금 년 초 견 일 지 개	올 들어 처음으로 한 가지 꽃 피움 보이네.
疎英不鬪芳菲節[2] 소 영 불 투 방 비 절	성긴 꽃 향기로운 절기 다투지 않는데,
桃李何須與作猜 도 리 하 수 여 작 시	복사꽃 오얏꽃은 어찌하여 시샘 일으키려하는가?

1 | 초견일지개(初見一枝開) : 송나라 육유(陸游)의 〈북쪽 언덕의 매화가 핀 지 이미 오래되었는데 한 가지만 유독 꽃을 피우지 않았다. 입춘날 홀연히 한 가지에 꽃을 피웠기에 장난삼아 짓는다(北坡梅開已久, 一枝獨不著花. 立春日忽放一枝, 戱作)〉「날마다 언덕의 매화 찾아왔는데, 마른 가지에 홀연히 한 가지 핀 것 보이네.」(日日来尋坡上梅, 枯槎忽見一枝開)

2 | 소영(疎英) : 드문드문 핀 꽃이라는 뜻인데 주로 매화를 표현할 때 많이 쓰인다.
방비절(芳菲節) : 방비(芳菲)는 향기로운 꽃과 아름다운 풀, 또는 꽃이 많고도 아름답다는 뜻이다. 방비절은 꽃이 많이 피는 철로 곧 봄을 가리킨다.

123

剪冰裁玉歲寒姿[3] 전 빙 재 옥 세 한 자	얼음 자르고 옥 마른 엄한에도 시들지 않는 자태,
開向靑春欲暮時[4] 개 향 청 춘 욕 모 시	꽃 피움 봄날도 저물어가려는 때라네.
自是天香無早晩[5] 자 시 천 향 무 조 만	원래부터 하늘의 향 이르고 늦고가 없으니,
不應因地有遷移 불 응 인 지 유 천 이	땅에 따라 옮기어 가려 하지 않으리.

3 | 전빙재옥(剪冰裁玉) : 송나라 소식의 〈다시 앞시의 각운자를 사용하여(再用前韻)〉 「나부산 밑 매화 마을에, 옥설로 뼈를 만들고 얼음으로 혼을 만들었네.」(羅浮山下梅花村, 玉雪爲骨氷爲魂) 소식 시의 첫 번째 시는 〈11월 26일 혜주의 송풍정 아래 매화가 활짝 피었네(十一月二十六日松風亭下梅花盛開)〉이다.

세한자(歲寒姿) : 위 110번 시의 주 15)를 보라.

4 | 청춘(靑春) : 봄을 말한다. 봄은 방위로는 동쪽이며, 색깔로는 청색이기 때문에 이렇게 부른다. 겨울을 현동(玄冬)이라고 부르는 것과 같다.

5 | 천향(天香) : 아주 아름다운 향기를 형용할 때 쓰는 말로, 특히 계수나무, 매화, 모란 등을 가리킬 때 쓰는 말이다. 위 주 3)에서 인용한 소식의 시. 「하늘이 내린 향기, 나라에 으뜸가는 고움 서로 돌아보고자 하니, 알겠네, 나의 술 잘 익고 시는 맑고 따뜻하여 짐을.」(天香國艶肯相顧, 知我酒熟詩淸溫)

124~126. 寄趙士敬

조사경에게 부치다

124

踏破瓊瑤詩使來[1]
답 파 경 요 시 사 래

눈길 다 헤치고 와서
시 보내오니,

長吟三復掩還開[2]
장 음 삼 부 엄 환 개

길게 세 번을 다시 읊조리며
덮었다가 또 펼치네.

箇中有趣無人共[3]
개 중 유 취 무 인 공

그 가운데 취미 있으나
함께 할 사람 없어,

1 | 답파(踏破) : 파(破)자는 여기서 「다할 진」(盡)자의 뜻으로 쓰였다. 곧 독파(讀破)의 파(破)자와 같은 뜻으로 쓰였다.
경요(瓊瑤) : 원래의 의미는 아름다운 구슬이지만, 눈이라는 뜻으로도 쓰이고 아름다운 시문을 미화하는 표현으로도 쓰인다. 마지막 구절이 매화를 언급한 것으로 보아 어느 정도 중의적인 뜻으로 쓰인 것 같다. 곧 눈길을 헤치고 아름다운 시를 보내왔다는 뜻일 것이다.

2 | 삼복(三復) : 여러 번 반복하는 것을 말한다. 《논어·선진이(先進)》「남용이 흰 옥의 규홀이란 시를 세 번이나 반복해 외우니 공자께서 그 형님의 딸을 그에게 시집보내셨다.」(南容三復白圭, 孔子以其兄之子, 妻之)

3 | 개중~무인공(箇中~無人共) : 주자의 〈밀암에서 놀며 운자를 나누어 시를 짓는데 「맑을 청」자를 얻다(遊密菴分韻賦詩, 得淸字)〉「그 가운데 취미 있으나 함께 이해할 이 없고, 거문고 연주 끝나자 술도 떨어졌는데 달만 4경이 되었구나.」(箇中有趣無人會, 琴罷尊空月四更)

起向簷前笑索梅[4]
기 향 첨 전 소 색 매

일어나 처마 앞으로 가서
웃으며 매화 찾는다네.

125

歲暮山中冰雪明
세 모 산 중 빙 설 명

해 밑이라 산 속에
얼음과 눈 밝은데,

閉門孤坐憶君情
폐 문 고 좌 억 군 정

문 닫고 외로이 앉아
그대 정 생각하네.

書中有味如玄酒[5]
서 중 유 미 여 현 주

글 속에 있는 맛
현주와 같으니,

4 | 첨전소색매(簷前笑索梅) : 당나라 두보의 〈아우인 관이 남전으로 왔다가 처자를 데리려 강릉에 이르렀다는 이야기를 듣고서 기뻐하여 부치다(舍弟觀赴藍田取妻子到江陵喜寄)〉「처마 밑 맴돌며 가까이 다가가 매화 활짝 핀 웃음 찾으니, 차가운 꽃술 성근 가지에도 절반 이상 피어남 가로막을 수 없었다네.」(巡簷索共梅花笑, 冷蘂疎枝半不禁)

5 | 현주(玄酒) : 제사에서 술의 대용으로 쓰는 맑은 물. 《예기·예운(禮運)》「그래서 현주는 방에 진설되고 단술과 잔은 문에 진설된다.」(故玄酒在室, 醴醆在戶) 당나라 공영달(孔穎達)의 주[疏]「현주는 물을 말한다. 그 색이 검으므로 현이라고 한다. 아주 옛날에는 술이 없어서 이 물로 술을 써야 할 곳에 대신 썼으므로 현주라고 한다.」(玄酒, 謂水也. 以其色黑, 謂之玄. 而太古無酒, 此水當酒所用, 故謂之玄酒) 맛이 담박한 술을 가리키기도 한다. 송나라 조보지(晁補之)의 〈감우(感寓)〉 제6수「맑은 시 현주와 같으니, 어찌하여 담박하고 오래 가는가?」(淸詩如玄酒, 胡乃淡而永)

悅口何須大鼎烹6
열 구 하 수 대 정 팽

입 기쁘게 함 어찌 반드시
큰 솥의 요리 기다리겠는가?

126

筒製初看好7
통 제 초 간 호

시통의 시 처음 보니 좋아서,

江珍復餉鮮
강 진 부 향 선

강의 진미요 또 생선 먹는 듯.

琴君何病甚8
금 군 하 병 심

금군은 무슨 병이 심하여,

使我劇憂煎9
사 아 극 우 전

나를 아주 근심으로 속 태우게 하는가?

6 | 열구(悅口) : 《맹자·고자(告子) 상》「이치와 옳은 뜻이 내 마음을 기쁘게 함은 가축의 고기가 내 입을 즐겁게 해 줌과 같다.」(理義之悅我心, 猶芻豢之悅我口)
대정팽(大鼎烹) : 대정은 큰 솥. 팽은 삶는다는 뜻이지만 여기서는 요리와 같은 뜻으로 쓰였다. 곧 큰 솥의 풍성한 요리를 말한다. 송나라 소식의 〈저궁(渚宮)〉「고기 낚아도 물고기와 자라 더는 얼마 되지 않는데, 큰 솥은 천섬이나 되어 교룡과 이무기 삶는다네.」(釣魚不復數魚鼈, 大鼎千石烹蛟螭)

7 | 통(筒) : 시통(詩筒), 곧 시를 넣어두는 통. 송나라 축목(祝穆) 《고금사문유취·별집(古今事文類聚·別集)》 권9 〈시(詩) 상〉「【시통(詩筒)】 원진이 회계태수로 있고 백거이는 소주자사로 있었을 때, 역을 설치하고 번갈아 시를 왕래하였는데 이를 시통이라 하였다.」(元微之守會稽, 白樂天牧蘇臺, 置驛, 遞詩往來, 謂之詩筒)

8 | 금군(琴君) : 성성재 금란수(琴蘭秀)를 말한다. 《요존록》「성재는 실은 월천의 매서이다.」(惺齋實月川妹婿)

9 | 우전(憂煎) : 수전(愁煎)이라고도 하며 근심으로 속이 타는 것을 말한다.

127. 酬趙士敬明字韻[1]

조사경이 지은 명자 운 시에 답하다

白雲深處一庵淸[2]
백 운 심 처 일 암 청

흰 구름 깊은 곳
초막 하나 맑은데,

庵下長江萬古聲
암 하 장 강 만 고 성

초막 아래 긴 강은
만고에 소리 내네.

近日君能知我樂
근 일 군 능 지 아 락

근자에 그대 내
즐거움 알리니,

七臺三曲玩分明[3]
칠 대 삼 곡 완 분 명

일곱 대와 세 구비
놀이 분명하네.

1 | 조목의 문집인 《월천집》에서는 같은 각운자를 쓴 시가 보이지 않는다.

2 | 백운심처(白雲深處) : 당나라 두목(杜牧)의 〈산길(山行)〉 「멀리 한산의 돌 비탈길 오르자니, 흰 구름 깊은 곳에 사람 사는 집 있네.」(遠上寒山石徑斜, 白雲深處有人家)

3 | 칠대삼곡(七臺三曲) : 초은대(招隱臺)와 고반대(考槃臺), 응사대(凝思臺), 낭영대(朗詠臺), 능운대(凌雲臺), 어풍대(御風臺), 그리고 월란대(月瀾臺)의 7대와 석담곡(石潭曲), 천사곡(川沙曲), 단사곡(丹砂曲)의 3곡인데, 이 7대 3곡을 읊은 시가 《내집》 권1(108~117번 시)에 수록되어 있다.

128. 答李仁仲明字韻[1]

이인중이 지은 명자 운 시에 답하다

山愛峩峩水愛淸
산 애 아 아 수 애 청

산 우뚝한 것 사랑하고
물 맑음 사랑하는데,

我曾題詠發新聲
아 증 제 영 발 신 성

이 일찍이 지어 읊어
새로운 소리 낸 적 있네.

不知寫取君何用
부 지 사 취 군 하 용

베껴서 취함 그대
어디에 쓸지 모르는데,

只恐來譏識者明
지 공 래 기 식 자 명

다만 걱정되기는 아는 글자
명자뿐이라 놀림이라네.

1 | 인중(仁仲) : 곤재(坤齋) 이명홍(李命弘 : ?~1560)의 자. 이명홍은 《내집》 권2의 60번 시에 보인다.

129～137. 題士敬幽居

사경의 그윽한 거처에 적다

129

月川霜冷水如空[1] 월 천 상 랭 수 여 공	다래의 서리 차갑고 물은 하늘과 같은데,
浩蕩羣鷗楓葉紅 호 탕 군 구 풍 엽 홍	기러기 떼 호탕하고 단풍잎은 붉다네.
知是鶴龜棲息處[2] 지 시 학 구 서 식 처	여기가 바로 학과 거북 깃들어 사는 곳임 알겠으니,
蒼苔一徑入雲中[3] 창 태 일 경 입 운 중	푸른 이끼 낀 오솔길 구름 속으로 드는 곳이라네.

1 | 수여공(水如空) : 당나라 왕발(王勃)의 〈등왕각 시의 서문(滕王閣序)〉「지는 놀 외로운 기러기와 나란히 날고, 가을 강은 긴 하늘과 같은 빛이라네.」(落霞與孤鶩齊飛, 秋水共長天一色)

2 | 지시학귀(知是鶴龜) : 학과 거북은 장수를 대표하는 동물이다. 조목의 거처가 신선이 사는 곳 같다는 표현이다. 진(晉)나라 곽박(郭璞)의 〈신선세계에 노닐다(遊仙詩)〉「묻노니 하루살이 같은 무리들이여, 거북과 학 같은 삶 어찌 알겠는가?」(借問蜉蝣輩, 寧知龜鶴年)

3 | 창태일경(蒼苔一徑) : 당나라 모융(牟融)의 〈주경여의 한가한 거처에 적다(題朱慶餘閒居)〉 제2수 「하루 종일 삽짝문 닫혀 있는데, 푸른 이끼 낀 한 오솔길 새로이 났네.」(盡日衡門閉, 蒼苔一徑新)

130

一間茅舍好風烟[4]
일 간 모 사 호 풍 연

한 칸 띠집
　　풍경 좋은데,

黃葉紛紛落酒筵
황 엽 분 분 락 주 연

누런 나뭇잎 펄펄
　　술 자리에 떨어지네.

誰道天公多戱劇
수 도 천 공 다 희 극

누가 말하는가? 하느님
　　놀이 많이 좋아하여,

拔貧爲富更晴姸[5]
발 빈 위 부 갱 청 연

가난 뿌리 뽑고 부자 되라
　　더욱 곱게 개었다네.

4 | 일간모사(一間茅舍) : 송나라 육유(陸游)의 〈이웃의 늙은이와 산의 정자에 오르다(與隣翁登山亭)〉「자주 닫혀 있는 무궁화 울타리 석양이 두르고, 한 칸 초가집은 응달진 벼랑 등지고 있네.」(數掩槿籬圍夕照, 一間茅舍背陰崖)

5 | 수도~청연(誰道~晴姸) : 《要存錄》「월천 조목의 《사문수간》에서 표하여 기록해 둔 데 따르면 『내가 허참연을 차렸는데 여러 벗들이 사정이 있어서 못 오고 전날에는 또 비까지 내렸다. 이에 마침내 김언우[金富弼]에게 "하늘이 내가 가난한 데서 부자가 되는 꼴을 미워하여 이렇게 많이 마가 끼게 된 것이다."라는 편지를 썼다.』고 하였다. 그래서 선생이 이 시에서 그에 대해 언급하였는데, 이날은 하늘의 해가 매우 깨끗했다.」(案月川師門手簡標云, 穆以設許參, 諸友多有故不至, 前日又雨. 遂與金彦遇書, 有天憎吾拔貧爲富之態, 作此多魔云. 故先生此詩及之, 是日天日甚淸)

131

杯盤猶自學人間[6]
배 반 유 자 학 인 간

술잔과 접시 오히려 절로
인간 세상에서 배우고,

云披名參大學關[7]
운 피 명 참 태 학 관

저 허참이라는 이름
태학과 상관있네.

若到他年攀桂窟[8]
약 도 타 년 반 계 굴

훗날 계수나무 굴
기어오르게 된다면,

學人間事更多端
학 인 간 사 갱 다 단

인간 세상의 일 배움
더욱 단서 많다네.

132

多端人事競相誇
다 단 인 사 경 상 과

복잡다단한 인간세상의 일 단서 많은데
다투어 서로 자랑하고,

挾舊侵新轉益訛
협 구 침 신 전 익 와

옛것 끼고 새것 파고드니
갈수록 더 와전되네.

6 | 배반~학인간(杯盤~學人間) : 《고증》「술자리를 차리는 것은 세속에서 하는 것을 배웠다고 하는 것과 같은 말이다. 이때 조사경은 사마연을 차려 놓고 선생이 갈 것을 청하였다.」(猶言杯盤之設學世俗所爲也. 時士敬設司馬宴, 請先生去)

7 | 명참(名參) : 곧 허참례(許參禮)로 면신례(免新禮)라고도 한다. 관직에 참여하게 된 것을 허락받게 되었다는 의미에서 이렇게 부른다. 조선 시대 새로 관직에 나오는 신참 관원이 선배 관원들에게 성의를 표시하는 의식. 대개 술과 안주를 준비하여 성대하게 대접하였다. 《요존록》「사마 허참으로 지금 이른바 허참례이다.」(司馬許參, 如今所謂許參禮)

8 | 반계굴(攀桂窟) : 과거시험을 속된 말로 계수나무를 꺾는다는 뜻의 절계(折桂)라고 하며, 계굴(桂窟)은 곧 과장(科場)을 말한다. 반계굴은 곧 과거에 합격하였다는 말이다.

簞食萬鍾應有辨[9]
단 사 만 종 응 유 변

대그릇의 밥과 만종의 봉록
분별 있으리니,

滔滔擧世混同波[10]
도 도 거 세 혼 동 파

도도히 온 세상에서
물결에 섞이어 함께 한다네.

133

菽水歡餘飽古書[11]
숙 수 환 여 포 고 서

콩 먹고 물 마시는 즐거움 끝에
옛 책 실컷 읽는다면,

婆娑歲月樂無如
파 사 세 월 락 무 여

유유한 세월 즐거움
비할 데 없으리.

9 | 단사만종(簞食萬鍾) : 단사는 보잘것없는 음식을 비유한다. 《논어·옹은(雍也)》「한 대나무 그릇의 밥과 한 표주박의 마실 것으로 누추한 골목에 있는 것을 남들은 그 근심을 견디어 내지 못하는데 안회는 그 즐거움을 바꾸지 않는다.」(一簞食, 一瓢飮, 在陋巷, 人不堪其憂, 回也不改其樂) 종(鍾)은 옛날의 도량형 단위로 6곡(斛) 4두(斗)였다. 만종은 넉넉한 봉록을 가리킨다. 《맹자·고자(告子) 상》「한 대그릇의 밥과 한 그릇의 국을 얻으면 살고, 얻지 못하면 죽는다. …… 만종의 봉록은 예의를 분별하지 않고 받나니 만종의 봉록니 내게 무슨 보탬이 있겠는가?」(一簞食, 一豆羹, 得之則生, 弗得則死……萬鍾則不辯禮義而受之, 萬鍾於我何加焉) 송나라 진덕수(眞德秀)의 〈심경찬(心經贊)〉「대그릇의 밥과 만종의 봉록도, 사양하고 받음에 반드시 분별이 있어야 한다.」(簞食萬鍾, 辭受必辨)

10 | 거세혼동파(擧世混同波) : 굴원의 《초사·어부사(漁父辭)》「굴원이 말하였다. 『온 세상이 모두 혼탁한데 나 혼자만 맑습니다.』 …… 어부가 말하였다. 『…… 세상 사람들이 모두 혼탁하다면 어찌하여 진흙을 휘젓고 물결을 일으키지 않습니까?』」(屈原曰, 擧世皆濁, 我獨淸……漁父曰……世人皆濁, 何不淈其泥而揚其波)

11 | 숙수환(菽水歡) : 숙수(菽水)는 콩과 물로 악식(惡食)이라는 뜻. 가난한 중에도 부모를 잘 섬기는 즐거움을 말한다. 위 87번 시의 주 42)를 보라.

欲知窮達皆緣命
욕 지 궁 달 개 연 명

궁합과 통달함 모두
명에서 기인함 알고자 한다면,

看取晴雲在太虛
간 취 청 운 재 태 허

하늘에서 구름 갬
가져다 보게나.

134

嗟我平生不量斟
차 아 평 생 불 량 짐

아아! 내 평생토록
짐작하지 못하여,

謾將身去試升沈[12]
만 장 신 거 시 승 침

함부로 몸
부침시켜 보았었네.

至今衰白漳濱臥[13]
지 금 쇠 백 장 빈 와

지금은 쇠하여 백발에
장수 가에 병져 누웠으니,

慚負君恩似海深
참 부 군 은 사 해 심

부끄럽구나, 임금님 은혜
깊은 바다 같음 저버림이.

12 | 승침(升沈) : 부침(浮沈)과 같은 말이다.

13 | 장빈와(漳濱臥) : 후한 말 유정(劉楨)의 〈오관의 중랑장께 드리다(贈五官中郎將)〉 제2수 「나는 고질병이 깊이 들어, 몸 맑은 장강(福建省에 있음) 곁에 숨겼다네.」(余嬰沈痼疾, 竄身清漳濱) 이로 인해 나중에는 주로 병져 은거한다는 뜻으로 쓰이게 되었다. 주자의 〈유온(劉韞)이 지은 시의 각운자에 맞추어서(次秀野韻)〉 「다만 공과 명예 서로 좇도록 다그침 걱정되니, 늙은 몸 병져 장수 가에 누움도 용납되지 않는다네.」(祗恐功名相迫逐, 不容老子臥漳濱)

135

毋多酌我我能狂[14]
무 다 작 아 아 능 광

내게 술 많아 따르지 말게나
내 주사 부릴 수 있으니,

若不狂時怕近鄉[15]
약 불 광 시 파 근 향

주사 없을 때는
향원에 가까울까 두렵네.

可可難追成左左[16]
가 가 난 추 성 좌 좌

옳고 옳음 따르기 어렵고
그르고 옳지 않음 이루었으니,

14 | 무다~아능광(毋多~我能狂) : 《한나라의 역사·갑관요(蓋寬饒)의 전기》「갑관요는 자가 차공으로 위군 사람이다. …… 사례교위로 발탁되었다. …… 평은후 허백이 (새로 지은 집에) 입주할 때 승상과 어사、장군、고관대작들이 모두 하례하였는데 …… 동쪽을 향하여 두드러지게 앉았다. 허백이 직접 술을 따라주며 『갑군께서 뒤에 이르셨군요.』라 하자, 갑관요가 말하기를 『내게 술을 많이 따르지 마십시오. 저는 주사가 있습니다.』라 하였다. 승상 위후가 웃으며 말하기를 『차공은 술이 깨어서도 광기를 부리는데 어찌하여 꼭 술을 마셔야 그렇겠소?』라 하였다.」(寬饒字次公, 魏郡人也……擢爲司隷校尉……平恩侯許伯入第, 丞相、御史、將軍、中二千石皆賀……東鄉特坐. 許伯自酌曰, 蓋君後至. 寬饒曰, 無多酌我, 我乃酒狂. 丞相魏侯笑曰, 次公醒而狂, 何必酒也?) 송나라 소식의 〈손각(孫覺)에게 드림(贈孫莘老)〉「이따금 다시 맞힘(마심) 서막의 청주인데, 내게 많이 따르지 마오 차공의 주사 있으니.」(時復中之徐邈聖, 無多酌我次公狂)

15 | 파근향(怕近鄉) : 《고증》「『鄕』자는 아마 『향원』이라 할 때의 향자일 것이다.」(案鄕恐是鄕原之鄕) 향원은 남의 비위나 맞추려고 하는 가짜 도덕 군자라는 뜻인데 《논어·양화(陽貨)가》편에 보인다.

16 | 가가(可可) : 송나라 소옹(邵雍)의 〈가가음(可可吟)〉「힘써야 할 것은 행실이요, 신용을 지킬 것은 말, 맡겨야 할 것은 운명, 의지해야 할 것은 하늘이라네.」(可勉者行, 可信者言, 可諉者命, 可托者天)

좌좌(左左) : 《고증》「《운부군옥》. 인도는 우측을 숭상하므로 옳지 않은 기술을 좌도라 하고, 귀양 가는 것을 좌천이라 하고, 합당치 않은 일은 좌계라 해야 한다.」(韻玉. 人道尙右, 故非正之術曰左道, 謫官曰左遷, 不適事宜曰左計)

休休眞覺勝遑遑[17]
휴 휴 진 각 승 황 황

아름답게 쉼 실로
허둥댐보다 낫게 느껴지네.

136

聞說芙蓉出半天[18]
문 설 부 용 출 반 천

듣자하니 부용봉
반은 하늘로 솟아,

一川如掌四無邊[19]
일 천 여 장 사 무 변

온 내가 손바닥만 하게 보이고
사방은 끝이 없다네.

欲尋箇裏無窮樂
욕 심 개 리 무 궁 락

그 가운데서 끝없는
즐거움 찾고자 하여,

結舍硏經了百年
결 사 연 경 료 백 년

집 짓고 경서 연마하며
인생 백년 마치리.

17 | 휴휴(休休) : 편안하고 한가로운 모습, 안락한 모습이라는 뜻과 재주와 분수를 헤아리어 늙어서 모두 쉴 만한 마땅한 곳이 있음의 두 가지 뜻이 있다. 《내집》 권2 58번 시의 주 6)에 상세하다.

18 | 부용(芙蓉) : 봉우리 이름으로, 그 아래 조목의 집이 있다.
출반천(出半天) : 하늘 높이 솟은 것을 말한다. 당나라 위응물(韋應物)의 〈보의사 상방의 옛 놀던 곳에 오르다(登寶意寺上方舊遊)〉 「푸른 고개의 향대 반은 하늘로 솟아 있는데, 온갖 인가의 안개 낀 나무 맑게 갠 내에 가득하네.」(翠嶺香臺出半天, 萬家煙樹滿晴川)

19 | 당나라 두보의 〈낙유원가(樂遊園歌)〉 「귀공자의 화려한 자리 지세 가장 높은데, 술잔 잡고 진천 대하니 손바닥처럼 평평하네.」(公子華筵勢最高, 秦川對酒平如掌)

137

秋風吹我返寒溪 추 풍 취 아 반 한 계	가을바람 내게 불어와 차가운 시내로 되돌아왔는데,
曠野蒼茫日向西[20] 광 야 창 망 일 향 서	너른 들엔 어렴풋하게 해 서쪽으로 넘어가네.
醉裏不知身遠近[21] 취 리 부 지 신 원 근	취한 가운데 이 내 몸 어디쯤 있는지 알지 못하겠는데,
亂峯多處碧雲低[22] 란 봉 다 처 벽 운 저	어지러운 봉우리 곳곳에 푸른 구름 낮게 드리웠네.

20 | 창망일향서(蒼茫日向西) : 당나라 한유의 〈저녁에 선계에 이르렀는데 시어사(侍御史)이시며 소주 자사이신 장사또님께서 편지를 보내와 이별을 서술하여 절구 2장으로 답하다(晩次宣溪, 辱韶州張端公使君惠書敘別, 酬以絶句二章)〉 첫째 시 「소주 남쪽으로 선계와 이어져 있는데, 구름과 물 어렴풋하고 해 서쪽으로 지고 있네.」(韶州南去接宣溪, 雲水蒼茫日向西)

21 | 취리부지신원근(醉裏不知身遠近) : 송나라 양만리(楊萬里)의 〈잠 못 이루다(不睡)〉 「취하여 (근심이) 어디에 있는지 알지 못하였는데, 사람 깨기 기다려 함께 닥쳐온다네.」(醉裏不知何處有, 等人醒後一時來) 당나라 백거이의 〈간적관에서 묵다(宿簡寂觀)〉 「가을 경치 한가로운 걸음 끌어당기니, 몸 어디까지 왔는지 모르겠네.」(秋光引閒步, 不知身遠近)

22 | 난봉다처(亂峯多處) : 당나라 백거이의 〈운거사에서 노닐며 목씨네 36째 지주께 드리다(遊雲居寺, 贈穆三十六地主)〉 「어지러운 봉우리 깊은 곳 운거사 의 길, 함께 꽃길 밟으며 홀로 봄 안타까워하네.」(亂峯深處雲居路, 共蹋花行獨惜春)

138~139. 次謝士敬相訪, 二絶

사경이 찾아옴에 감사하여 같은 시의 각운자를 써서 짓다. 절구 두 수

138

有酒君家滿意斟[1] 유 주 군 가 만 의 짐	그대 집 술 있어 마음껏 따르니,
茅齋迥絶亦平臨[2] 모 재 형 절 역 평 림	멀리 떨어진 띠집 또한 평평한 곳 굽어보는듯.
知君儘有閒居趣 지 군 진 유 한 거 취	그대 한결 같이 한가히 거처하는 취미 있음 아는데,
況復山川愜素心[3] 황 부 산 천 협 소 심	하물며 다시 산과 내 본디 마음에 흡족함에랴.

1 | 유주군가(有酒君家) : 당나라 이백의 〈눈을 마주하고 취한 후에 왕역양님께 드리다(對雪醉後贈王歷陽)〉 「그대 집에 술 있으니 내 무슨 걱정하리오? 손님들 거의 즐겁게 취하여 촛불 잡고 논다네.」(君家有酒我何愁, 客多樂酣秉燭遊)

2 | 형절(迥絶) : 이어져 끊이지 않는 모양, 높고 험준한 모양 등 여러 가지 뜻이 있지만 여기서는 아주 멀리 떨어졌다는 뜻으로 쓰였다.

3 | 협소심(愜素心) : 송나라 육유(陸游)의 〈그윽한 거처(幽居)〉 「모든 집의 수죽 옛 산에 그늘 드리우고 있는데, 그윽한 은거 가려 찾으니 본디 마음에 흡족하다네.」(萬家水竹古山陰, 揀得幽居愜素心)

139

知音何幸世間稀[4] 지 음 하 행 세 간 희	알아주는 이 있으니 얼마나 다행인가? 세상에 드문데.
玉蘊山中草木輝[5] 옥 온 산 중 초 목 휘	옥 산에 감추어져 있으니 초목 빛난다네.
若使吾儕虛送老 약 사 오 제 허 송 로	만약에 우리들로 하여금 늙음 헛되이 보내게 한다면,
恐孤山水巧呈奇 공 고 산 수 교 정 기	이 좋은 산수 교묘히 기이함 나타냄 멀리할까 두렵다네.

4 | 유주군가(有酒君家) : 당나라 이백의 〈눈을 마주하고 취한 후에 왕역양님께 드리다(對雪醉後贈王歷陽)〉「그대 집에 술 있으니 내 무슨 걱정하리오? 손님들 거의 즐겁게 취하여 촛불 잡고 논다네.」(君家有酒我何愁, 客多樂酣秉燭遊)

5 | 형절(逈絶) : 이어져 끊이지 않는 모양, 높고 험준한 모양 등 여러 가지 뜻이 있지만 여기서는 아주 멀리 떨어졌다는 뜻으로 쓰였다.

【원운시】

謝退溪先生見臨

퇴계선생께서 왕림해주심에 감사하다

寂寞由來好客稀	예로부터 집 쓸쓸하여 좋은 손님 드물었는데,
茅廬是日便生輝	띠 오두막 오늘 곧 광채 났다네.
箇中更願留餘唾	그 가운데 좋은 말씀 풍족히 남기심 더욱 바랐더니,
添得山門一段奇	산촌 문호에 일단의 기이함 더하게 되었네.

140~146. 次韻士敬芙蓉峯諸作

사경이 지은 부용봉 여러 시의 각운자를 써서 짓다

140

樂在雲山詎有窮 낙 재 운 산 거 유 궁	구름 낀 산에 즐거움 있으니 어찌 다함 있으리오?
非關擊鼓與撞鍾[1] 비 관 격 고 여 당 종	북 치는 것과 종 침과는 아무 상관 없다네.
幽人準擬營茅棟[2] 유 인 준 의 영 모 동	그윽한 은자 띠집 짓고자 하니,
俗士應難躡徑蹤 속 사 응 난 섭 경 종	속세의 선비 오솔길의 자취 밟기 어려우리.

1 | 격고·당종(擊鼓·撞鍾) : 도성 안에서 시간을 알리기 위하여 치는 북과 종소리. 번잡한 도성의 일상생활을 나타낸다.

2 | 영모동(營茅棟) : 모동은 모옥(茅屋), 초당(草堂)과 같은 뜻이다. 당나라 두보의 〈왕씨네 열다섯째인 절도부의 사마 벼슬하는 사촌 아우가 성곽을 나와 찾아주고, 아울러 조그마한 집을 지을 자금을 주다(王十五司馬弟出郭相訪, 兼遺營茅堂貲)〉「내가 띳집 짓는 것 걱정하여, 돈 들고 들판의 다리 건너왔다네.」(憂我營茅棟, 携錢過野橋)

141

誰將太華玉芙蓉[3]
수 장 태 화 옥 부 용

누가 태화산의
옥부용을 가져다가,

化作仙峯峭秀容
화 작 선 봉 초 수 용

신선 봉우리의 가파르고
빼어난 모습으로 바꾸었나?

好向雲間開碧沼
호 향 운 간 개 벽 소

좋을시고! 구름 사이로
푸른 못 열어,

坐看花友淨通中[4]
좌 간 화 우 정 통 중

앉아서 깨끗하고 가운데 빈
꽃 친구 본다네.

3 | 태화옥부용(太華玉芙蓉) : 태화는 곧 오악의 하나인 사악(西岳) 화산(華山)이다. 중국 섬서성(陝西省) 화음현(華陰縣) 남쪽에 있는데, 그 서쪽에 소화산(少華山)이 있기 때문에 이렇게 부른다. 옥부용은 화산의 봉우리 이름이다. 서거정(徐居正)의 〈한양을 열수로 읊음·목멱산에서 꽃을 감상하다(漢都十詠·木覓賞花)〉「화산에는 옥부용을 꽂아 세웠고, 한강은 금포도를 물들여 낸 듯.」(華山揷立玉芙蓉, 漢江染出金葡萄)

4 | 정통중(淨通中) : 연꽃을 말한다. 송나라 주돈이(周敦頤)의 〈연꽃을 사랑함에 대하여(愛蓮說)〉「속은 비었고 바깥은 곧으며 덩굴을 뻗지도 가지를 치지도 않는데, 향기는 멀어질수록 맑아지며 꼿꼿하고 깨끗하게 서 있다.」(中通外直, 不蔓不枝, 香遠益淸, 亭亭淨植)

142

遊觀非是詫亭臺
유 관 비 시 타 정 대

놀고 구경함 정자와 대
놀라는 것 아닐 터인데,

每上山頭忘却回[5]
매 상 산 두 망 각 회

매번 산 꼭대기 오르면
도리어 돌아감 잊는다네.

試作寒棲庇風雨[6]
시 작 한 서 비 풍 우

나도 시험삼아 보잘것없는 거처 지어서
비바람 가리고 있으니,

山光水色爲君開[7]
산 광 수 색 위 군 개

산의 빛과 물의 색
그대 위해 열어놓으리.

5 | 망각회(忘却回) : 명나라 진헌장(陳獻章)의 〈정실과 함께 규봉에서 놀고 헤어진 후에 삼가 부치고 또한 나중에 애산에 올 약속을 하다(與廷實同遊圭峯, 別後奉寄, 且申後來崖山之約)〉「천 길 고개 위 다시 대에 올랐다가, 다시 단구에 이르니 도리어 돌아감 잊는다네.」(千尋嶺上更登臺, 再到丹丘忘却回)

6 | 비풍우(庇風雨) : 당나라 두보의 〈초가집이 가을 바람에 부서지다(茅屋爲秋風所破歌)〉「어이하면, 천 칸 만 칸 짜리 너른 집을 구하여, 크게 천하의 궁핍한 선비들 덮어 함께 웃는 낯 지을까? 비바람에도 산처럼 끄떡없을 테니.」(安得廣廈千萬間, 大庇天下寒士俱歡顔, 風雨不動安如山) 송나라 육유(陸游)의 〈작은 집을 지어 촌에서 살다(小葺村居)〉「지난날 내 집 지었을 때, 비바람이나 가려주었으면 하는 생각이었다네.」(昔我作屋時, 趣欲庇風雨) 이 구절은 퇴계선생 자신도 한서암을 지은 것을 이야기하고 있다.

7 | 산광수색(山光水色) : 송나라 왕십붕(王十朋)의 〈선인이 옛날에 지으신 동산의 묘정시의 운으로(先人舊題東山墓亭)〉「새로 오두막 지으니 시내와 골짝이 에워싸고, 산의 빛 물 색 함께 어렴풋이 감돌고 있네.」(新築茅廬澗壑圍, 山光水色共依依)

143

平生爲慕漆雕開[8] 평 생 위 모 칠 조 개	평생토록 흠모함 칠조개인데,
誤落塵埃誰所催[9] 오 락 진 애 수 소 최	잘못 속세로 떨어짐 누가 재촉한 것인가?
晩得山中同社友[10] 만 득 산 중 동 사 우	늦게사 산 속에서 한 동아리 벗 얻었는데,
風流非爲事罇杯 풍 류 비 위 사 준 배	풍류 넘침 술통과 술잔 비움 일삼음만 아니라네.

8 | 칠조개(漆雕開) : 《논어·공야장(公冶長)》「공자께서 칠조개에게 벼슬을 해보도록 하였다. 대답하기를 『저는 이 방면(벼슬)에는 아직 자신을 할 수 없습니다.』라 하였다. 공자께서 기뻐하셨다.」(子使漆彫開仕. 對曰, 吾斯之未能信. 子說)

9 | 오락진애(誤落塵埃) : 진(晉)나라 도연명(陶淵明)의 〈전원으로 돌아가다(歸園田居)〉 제1수 「잘못 속세의 그물로 떨어져, 한번 떠난 지 30년이나 되었네.」(誤落塵網中, 一去三十年)

10 | 동사우(同社友) : 주자의 〈택지가 노래한 오동과 대나무 두 수와 같은 각운자를 써서 짓고 아울러 계통에게도 드림(次韻擇之梧竹二首, 幷呈季通)〉 제2수 「더욱이 어여쁜 같은 동아리 친구, 다시 여기에 잘못 오래도록 머무네.」(更憐同社友, 復此誤淹留)

144

芙蓉山翠接陶山 부 용 산 취 접 도 산	부용산의 푸르름 도산까지 이어져 있으니,
兩處終同物外歡[11] 양 처 종 동 물 외 환	두 곳 결국 같아 세상 벗어난 즐거움 있네.
矧是瑤琴餘韻在 신 시 요 금 여 운 재	하물며 구슬 장식 거문고 여운 남아 있으니,
不應絃絶坐經殘[12] 불 응 현 절 좌 경 잔	시위 끊어졌다고 문득 바른 줄 끊어지지는 않으리.

11 | 물외(物外) : 세상 바깥이라는 뜻인데, 속세를 초탈하였다는 것을 말한다.

12 | 요금~현절(瑤琴~絃絶) : 주자의 〈서재에 거처하자니 감흥이 일어(齋居感興)〉「구슬장식 거문고 헛되이 보배 갑에 들어 있으니, 거문고줄 마저 끊긴다면 장차 어찌하리? 말 일으키어 여운 정리하시니, 용문에서 남기신 (이천선생의) 노래 있다네.」(瑤琴空寶匣, 絃絶將如何. 輿言理餘韻, 龍門有遺歌) 퇴계가 임자년(1552)의 입춘에 지은 시에도 「매화 핀 창으로 또 봄소식을 보나니, 구슬 장식한 거문고 보고 줄 끊어졌다 탄식하지 말게나.」(梅窓又見春消息, 莫向瑤琴嘆絶絃 - 《풀이 2》, 151쪽)라는 구절이 있다.

145

近水常耽玩水禽 근 수 상 탐 완 수 금	물 가까이 있으면 늘 물새 구경 즐기고,
居山偏愛對山岑 거 산 편 애 대 산 잠	산에 살면 유독 맞은 편 산의 봉우리 사랑한다네.
爲人性癖誠如許[13] 위 인 성 벽 성 여 허	사람의 성벽 정말로 이러할지니,
朝市何論逐逐心[14] 조 시 하 론 축 축 심	조정과 저자에 있으면 마음 총망함 말해 무엇하리?

13 | 위인성벽(爲人性癖) : 벽(癖)은 벽(僻)자와도 통하여 쓴다. 당나라 두보의 〈강가에서 바다의 기세 같은 물을 만나 문득 짧게 쓴다(江上值水如海勢聊短述)〉「나 두보라는 사람 성벽 아름다운 구절 탐하여, 표현하는 말 사람을 놀라게 하지 않으면 죽어도 그치지 않는다네.」(為人性僻躭佳句, 語不驚人死不休)

14 | 축축(逐逐) : 분주하고 바쁜 모양, 총망한 모양을 나타내는 의태어.

146

山追竹杖水烟篷
산 추 죽 장 수 연 봉

산에서 대 지팡이 따르고
안개 낀 물에서는 배로,

不使佳期竟墮空
불 사 가 기 경 타 공

아름다운 절기 끝내
헛되어지지 않게 한다네.

我亦明年辦漁艇
아 역 명 년 판 어 정

나 또한 내년에는
고깃배 마련하여,

飄然來往月明中[15]
표 연 래 왕 월 명 중

표연히 달 밝은 가운데
왔다 갔다 하리라.

士敬與景受約尋芙蓉峯, 屢違而竟得同遊. 又會江頭云. 余於天淵, 當辦小艇, 已與溪友約明春矣[16]

사경이 경수와 부용봉을 찾기로 약속을 했는데 여러 차례 약속이 어긋났다가 마침내 함께 놀게 되었다. 또한 강 어귀에서 만나기로 했다고 한다. 나도 천연대에서 작은 배를 마련하여 이미 계상(溪上)의 벗들과 오는 봄을 약속하였다

15 | 표연래왕(飄然来往) : 송나라 육유(陸游)의 〈6월 24일 한밤에 꿈을 꾸었는데 범지능과 이지기 그리고 우연지가 함께 강의 정자에 모였다. 여러 공이 내게 시를 지어 강호의 즐거움을 기록하게 하였다. 시가 이루어지자 깼는데 여러 자를 잊어먹었다(六月二十四日夜分, 夢范至能李知幾尤延之同集江亭, 諸公請予賦詩記江湖之樂. 詩成而覺, 忘數字而已)〉 「이슬 맞은 대껍질과 서리 맞은 대나무로 작은 배 만들어, 표연히 옅은 안개 속 왔다갔다 하네.」(露箬霜筠織短蓬, 飄然来往淡烟中)

16 | 경수(景受) : 경수는 인재(忍齋) 권대기(權大器 : 1523~1587)의 자이며, 《내집》 권2의 6번 시에 보인다.

147~148. 頃以兩絶寄子中, 幸蒙酬和, 每韻每一絶. 不可闕然無報, 復用兩絶, 追寄云[1]

얼마 전에 절구 두 수를 자중에게 부쳤더니 다행스레 화답시를 받았는데 매 운마다 절구 한 수씩이었다. 빠뜨리어 답하지 않을 수 없어서 다시 절구 두 수를 추후에 부친다

147

尺紙論心幾往還 척 지 론 심 기 왕 환	한 자 짧은 편지로 마음 논하며 몇 번이나 왕래하였던가?
回頭猶恨隔雲山[2] 회 두 유 한 격 운 산	고개 돌리니 여전히 구름 낀 산에 막혀 있음 유감스럽네.
但能不廢乾乾意[3] 단 능 불 폐 건 건 의	다만 씩씩한 뜻 폐할 수 없을 것이니,
何異交修對案間[4] 하 이 교 수 대 안 간	어찌 책상 사이에 두고 마주 앉아 여러 가지로 닦음과 다르겠는가?

1 | 자중(子中) : 문봉(文峯) 정유일(鄭惟一 : 1533~1576)의 자. 정유일은 《내집》 권3의 86번 시에 보인다.

2 | 유한격운산(猶恨隔雲山) : 《요존록》「자중은 이때 조정에 있었다.」(子中時在朝)

3 | 건건의(乾乾意) : 《주역·건괘(乾卦)》 밑에서 세 번째 양효[九三] 「군자가 종일토록 씩씩한 모습으로 저녁까지 근심하면 위태롭기는 하나 허물이 없을 것이다.」(君子終日乾乾, 夕惕若, 厲无咎) 건건에 대해 〈상사(象辭)〉에서는 「도를 반복하는 것」(反復道)이라 하였고, 〈문언전(文言傳)〉에서는 「때와 함께 행하는 것」(與時偕行)이라 하였다.

4 | 교수(交修) : 교(交)는 하나가 아니고 여러 가지라는 뜻. 《서경·열명(說命) 하》 「그대는 여러 가지로 나를 닦아 나를 버리지 말아주오. 내 그대의 교훈 실행할 수 있을 것이오.」(爾交修予, 罔予棄, 予惟克邁乃訓)

148

獨抱嫠憂不出鄕[5]
독 포 리 우 불 출 향

홀로 과부의 근심 안고
향리 나가지 않았으니,

窮陰積雪掩山堂[6]
궁 음 적 설 엄 산 당

겨울 끝에 눈 쌓여
산당 문 덮었다네.

何時滿目陽春景
하 시 만 목 양 춘 경

어느 때나 온 시야에
햇빛 따사로운 봄 풍경 펼쳐져,

洛水同君泛小航
낙 수 동 군 범 소 항

낙동강 물에 그대와 함께
작은 배 띄우려나.

5 | 이우(嫠憂) : 이는 과부(寡婦)를 가리킨다. 나라를 걱정하는 것을 말한다. 《좌전·소공(昭公) 24년》「그러나 사람들이 또한 말하기를 『과부는 씨줄을 근심하지 않으며 종주국인 주나라가 멸망할까 근심하니 곧 자신에게 영향이 미치게 될 것이기 때문이다.』라 하였습니다.」(抑人亦有言日, 嫠不恤其緯, 而憂宗周之隕, 爲將及焉)

6 | 궁음적설(窮陰積雪) : 궁음은 겨울이 다 끝나가는 때라는 뜻과 아주 음침한 날씨라는 뜻의 두 가지가 있는데, 여기서는 전자의 뜻으로 쓰였다. 당나라 맹호연(孟浩然)의 〈명을 받아 부임하던 도중에 눈을 만나다(赴命途中逢雪)〉「음침한 겨울 날씨 그믐과 초하루로 이어지더니, 온 산천에 눈 쌓였다네.」(窮陰連晦朔, 積雪滿山川)

149. 題柳而得畫二牛圖[1]

유이득의 소 두 마리를 그린 그림에 적다

穿鼻隨人遠服車[2]
천 비 수 인 원 복 거

코 꿰이어 사람 따르며
멀리 수레 끄는 것이,

何如天放臥眠餘[3]
하 여 천 방 와 면 여

멋대로 풀어놓아 누워
잠자는 것에 비해 어떠한가?

可憐解事梁天子
가 련 해 사 량 천 자

안타깝네, 사태 파악한
양나라 천자,

不致茅山陶隱居[4]
불 치 모 산 도 은 거

모산의 도은거
초치하지 못했다네.

1 | 유이득(柳而得) : 겸암(謙庵) 유운룡(柳雲龍 : 1539~1601)의 자. 나중에는 자를 응현(應見)으로 고쳤다. 《내집》 권3 245번 시의 원주(原註)에 보인다.
이우도(二牛圖)는 《내집》 권4의 103과 104번 시에 보인다.

2 | 천비수인(穿鼻隨人) : 《장자·추수(秋水)》 「소와 말에 네 개의 다리가 있는 것을 하늘의 자연이라 하고, 말머리에 고삐를 달고 쇠코에 구멍을 뚫는 것을 일러 사람의 작위라 합니다.」(牛馬四足, 是謂天, 落馬首, 穿牛鼻, 是謂人)

3 | 천방(天放) : 아무런 구속도 없는 것을 말한다. 《장자·말발굽(馬蹄)》 「하나씩 동떨어져 무리를 짓지 않는 것을 일러 천방이라고 한다.」(一而不黨, 命曰天放)

4 | 양천자~도은거(梁天子~陶隱居) : 양천자는 남조 양나라 무제(武帝) 소연(蕭衍)을 말한다. 모산은 모군(茅君)이 이곳에서 도를 닦았으므로 이렇게 부른다. 도은거는 도홍경(陶弘景)이다. 모두 《내집》 권4의 103과 104번 시에 보인다.

150~151. 次韻答士炯·時甫[1]

같은 각운자를 써서 지어 사형과 시보에게 답하다

150

立脚能堅不轉機 입 각 능 견 부 전 기	기초 든든해서 축 바뀌지 않을 수만 있다면,
借虛喩實未爲非 차 허 유 실 미 위 비	헛된 것 빌려다가 실한 것 비유함 그릇될 것 없으리.
恐君未到程朱域 공 군 미 도 정 주 역	그대 아직 정자와 주자의 영역에 채 이르지도 못하였는데.
欲攻異端終誤歸 욕 공 이 단 종 오 귀	이단 공격하려다가 끝내 이단으로 잘못 귀의하리.

僕曾規時甫論學, 累引南華說爲證. 今來書云, 老莊造理之言, 程朱所不諱, 故云

내가 일찍이 시보가 학문을 논하는 것을 보니 누차 장자(莊子)의 말을 끌어다가 증빙하였다. 지금 보내온 편지에서 「노자와 장자의 이치에 합당한 말은 정자와 주자가 꺼리지 않은 것입니다」라 하였으므로 말하였다

1 | 사형(士炯) : 형암(炯菴) 한윤명(韓胤明 : 1515?~1566)의 자. 《내집》 권2 76번 시에 보인다.
남시보(南時甫) : 정재(靜齋) 남언경(南彥經 : 1528~1594?)의 자. 《내집》 권2 116번 시에 보인다.
《내집》 권2의 116번에서 120번의 시까지는 이 두 사람이 천마산(天磨山)에 공부하러 들어갈 때 퇴계가 지어준 시이다.

151

筆追九曲徒勤了[2]
필 추 구 곡 도 근 료

붓 구곡 좇았으나
헛수고에 그쳤고,

詩詑雙淸亦謾迴[3]
시 타 쌍 청 역 만 회

시에서는 두 맑음 자랑하였는데
또한 함부로 돈 것이네.

何似西湖凌萬景[4]
하 사 서 호 릉 만 경

어찌 같겠는가? 서호의
온갖 풍경 능가함이,

笑看千點綠螺排[5]
소 간 천 점 녹 라 배

웃으며 천 점이나 되는
푸른 소라 같이 배열된 산 보는 것보다.

2 | 구곡(九曲) : 무이구곡을 말한다.

3 | 시타쌍청(詩詑雙淸) : 남언경이 보내온 시에서 언급한 종남산과 한강의 풍경을 말하는 것 같다.

4 | 서호(西湖) : 《퇴계전서·12》에서는 「한강의 양화도(楊花渡) 일대를 일컫는 말이다.」(95쪽)라 하였다.

5 | 당나라 유우석의 〈동정호를 바라보다(望洞庭)〉 「아득히 동정의 산과 물 푸름 바라보니, 흰 구름 쟁반 속의 한 푸른 소라 같다네.」(遙望洞庭山水翠, 白雲盤裏一靑螺)

來詩, 武夷山似終南矗, 漢水波如九曲迴. 風月滿天供活畫, 不須描寫著安排. 且云, 有人描寫武夷圖, 殫極機巧, 書此戲贈, 未知此意如何. 時李而盛以書來, 約明日西湖之遊, 而來詩適至, 似非偶然, 故和句如右. 欲奉邀同賞遊. 嘉靖甲寅孟夏, 淸凉山人稿

보내온 시에서는「무이산 흡사 종남산처럼 삐죽하고, 한수의 물결 구곡처럼 도네. 청풍명월 하늘 가득 살아 있는 그림 같아, 반드시 묘사하여 안배해줄 필요 없으리.」라 하였다. 또 말하기를「어떤 사람이 무이도를 묘사하였는데 그 기교가 다하여 이렇게 써서 장난삼아 보내주었는데 이 뜻이 어떠한가 모르겠습니다.」라 하였다. 때마침 이이성이 편지를 보내와 명일에 서호에서 놀 것을 약속하였는데 보내온 시가 마침 이르렀으므로 우연이 아닌 것 같으므로 위와 같이 구절에 화답하였다. 삼가 청하여 함께 감상하며 놀고 싶다. 가정 갑인년(1554) 음력 4월에 청량산인이 쓰다

152~159. 次時甫韻

시보가 지은 시의 각운자를 써서 짓다

152

擾擾馳名利[1]
요 요 치 명 리
어지러이 명리 찾아 내달아도,

南君夙抱幽
남 군 숙 포 유
남군 옛날부터 은거할 생각 안고 있었다네.

得吾侔兩鳥[2]
득 오 모 량 조
우리 두 마리 새 얻어,

行世若虛舟[3]
행 세 약 허 주
세상 살아감 빈 배와 같이 하리.

1 | 요요치명리(擾擾馳名利) : 당나라 백거이의 〈낙산인의 시골집의 작은 못에 잠시 들르다(過駱山人野居小池)〉「명리가 사람의 마음 몲, 현명한 자나 어리석은 자나 똑같이 어지럽다네.」(名利驅人心, 賢愚同擾擾)

2 | 양조(兩鳥) : 당나라 한유(韓愈)의 〈두 마리의 새(雙鳥詩)〉「두 마리의 새가 바다 바깥에서부터 와서, 날고 또 날아서 중국 가운데 고을에까지 이르렀네. 한 새는 도시에 내려 앉아 살고, 한 새는 그윽한 바위 속에 둥지 틀었네. 서로 친구 삼아 울지 못한지, 벌써 삼천 년이 되었네.」(雙鳥海外來, 飛飛到中州. 一鳥落城市, 一鳥集巖幽. 不得相伴鳴, 爾來三千秋) 시에서는 퇴계와 남언경을 말한다.

3 | 행세약허주(行世若虛舟) : 《장자》에서 나온 말로, 자기 자신을 비우고 세상을 살아감을 비유하는 말이다. 《내집》 권1의 5번 시에 「그대는 알았네, 세상에 사는 것을 마치 빈 배와 같이 해야 함을」(君知處世如虛舟)이라는 구절이 있다. 그곳의 주석을 참조하라.

夢去輕千里 몽 거 경 천 리	꿈에 떠남 천리 가볍고,
書來失百憂 서 래 실 백 우	편지 옴에 온갖 근심 잊었다네.
何當同此隱 하 당 동 차 은	어떡하면 이렇게 은거 같이하여,
麗澤討源流[4] 이 택 토 원 류	함께 공부하며 근원 논하겠는가?

4 | 이택(麗澤) : 친구들과 모여서 함께 공부하는 것을 말한다. 《주역·태괘(兌卦)》의 상사(象辭) 「두 못이 붙어 있는 것이 태괘이다. 군자는 두 못의 물이 서로 왔다갔다하면서 서로 도우는 이치를 따라서 친구들과 강습한다.」(麗澤, 兌, 君子以朋友講習)

153

遊陟窮遐峻[5]
유 척 궁 하 준

두루 유람하여 멀고 높은 곳 다하고,

探思極顯幽
탐 사 극 현 유

생각 더듬어 찾아 드러나고
오묘한 곳 다하였다네.

觀時鵬出海
관 시 붕 출 해

살필 때는 붕 바다 떠나는 듯,

得處水浮舟[6]
득 처 수 부 주

얻은 곳에서는 물 배 띄우는 듯.

5 | 유척(遊陟) : 유섭(遊涉)과 같은 뜻으로, 두루 유람하는 것을 말한다.

6 | 득처수부주(得處水浮舟) : 지식이 쌓이면 물이 불어 큰 배를 띄울 수 있을 만큼 큰 힘을 발휘하게 된다는 말이다. 주자의 〈책을 보다가 느낌이 있어(觀書有感)〉 제2수 「지난 밤 강 가에 봄 물 불어나더니, 몽충 같은 큰 전함도 터럭 하나와 같이 가볍네.」(昨夜江邊春水生, 蒙衝巨艦一毛輕)

起我衰仍懶 기 아 쇠 잉 라	내 쇠하고 게으름 일깨웠으니,
欣君病去憂 흔 군 병 거 우	그대 병 근심 없앰 기뻐한다네.
他年雞黍約[7] 타 년 계 서 약	훗날 닭 잡고 기장밥 지을 약속하여,
長願共臨流 장 원 공 임 류	오래도록 함께 시내 내려다보기 원하네.

7 | 계서(雞黍) : 친한 벗이 찾아와 접대하는 것을 말한다. 《논어·미자(微子)가》「자로가 따라가다가 뒤로 처지게 되었는데 지팡이를 짚고 대바구니를 맨 사람을 만나 …… 두 손을 모으고 서 있었더니, 자로를 머물러 자게하고 닭을 잡고 기장밥을 지어 먹도록 하였다.」(子路從而後, 遇丈人以杖荷蓧……拱而立, 止子路宿, 殺雞爲黍而食之) 송나라 소식의 〈육규가 광남에 부임함에 송별하다(送沈逵赴廣南)〉「그대 돌아가 내게 닭 잡고 기장밥 지어 초청한다는 약속 알리니, 밭 사고 집 지음 이제부터 시작되리.」(君歸赴我雞黍約, 買田築室從今始)

154

憶曾見君日
억 증 견 군 일

일찍이 그대 본 날 생각해보니,

如入芝蘭室[8]
여 입 지 란 실

지초와 난초 있는 방에 들어간 듯하였네.

驩會未可摶
환 회 미 가 단

만남의 기쁨 제대로 만끽하지 못한 채,

君西我東出[9]
군 서 아 동 출

그대는 서쪽으로 가고
나는 동쪽으로 나왔다네.

8 | 여입지초실(如入芝蘭室) : 《공자가어》 권4 〈육본(六本)〉「훌륭한 사람과 함께 거처하면 지초나 난초가 있는 방에 들어가는 것과 같아서 오래 있으면 그 향기를 맡지 못하게 되는데 곧 그것에 교화되었기 때문이다.」(與善人居, 如入芝蘭之室, 久而不聞其香, 卽與之化矣) 송나라 주필대(周必大)의 〈동두 왕씨의 예방당(湅頭王氏藝芳堂)〉「한번 듣자하니 책 향기, 지초와 난초 있는 방에 들어간 듯하다 하네.」(一聞簡編香, 如入芝蘭室)

9 | 서·동(西·東) : 서는 서울인 한양을 말하고, 동은 퇴계의 고향인 안동 예안을 가리키는 말이다.

155

千巖復萬壑[10] 천 암 부 만 학	수많은 바위 또 끝없는 골짜기,
林下開書室 임 하 개 서 실	숲 아래에 서실 열어 놓았다네.
安得益者三[11] 안 득 익 자 삼	어떻게 하면 유익한 벗 셋 얻어,
硏劘道義出[12] 연 마 도 의 출	연마하여 도의 밝혀 내겠는가?

10 | 천암부만학(千巖復萬壑) : 당나라 이백의 〈왕옥산인 위만이 왕옥으로 돌아감에 송별하다(送王屋山人魏萬還王屋)〉「만 골짜기와 천 개의 바위, 가파르게 거울 같은 호수 안에 있네.」(萬壑與千巖, 崢嶸鏡湖裏)

11 | 익자삼(益者三) : 사귀어서 자기에게 도움이 될 만한 세 가지 벗. 《논어·계씨(季氏)》「공자께서 말씀하셨다. 『(자기에게) 유익한 벗이 셋 있고, 손해되는 벗이 셋 있다. 곧은 이를 벗하고, 성실한 이를 벗하며, 견문이 많은 이를 벗하면 유익하다.』」(孔子曰, 益者三友, 損者三友. 友直, 友諒, 友多聞, 益者)

12 | 연마(硏劘) : 《요존록》「《예기》(〈學記〉)에서는 『서로 살펴서 훌륭하게 되는 것을 일러 마라고 한다.』라 하였는데, 『劘』자는 아마 『摩』자일 것이다.」(記, 相觀而善之謂摩. 恐劘是摩字)

156

同人言亦同[13] 동 인 언 역 동	사람 같으면 말 또한 같으니,
千里應居室 천 리 응 거 실	천리 떨어져도 한 집에 있는 것 같으리.
義理寧論命 의 리 녕 론 명	의리 어찌 문명 논하는가?
眞如吾口出 진 여 오 구 출	실로 내 입에서 나온 것과 같네.

157

冲漠雖無朕[14] 충 막 수 무 짐	비고 고요함 비록 조짐 없지만,
日見在家室[15] 일 견 재 가 실	날로 집에서 보인다네.

13 | 동인언역동(同人言亦同) : 《주역·계사 상(繫辭上)》「두 사람이 마음을 함께 하면 그 날카로움은 쇠를 끊고, 마음을 함께하여 한 말은 그 향기가 난초와 같다.」(二人同心, 其利斷金, 同心之言, 其臭如蘭)

14 | 충막무짐(沖漠無朕) : 텅 비고 아무 형체도 없는 것이라는 말이다. 《이정유서(二程遺書)》 권15「텅 비고 아무런 형상도 없지만 만상은 빽빽하게 이미 갖추어져 있어 응하지 않음이 앞이 아니고 이미 응함이 뒤가 아니다.」(沖漠無朕, 萬象森然已具, 未應不是先, 已應不是後)

15 | 일견(日見) : 《주역·건괘(乾卦)》「군자는 덕을 이루는 것을 행실로 삼으니 날마다 볼 수 있는 것이 행실이다.」(君子以成德爲行, 日可見之行也)

眞知古所難 진 지 고 소 난	참 앎 옛날부터 어려운 것,
鮮能由新出 선 능 유 신 출	새로 나올 수 있음 드물다네.

158

佛老談極致 불 로 담 극 치	부처와 노자 극치 말한 것,
空色與虛室[16] 공 색 여 허 실	공이 색이라 한 것과 텅 빈 방이라네.
未識實理源 미 식 실 리 원	실제 이치의 근원 알지 못하는데,
焉能免橫出[17] 언 능 면 횡 출	어찌 비스듬히 나옴 면할 수 있겠는가?

16 | 공색(空色) : 《반야심경(般若心經)》「색이 공과 다르지 않고, 공이 색과 다를 바 없으며, 색이 즉 공이요, 공이 즉 색이니라.」(色不異空, 空不異色, 色卽是空, 空卽是色)
허실(虛室) : 《장자·인간세(人間世)》「저 텅 빈 것을 잘 보라. 아무 것도 없는 빈방에 햇빛이 비쳐 환하지 않느냐. 행복도 이 호젓하고 텅 빈 곳에 모이는 것이다.」(瞻彼闋者, 虛室生白, 吉祥止止)

17 | 횡출(橫出) : 《요존록》「《전등록》 한 갈래 불법이 비스듬히 나왔다.」(傳燈錄. 橫出一枝佛法)

159

孔明王佐才[18]
공 명 왕 좌 재

공명은 왕을 보좌할 재주 지니고,

纓冠救同室[19]
영 관 구 동 실

갓끈만 매고 한(漢) 나라와 같은 집
위급함 구원하려 하였다네.

誤出豈隆中[20]
오 출 기 륭 중

잘못 나옴 어찌 융중땅 뿐이이리오?

商山眞誤出[21]
상 산 진 오 출

상산사호도 실로 잘못 나왔다네.

18 | 공명왕좌재(孔明王佐才) : 공명(孔明)은 삼국시대 촉한의 승상 제갈량(諸葛亮 : 181~234)의 자. 송나라 장여우(章如愚)의 《군서고색(羣書考索)》 속집 권42 〈병제·삼국에서 양병하다(兵制門·三國養兵)〉 「안타깝도다! 공명을 늦게 얻음이. 공명은 왕을 보좌할 인재였다.」(惜乎! 得孔明之晩也. 孔明王佐才也)

19 | 영관구동실(纓冠救同室) : 영관은 갓끈으로 갓을 머리에 싸매다는 뜻인데, 제대로 차림을 차리지 못하고 급히 서둘러대는 모습을 가리킨다. 《맹자·이루(離婁) 하》 「이제 같은 집사람이 서로 다투는 사람이 있으면 가서 그를 구해 줄 때 머리털을 풀어헤치고 갓끈으로 갓을 머리에다 싸매고서 그를 구해주어도 괜찮다.」(今有同室之人鬪者, 救之, 雖被髮纓冠而救之, 可也)

20 | 융중(隆中) : 산의 이름이다. 지금의 호북성(湖北省) 양양현(襄陽縣) 서쪽에 있으며, 한수(漢水)에 임하여 있다. 제갈량이 일찍이 이곳에서 은거하였다. 곧 제갈량을 가리키는 말로 쓰였다.

21 | 상산(商山) : 곧 상산사호(商山四皓)를 말한다. 진나라의 폭정을 피하여 상산에 숨어 살던 동원공(東園公)·녹리선생(甪里先生)·기리계(綺里季)·하황공(夏黃公)인데, 유방이 태자를 폐하려고 했을 때 여태후가 장량의 계책을 써서 이들을 불러내어 저지하였다.

160~161. 陶山送鄭子中, 赴關東幕_時子中, 以眞寶縣監, 陞除[1]

도산에서 정자중이 관동의 막부로 부임함에 전송하다_ 이때 자중은 진보 현감에서 승진되어 임명되었다

160

枳棘棲何病[2] 지 극 서 하 병	가시나무에 깃듦 어찌 꺼리리?
專城本爲親[3] 전 성 본 위 친	고을 맡아 다스리려 함 본래 어버이 위함이었다네.

1 | 정자중(鄭子中) : 문봉(文峯) 정유일(鄭惟一 : 1533~1576)의 자. 정유일에 대해서는 《내집》 권3의 86번 시에서 상세히 소개하였다. 이때 정유일은 진보현감에서 강원도의 도사(都事 : 부지사)로 영전되었다. 65세 6월 1일 작.(정석태 《연표·3》 387쪽)

2 | 지극서(枳棘棲) : 지와 극은 탱자나무와 가시나무. 모두 가시가 많아 나쁜 나무로 미천하거나 나쁜 자리를 비유하는 말. 《후한의 역사·구람(仇覽)의 전기》 「당시 고성령현인 하내의 왕환은 다스림에 엄격하고 철저함을 원칙으로 하였는데 구람이라는 사람이 덕으로 사람을 교화시킨다는 말을 듣고 주부에 임명하였다. 구람에게 일러 말하였다. 『주부는 진원의 과실을 듣고 죄를 주지 않고 교화를 하였다 하니 매나 새매와 같은 사나운 뜻이 어찌 조금도 없을 수 있겠는가?』 구람이 말하였다. 『매와 새매가 난새나 봉황보다 못하다고 생각합니다.』 왕환이 사절하여 돌려보내면서 말하였다. 『탱자나무와 가시나무는 난새나 봉황이 깃들 곳이 아니니 이 백 리 밖에 되지 않는 자그마한 고을이 어찌 그대와 같은 큰 인물이 근무할 만한 곳이겠는가?』(時考城令河內王渙, 政尙嚴猛, 聞覽以德化人, 署爲主簿. 謂覽曰, 主簿聞陳元之過, 不罪而化之, 得無少鷹鸇之志邪? 覽曰, 以爲鷹鸇, 不若鸞鳳. 渙謝遣曰, 枳棘非鸞鳳所棲, 百里豈大賢之路?)

3 | 전성본위친(專城本爲親) : 한 성을 주재하는 지방장관을 가리키는 말. 이때 정유일이 진보현감으로 있었기 때문에 이렇게 말하였다. 송나라 유반(劉攽)의 〈장학사가 호주지사로 감에 전송하다(送章學士知湖州)〉 「옛 현인들 어버이 봉양 때문에 지방의 작은 고을살이에 몸을 낮추어 부임하셨는데, 사또께서도 고을원 맡으심에 마음 더욱 기쁘네.」(昔賢為親屈小官, 使君專城情更歡)

朝家急才用 조 가 급 재 용	조정에서 인재 씀 시급하고,
幕職要英掄 막 직 요 영 륜	막부의 관직 빼어난 인재 뽑으려 하네.
嶺海仙遊好 영 해 선 유 호	산과 바다 있는 곳에서 그대는 신선 놀이 좋겠지만.
雲巖別恨新 운 암 별 한 신	구름 덮인 바위에서 나는 이별의 한 새롭구나.
驅馳愼原隰[4] 구 치 신 원 습	달려가는 길에서는 언덕과 습지 삼가고,
到處莫輕身 도 처 막 경 신	이르는 곳마다 몸가짐 가벼이 말게나.

4 | 구치신원습(驅馳愼原隰) : 원습은 넓고 평평하며 낮은 습지. 나아가 언덕과 들을 두루 가리킨다. 남조 양(梁)나라 심약(沈約)의 〈제나라의 고 안륙소왕의 비문(齊故安陸昭王碑文)〉 「이에 넓은 들판에서 말을 달리며 갑옷을 거두어 빨리 행군하였다.」(於是驅馬原隰, 捲甲遄征)

161

憶忝搜灾史 억 첨 수 재 사	재상어사로 뽑혔던 일 생각해보니,
關東只傍西[5] 관 동 지 방 서	관동이 바로 서울 서쪽 곁이었다네.
瀛洲無夙分[6] 영 주 무 숙 분	영주와는 오랜 연분 없었는데,
魂夢柰長迷 혼 몽 내 장 미	넋은 꿈속에서 어찌하여 오래도록 헤매는가?
雪嶽臨瑤海[7] 설 악 림 요 해	설악은 구슬 같은 바다 굽어보고,
銀湖帶玉溪[8] 은 호 대 옥 계	은호는 옥 같은 시내 끼고 있다네.

5 | 억첨~방서(憶忝~傍西) : 아래 원주를 보라.

6 | 영주(瀛洲) : 중국의 동해에 있다는 삼신산의 하나인데 여기서는 정유일이 부임하게 되는 관동 지역을 가리켜서 말하였다.

7 | 설악(雪嶽) : 《고증》「금강산을 가리키며, 혹은 설악산이라고도 한다.」(指金剛山, 或曰雪岳山)

8 | 은호(銀湖) : 《고증》「경포대이다.」(鏡浦臺)

臥遊吾晩興[9]
와 유 오 만 흥

누워서 유람함 내 늘그막 흥취인데,

憑子好評題
빙 자 호 평 제

그대 덕에 그림들 평가 잘 받아야 하겠네.

往在壬寅歲, 奉命檢灾于關道, 所檢五邑, 皆在嶺西, 遂使羲之長抱岷嶺之恨[10], 故云. 乙丑季夏, 陶山病逸叟書

지난 임인년(1542)에 어명을 받자와 관동도에서 재해를 조사하였는데 조사한 다섯 고을이 모두 영서쪽에 있어서 마침내 왕희지로 하여금 민령의 한을 오래도록 품게 하였으므로 이렇게 말하였다. 을축년(1565) 늦여름에 도산의 병들어 숨어 사는 늙은이 쓰다

9 | 와유(臥遊) : 직접 가보지는 못하고 산수화를 감상하는 것으로 유람을 대신하는 것을 말한다. 《남조 송나라의 역사·종병의 전기(宋書·宗炳傳)》「병이 나서 강릉으로 돌아가면서 탄식하여 말하였다. 『늙음과 병이 한꺼번에 이르러 명산을 두루 보기가 어려울 것 같으니 맑은 마음으로 길이나 살피며 누워서 유람해야겠다.』 모든 놀러갔던 곳을 집에다 다 그려놓았다.」(有疾還江陵, 歎曰, 老疾俱至, 名山恐難徧睹, 唯當澄懷觀道, 臥以游之. 凡所游履, 皆圖之於室)

10 | 민령지한(岷嶺之恨) : 민령은 사천성 북쪽에 있는 산으로 문령(汶嶺)이라고도 하며, 양자강과 황하게 양쪽에서 발원한다. 주무(周撫)라는 사람이 서진이 동진으로 바뀌는 혼란기에도 40여 년 동안 촉군 태수를 지냈는데, 경내가 자못 안정되어 있었기 때문에 왕희지(王羲之)가 주무에게 보낸 편지(《十七帖》)에서 「그대가 그곳에 계실 적에 문령과 아미산에 올랐다가 돌아온다면 정말 말할 수 없는 좋은 일이 되겠는데요.」(卿在彼, 登汶嶺、峨眉而旋, 實不朽之盛事)라고 하였으나 끝내 그 일을 성취하지 못하였다. 강원도 춘천 부근의 산을 「민산」이라고 부르기도 한다.

162. 題子中關東行錄[1]

자중의 〈관동 여행록〉에 적다

觀海登山聞孔孟[2]
관 해 등 산 문 공 맹

바다 구경 산에 오름
공자와 맹자에게 들어,

一生長願在關東
일 생 장 원 재 관 동

내 일생토록 오래오래
관동에서 벼슬하기 바랐다네.

因君筆下森融結[3]
인 군 필 하 삼 융 결

그대 써내려감
빽빽이 한데 맺혀,

發我胸中浩壯雄
발 아 흉 중 호 장 웅

내 가슴속에
넓고 씩씩함 발하게 한다네.

1 | 정유일이 강원도사로 1년간 근무하면서 강원도 산수를 읊은 것이 《관동행록》인데 임진란 때 실전되었다고 한다. 퇴계 65세 작.(권오봉 《대전》 790쪽)

2 | 관해~문공맹(觀海~聞孔孟) : 《맹자·마음을 다함(盡心) 상》「맹자가 말하였다. 『공자는 동산에 올라 노나라를 작게 여겼고 태산에 올라 천하를 작게 여겼다. 그러므로 바다에서 본 자는 물을 말로 표현하기 어렵고, 성인의 문하에서 노닌 자는 성인을 말로 표현하기가 어렵다.』」(孟子曰, 孔子登東山而小魯, 登太山而小天下, 故觀於海者難爲水, 遊於聖人之門者, 難爲言)

3 | 융결(融結) : 융합하여 엉긴 것. 진(晉)나라 손작(孫綽)의 〈천태산에서 놀다(游天台山賦)〉「녹여서 내와 도랑을 만들고 묶어서 산과 구릉을 만들었다.」(融而為川瀆, 結而為山阜)

神遶三臺遊縹緲
신 요 삼 대 유 표 묘

정신은 세 대 두르며
아득하게 놀고,

氣凌雙嶽跨鴻濛[4]
기 릉 쌍 악 과 홍 몽

기운은 두 뫼부리 뛰어넘어
우주의 원기 타고 앉았다네.

從今壽樂應眞得
종 금 수 락 응 진 득

이제부터 장수와 안락함
참으로 얻으리니,

肯爲虀鹽嘆道窮[5]
긍 위 제 염 탄 도 궁

기꺼이 야채절임과 소금반찬
궁하다고 탄식하여 말하겠는가?

4 | 삼대·쌍악(三臺·雙嶽) : 《고증》「선생의 수고본에 의하면 경포와 허이[허종과 이육이 놀다간 곳], 능파가 세 대이고, 풍악과 치악이 쌍악이다.」(案先生手本, 鏡浦許李凌波爲三臺, 楓岳雉岳爲雙嶽)
홍몽(鴻濛) : 곧 홍몽(鴻蒙)과 같다. 우주가 형성되기 이전의 혼돈상태를 말하는데, 원기라는 뜻으로 쓰인다. 《장자·재유(在宥)》「운장이 동쪽에서 노닐다가 부요의 나뭇가지를 지나던 중에 홍몽과 만나게 되었다.」(雲將東遊, 過扶搖之枝, 而適遭鴻蒙)

5 | 제염(虀鹽) : 당나라 한유의 〈궁귀를 떠나보내다(送窮文)〉「태학에 있는 4년 동안 아침에는 야채 절임 저녁에는 소금만 먹었는데 나만이 궁귀인 너를 지켜주었고 남들은 모두 싫어하였다.」(太學四年, 朝虀暮鹽, 惟我保汝, 人皆汝嫌)

163~164. 示金而精[1]

김이정에게 보이다

163

溪上重逢意若何 계 상 중 봉 의 약 하	시냇가에서 다시 만나니 뜻 어떠한가?
君顔如渥我顚華[2] 군 안 여 악 아 전 화	그대 얼굴 여전히 윤기 있는데 나는 백발 다 되었다네.
幾年魂夢傷迢遞 기 년 혼 몽 상 초 체	몇 년이런가? 넋 꿈속에서 멀고 먼 것을 걱정한 것이,
今日相看亦已多 금 일 상 간 역 이 다	오늘 그대 만나 보니 정말 이미 다행스럽다네.

1 | 김이정(金而精) : 잠재(潛齋) 김취려(金就礪 : 1526~?)의 자이다. 달리 호를 정암(整庵)이라고 하였다. 김취려에 대해서는 내집 권3 116번 시의 주 1)을 보라.

2 | 군안여악(君顔如渥) : 《시경·진(秦)나라의 민요·종남산(終南)》「얼굴 단사 칠한 듯 윤기 넘치니, 바로 우리 임금일세.」(顔如渥丹, 其君也哉)

164

對山那復說人間
대 산 나 부 설 인 간

산 마주하고 있는 나에게 어찌 다시
인간세계 말하겠는가?

問疾唯輸藥裏看
문 질 유 수 약 리 간

병문안 하려면 오로지
약 싸서 놓은 것 보고 말해야 하리.

舊學正須重理緖
구 학 정 수 중 리 서

옛날 배운 것 모름지기
거듭 실마리 가다듬어 보아야 하고,

新知還與更求端
신 지 환 여 갱 구 단

새로 안 것 도리어 함께
다시 단서 구해야 한다네.

165. 余病去陶山, 秋涉冬矣. 今察日溫, 與而精來尋, 頗有羲之俛仰陳迹之歎[1], 得一絶, 以示而精云

내 병으로 도산서당을 떠났는데 가을에서 겨울을 지났다. 이제 살펴보니 날이 따뜻하여 이정과 함께 찾아왔는데 자못 왕희지의 고개를 숙였다가 쳐드는 사이에 묵은 자취가 되었다는 탄식이 있었으며 절구 한 수를 짓게 되어 이정에게 보인다

病來驅我入溪莊[2] 병 래 구 아 입 계 장	병고가 나 몰아내어 계장에 들어가 있었더니,
雲掩山房鳥下堂 운 엄 산 방 조 하 당	구름이 도산의 집 가리고 새는 서당에 내려 앉았구나.
今日與君來寓目 금 일 여 군 래 우 목	오늘 그대와 함께 와서 눈길 잠깐 주어보니,
山增嶷嶷水洋洋[3] 산 증 억 억 수 양 양	산은 더욱 삐죽삐죽하고 물은 더욱 넘실댄다네.

1 | 희지~지탄(羲之~之歎) : 진(晉)나라 왕희지(王羲之)의 〈난정에서 지은 시집의 서문(蘭亭集書)〉「저번에 기뻐하던 것이 고개를 한번 숙였다 쳐드는 사이에 묵은 자취가 되고 말았으니 더욱이 그 때문에 감회가 일지 않을 수 없다.」(向之所欣, 俛仰之間, 以爲陳迹, 尤不能不以之興懷)

2 | 계장(溪莊) : 권1 85번 시의 주 1)을 보라.

3 | 수양양(水洋洋) : 성대한 모양을 나타내는 의태어. 《시경·위(衛)나라의 민요·크신 님(碩人)》「황하의 물은 넘실넘실, 북으로 콸콸 흐른다네.」(河水洋洋, 北流活活)

166. 次韻而精書齋偶吟

이정의 서재에서 우연히 읊조리다라는 시의 각운자를 써서 짓다

君來如濯我神淸 군 래 여 탁 아 신 청	그대 오니 내 정신 씻은 듯이 맑아,
警切何須座右銘[1] 경 절 하 수 좌 우 명	경계함 절실하니 어찌 좌우명 필요하리.
不怕溪寒侵病骨[2] 불 파 계 한 침 병 골	시내의 추위 병든 뼈로 스미어듦 두려워하지 않고,
聯床日夕聽溪聲 연 상 일 석 청 계 성	침상에 나란히 누워 저녁에 시냇물 소리 듣는다네.

1 | 하수좌우명(何須座右銘) : 송나라 대복고(戴復古)의 〈감개를 기탁하다(感寓)〉 제3수 「스스로 마음에 부끄러움 없음 깨달으니, 어찌 좌우명 필요하겠는가.」(自覺心無愧, 何須座右銘)

2 | 송나라 유자휘(劉子翬)의 〈명중의 은거하는 곳에 봄이 오다라는 시의 각운자를 써서 짓다(次韻明仲幽居春來)〉 제9수 「남은 추위 병약한 몸에 스밈 어쩌지 못하겠고, 농사 짓는 일 취미 없어 도리어 돌아온다네.」(不奈餘寒侵病骨, 耡耰無味却歸來)

167. 東厓許相公有嗣子[1], 素聞其志行高峻, 令而精誦其絶句[2]. 又知其文雅如此, 嘉歎之餘, 用其韻, 見意云

동애 허상공에게 사자가 있는데 평소에 그 지행이 높고 빼어나다는 것을 듣고 이정으로 하여금 그가 지은 절구를 암송하게 하였다. 또한 그의 글이 이렇게 아름다움을 알고 찬탄하던 나머지 그 각운자를 써서 뜻을 드러내 보인다

人去堂空帶玉淵 인 거 당 공 대 옥 연	사람 떠나고 집 비었는데 옥 같은 연못 감돌고 있고,
嗣賢佳句想江山 사 현 가 구 상 강 산	어짊 이은 이의 아름다운 구절 그 강산 생각나게 하네.

1 | 동애(東厓) : 《고증》「동애는 곧 허남중이다.」(東厓卽許南仲) 남중은 허자(許磁 : 1496~1551)의 자이며, 상세한 것은 《내집》 권1 206번 시의 주 1)을 보라.

사자(嗣者) : 《고증》「이름은 강이고 자는 사아이며, 천거되어 별제를 제수받았으나 나아가지 않았다. 강호를 마음껏 떠돌았으며 서호처사로 불렀다.」(名橿, 字士牙, 薦授別提不出. 放迹江湖, 謂之西湖處士) 허강(1520~1592)이 본관은 양천(陽川)이며. 토정 이지함의 친구로 호는 강호거사(江湖居士)이다. 저서로 《송호유고(松湖遺稿)》가 있으며, 가사 7수가 전한다.

2 | 령(令) : 문집의 난외주에서는 「이제 금」(今)자로 된 판본도 있다고 하였다.

典刑不受東華沒[3]
전 형 불 수 동 화 몰

법도 지켜 동화문에
빠짐 받아들이지 않았으니,

肯負當年物外閒[4]
긍 부 당 년 물 외 한

그 당시 속세 바깥에서 한가로이 지냄
어찌 저버리려 했겠는가?

3 | 동화(東華) : 궁성의 동쪽문 이름. 송(宋)나라 심괄(沈括)의 《몽계필담·고사(夢溪筆談·故事) 1》「지금 학사들은 처음 배알할 때 동화문으로 들어가 승천문의 왼쪽에 이르러 말에서 내렸다.」(今學士初拜, 自東華門入, 至左承天門下馬) 이로 인해 조정을 나타내기도 하고 또 조정에서 벼슬하는 것을 가리키기도 하였다. 송나라 육유(陸游)의 〈중인 평로가 도성에서 돌아와 나를 방문하여 이운당 시를 구하다(仗錫平老, 自都城回, 見訪, 索怡雲堂詩)〉「동화문의 고운 먼지 날아와 모자 때리는데, 황금 굴레한 말들은 사람들 보고 좋아한다네.」(東華軟塵飛撲帽, 黃金絡馬人看好)

4 | 당년물외한(當年物外閒) : 물외는 세외(世外), 곧 속세[塵世]의 바깥으로 초탈한 것을 가리킨다. 《고증》「허공이 이미 녹훈을 사절하고 권신과 간신의 마음을 거슬러 다시는 임용되지 않자, 서호의 이우정에서 거처하며 당시의 일에 간여하지 않았다.」(案, 許公旣辭錄勳, 忤權奸, 不復任用, 居西湖之二憂亭, 不預時事)

168. 病中承惠慶歲佳句, 次韻謝意, 冀一念賜笑覽[1]

병중에 새해를 축하하는 아름다운 시를 받고 같은 각운자를 써서 지어 감사하는 뜻을 나타내고, 다만 한번 웃으면서 보아주시기를 바란다

誤君千里學求全 오 군 천 리 학 구 전	그대 천리 길에 학문 온전히 구함 그르쳤고,
愧我隣非合孟遷[2] 괴 아 린 비 합 맹 천	나 이웃의 맹모의 옮김과 합치되지 않음이 부끄럽네.
莫把瓊章來賀歲[3] 막 파 경 장 래 하 세	아름다운 글 갖고 와서 새해 축하하지 마시게나,
病過六十枉增年 병 과 육 십 왕 증 년	병으로 예순 살 지나 헛되이 나이만 더하였으니.

1 | 《요존록》「이때 이정[김취려]이 도산의 서재에서 설을 지냈다.」(時而精過歲於陶山書齋) 60세 12월 30일에 지음.(정석태 《연표·3》 68쪽)

2 | 맹천(孟遷) : 학업환경을 바꾸기 위해 부단히 노력한다는 뜻의 맹모삼천(孟母三遷)을 말한다. 한나라 유향(劉向)의 《열녀전·추맹가모(列女傳·鄒孟軻母)》에 보인다.

3 | 경장(瓊章) : 남의 시문을 아름답게 일컫는 말.

169. 寄子中[1]

자중에게 부치다

得罷歸來好 그대 벼슬 그만두게 되니 돌아옴 좋고,
득 파 귀 래 호

因閒事業新 몸 한가해지니 공부할 일 새롭겠지.
인 한 사 업 신

白頭迷去就 나 머리 희어져가며
백 두 미 거 취
　　물러날까 나아갈까 헤매다보니

唯覺病添身 오로지 병만 몸에 더하여짐 느끼게 되네.
유 각 병 첨 신

1 | 자중(子中) : 문봉(文峯) 정유일(鄭惟一 : 1533~1576)의 자. 정유일은 《내집》 권3의 86번 시에 보인다.

170. 寄汾川李大成[1]

부내의 이대성에게 부치다

野色千般媚
야 색 천 반 미

들의 경치 천 가지 모양으로 아름답고,

山花百態濃
산 화 백 태 농

산의 꽃은 백 가지 모습으로 짙네.

良朋偶然集
양 붕 우 연 집

훌륭한 벗 우연히 모인다는데,

佳雨尙餘濛
가 우 상 여 몽

반가운 비 오히려 부슬부슬 내리고 있네.

1 | 이대성(李大成) : 벽오(碧梧) 이문량(李文樑 : 1498~1581)의 자이다. 농암의 차남으로 달리 호를 녹균(綠筠)이라고도 하였다. 상세한 것은《내집》권2 55번 시의 주 1)을 보라.

老去諳時事[2]
노 거 암 시 사

나 늙어가며 시속의 일 더욱 알게 되어,

愁來得酒功[3]
수 래 득 주 공

근심스러울 때는 술의 힘 얻는다네.

莫敎風作惡
막 교 풍 작 악

바람 모질게 일게 하여,

明日詠殘紅[4]
명 일 영 잔 홍

내일 그대들 남은 꽃이나만
읊게 하지 말았으면.

2 | 노거암시사(老去諳時事) : 당나라 백거이의 〈늦여름에 한가로이 거처하는데 찾아오는 빈객이라고는 전혀 없어 유몽득을 찾아보고자 하여 먼저 이 시를 부친다(晩夏閒居, 絶無賓客, 欲尋夢得, 先寄此詩)〉「늙어서 시속의 일 더욱 잘 알게 되었고, 한가하니 사물의 정리 더 많이 보이네.」(老更諳時事, 閒多見物情)

3 | 주공(酒功) : 《고증》「백거이의 글에 〈주공찬〉이 있다.」(白樂天有酒功贊) 〈주공찬〉에는 다음과 같은 말이 있다. 「화함을 품는다는 것은 무엇인가? 탁주 한 동이면 서리 낀 하늘 눈 오는 밤에 추위를 따뜻하게 바꾼다네. 영험함을 낳는다는 것은 무엇인가? 청주 한 잔이면 떠난 사람 옮겨가는 손님의 근심을 즐거움으로 바꾼다네.」(孕和者何? 濁醪一樽, 霜天雪夜, 變寒為温. 産靈者何? 淸醑一酌, 離人遷客, 轉憂爲樂)

4 | 풍작악~영잔홍(風作惡~詠殘紅) : 송나라 왕안석(王安石)의 〈월지방 사람들이 장막을 쳐서 꽃을 길러 그 아래서 놀다(越人以幕養花, 游其下)〉 제2수 「아직도 남은 붉은 꽃 있으나 이미 슬퍼할 만한데, 더욱 슬플 것은 고개 돌리면 다만 가지에 아무것도 없는 것이리라. 신세 도무지 일이라고는 없어졌으니 잠 지나고 봄바람 모질게 일더라도 탄식일랑 하지 말아야지.」(尙有殘紅已可悲, 更憂回首秪空枝. 莫嗟身世渾無事, 睡過春風作惡時)

171. 竹閣曾有二刻, 已不勝愧. 今又索題, 恐或重涴, 故前者辭之. 書來再督, 只以一絶, 塞責, 千萬勿掛他眼, 幸甚[1]

죽각에 일찍이 (황중거와 내 시의) 두 판각이 있게 된 것도 이미 부끄러움을 이길 수 없다. 이제 또 지어주기를 구하니 혹 너무 더럽히는 것이나 아닐까 하여 지난번에 사절하였다. 편지를 보내와 거듭 독촉하므로 다만 절 구 한 수로 책임이나 메우니 부디 남들 눈길이 가는 곳에나 걸지 말았으면 매우 다행이겠다

二黃相繼政如神 이 황 상 계 정 여 신	두 황씨 서로 이어가며 다스림 신과 같았는데,
溪閣曾新又一新 계 각 증 신 우 일 신	시냇가 누각 새로웠었는데 또 한번 새로워졌구나.
遙想碧圍千挺玉[2] 요 상 벽 위 천 정 옥	아득히 상상되는구나! 푸름이 천 줄기 옥을 에워싸는데,

1 | 《고증》「죽각은 황중거가 신령군수로 있을 때 지은 것이다.」(竹閣仲擧在新寧時所構) 죽각은 신령의 객관 안에 지은 것으로《내집》권2 63번 시의 주 1)에 보인다.

2 | 벽위천정옥(碧圍千挺玉) : 대나무를 아름답게 표현한 말이다. 정(挺)은 여기서 단위사로 쓰였다.

鳴琴坐見物皆春[3]
명 금 좌 견 물 개 춘

거문고 울림 속에 만물이
모두 봄빛 띄운 것 갑자기 보이는 것 같음을.

黃仲擧·黃任老[4]

황중거와 황임로이다

3 | 명금(鳴琴) : 고을을 다스리는 것을 말한다. 공자의 제자인 복자천에게서 비롯된 말이다. 《여씨춘추·찰현(呂氏春秋·察賢)》「복자천이 선보를 다스리는데 거문고를 연주하며 몸은 대청을 내려오지 않아도 선보는 잘 다스려졌다.」(宓子賤治單父, 彈鳴琴, 身不下堂而單父治)

4 | 황임로(黃任老) : 《고증》「들어본 적이 없다.」(未聞)

172~176. 次韻李庇遠見寄[1]

이비원이 부쳐온 시의 각운자를 써서 짓다

172

昨訪茅廬退澗濱
작 방 모 려 퇴 간 빈

어제는 그대 퇴계의 시냇가에 있는
　나의 띳집을 찾았는데,

歸來依舊在風塵
귀 래 의 구 재 풍 진

돌아왔느나 여전히
　바람 속 먼지 속에 있다네.

偶過見憶尋眞路
우 과 견 억 심 진 로

우연히 지나는 길에 들러주니
　그대 참된 길 찾던 일 생각났는데,

佳句相投愧故人
가 구 상 투 괴 고 인

아름다운 시구까지 나에게 보여주니
　옛 벗에게 부끄러워지네.

1 | 이비원(李庇遠) : 이국량(李國樑 : 1517~1554)의 자. 호는 양곡(暘谷)이고, 본관은 영천(永川)이다. 농암(聾巖)의 아우인 이현준(李賢俊)의 아들이며 진사이다. 퇴계의 문인이며 또한 질서(姪壻)이다. 《내집》 권2 49번 시에 보인다.

173

野興山情自愜人[2]
야 흥 산 정 자 협 인

들의 흥취 산의 정취
　저절로 사람 흡족케 하니,

此間長願葆淸眞[3]
차 간 장 원 보 청 진

이곳에서 오래도록 바라네,
　맑고 진실함 지키게 되기를.

聞君又卜孤山勝
문 군 우 복 고 산 승

듣자하니 그대 또한
　고산의 빼어난 곳에 터 잡았다는데,

隣契同期寂寞濱[4]
린 계 동 기 적 막 빈

이웃의 정의로 함께 기약하세,
　적막한 물가에서 함께 놀 것을.

右, 過退溪見憶

위의 시는 퇴계를 지나다가 들러주어 옛 생각이 나서 짓다

2 | 야흥산정(野興山情) : 산정은 산의 경치 때문에 일어나는 정취를 말한다. 북위(北魏) 양현지(楊衒之)의 《낙양가람기·정시사(洛陽伽藍記·正始寺)》「울퉁불퉁 돌이 깔린 길은 막힌 듯하면서도 통하였으며 가파른 시냇가의 길은 빙 굽었다가는 다시 곧아졌다. 이런 까닭에 산의 정취와 들의 흥취를 즐기는 선비들이 놀면서 돌아가는 것을 잊었다.」(崎嶇石路, 似壅而通, 峥嵘澗道, 盤紆復直. 是以山情野興之士, 遊以忘歸)

3 | 보(葆) : 보(保)자와 같은 뜻으로 쓰였다.

4 | 적막빈(寂寞濱) : 당나라 한유의 〈최립지에게 답함(答崔立之書)〉「넓고 한가로운 들판에서 밭 갈고, 적막한 물가에서 낚시를 한다.」(耕於寬閒之野, 釣於寂寞之濱)

174

蒼蒼竹嶺似函關
창 창 죽 령 사 함 관

어슴푸레한 죽령 고개
함곡관 비슷한데,

作吏東西兩載間[5]
작 리 동 서 량 재 간

동쪽과 서쪽에서 관리 되어
두 해를 보냈다네.

忽有飛鴻傳尺素[6]
홀 유 비 홍 전 척 소

별안간 나는 갈매기
한 자 편지 전하니,

遙憐孤鶴入仙山
요 련 고 학 입 선 산

아득히 외로운 학
신선 산에 듦 그리워하네.

5 | 작리동서(作吏東西) : 《고증》「풍기와 단양군수를 말한다.」(豐基丹陽)

6 | 홀유~전척소(忽有~傳尺素) : 척소(尺素)는 한 자 되는 비단이라는 뜻인데, 옛날에는 비단에다 편지를 많이 썼으므로 편지라는 뜻으로 쓰인다. 송나라 우주(虞儔)의 〈임정보가 화답한 쌍아암시를 화답하여 쓴 시와 비슷한 시를 거론하고 아울러 함께 읊기를 구하다(林正甫, 擧似所和雙丫巖詩, 且索同賦)〉「차라리 산 꼭대기의 망부석 된다면, 혹 나는 기러기가 편지라도 전해줄 것인데?」(寧為山頭望夫石, 儻有飛鴻傳尺素)

碧窓味道偏宜靜 벽 창 미 도 편 의 정	짙푸른 창안에서 도 맛 봄 다만 고요해야 하고,
黃卷尋人最在閒 황 권 심 인 최 재 한	누런 책 속에서 옛 사람 찾음 가장 한가로워야 한다네.
若便箇中眞得樂 약 변 개 중 진 득 락	바로 그 가운데서 참으로 즐거움 얻는다면,
一匡應不羨齊桓[7] 일 광 응 불 선 제 환	한번 바로 잡음 제나라 환공 전혀 부럽지 않으리라.

右, 喜聞入淸凉山, 淸凉寺讀書

위는 청량산의 청량사로 들어가 글 읽는다는 소리를 듣고 기뻐하여 짓다

7 | 일광~제환(一匡~齊桓) : 《사기·관중과 안영의 열전(管晏列傳)》「관중은 기용되자마자 제나라의 국정을 맡았는데, 제환공이 패권을 잡고 여러 번 제후를 규합하여 천하를 한번 바로잡은 것은 관중의 계책이다.」(管仲旣用, 任政於齊, 齊桓公以霸, 九合諸侯, 一匡天下, 管仲之謀也) 이 구절은 마음의 혼란을 정리한 것이 제환공이 천하를 바로잡은 것보다 낫다는 것을 말한다.

175

但覺行吟句轉奇
단 각 행 음 구 전 기

읊조리며 가는데 구절
갈수록 기이해짐 느낄 수만 있다면,

不妨驢脚傍山遲
불 방 려 각 방 산 지

나귀 발 산 끼고
느릿함 무엇 거리끼겠는가?

誰能畫出孤山境[8]
수 능 화 출 고 산 경

누가 고산의 멋진 경개
그려낼 수 있겠는가?

迎得騷人作主時
영 득 소 인 작 주 시

시인 맞이하여
주인으로 삼았던 때를.

右尋孤山遇雨韻

위는 고산을 찾았는데 비를 만나다라는 시의 각운자를 써서 짓다

8 | 고산(孤山) : 예안현 동북쪽 30리, 청량산 아래에 있으며, 《내집》 권1에 이곳을 읊은 시(90번 시)가 있다.

176

長憶彌川可鑑心[9]
장 억 미 천 가 감 심

메네 긴 소에 내 마음 비추어볼 수 있을지
오래도록 생각하는데,

月明潭洞更幽深[10]
월 명 담 동 갱 유 심

월명담 골짜기는
더욱 그윽하고 깊다 하네.

人間絕境應難得[11]
인 간 절 경 응 난 득

인간세상에 빼어난 곳
얻기 어려울 텐데,

物外唯君獨去尋
물 외 유 군 독 거 심

세상 밖으로 오직 그대만
홀로 찾아 들어갔다네.

手把犂鋤爲活計[12]
수 파 리 서 위 활 계

손으로는 생기와 호미 잡고
살아갈 계책 삼고,

9 | 미천(彌川) : 곧 미천장담으로 우리 말로는 메네 긴 소라고 한다. 《내집》 권1 95번 시에 보인다.

10 | 월명담(月明潭) : 《내집》 권1 92번 시에 보인다.

11 | 절경응난득(絕境應難得) : 송나라 임포(林逋)의 〈취미정(翠微亭)〉 「빼어난 경계 오래도록 얻기 어려워, 뜬 인생 돌아가지 않으려 하네.」(絕境長難得, 浮生不擬歸)

12 | 수파리서(手把犂鋤) : 당나라 한유의 〈당구에게 드림(贈唐衢)〉 「어찌하여 그대는 홀로 기이한 재능 안고서, 손으로 호미와 쟁기 잡고 빈 골짜기에서 굶주리는가? 지금 천자께서는 현명하고 어진이 급히 구한다네.」(奈何君獨抱奇材, 手把鋤犂餓空谷, 當今天子急賢良)

園挑參朮養靈襟
원 도 참 출 양 령 금

동산에선 인삼과 백출 캐어
신령한 마음 키운다네.

鏡中白髮催歸興[13]
경 중 백 발 최 귀 흥

거울 속의 내 흰 머리칼 그대 같이
돌아가는 흥겨움을 부추기고 있어,

臘雪寒燈到曉吟
납 설 한 등 도 효 음

섣달 눈 내리는 밤 차가운 등불 아래
새벽 되도록 읊조리고 있다네.

右, 自白雲洞之上, 有長潭. 俗呼其地曰彌川, 可泛舟. 又其上月明潭, 尤爲異境云[14]

위는 백운동 위에는 장담이 있다. 속칭 그곳을 미천이라 하는데 배를 띄울 수 있다. 또 그 위는 월명담인데 더욱 경계가 기이하다고 한다.

13 | 경중백발(鏡中白髮) : 송나라 육유(陸游)의 〈또 짓다(又)〉 「세상 구제함 이따금 생각만 생겨나지만, 거울 속의 흰 머리칼 사람 쉬게끔 권하네.」(濟世有時生一念, 鏡中白髮勸人休)
최귀흥(催歸興) : 주자의 〈덕화 아우가 무원으로 돌아감에 전송하다(送德和弟歸婺源)〉 「가을 바람 무슨 일로 돌아갈 마음 재촉하는가? 민산 걸어 나오니 누런 낙엽 쌓여 있네.」(秋風何事催歸興, 步出閩山黃葉堆)

14 | 백운동(白雲洞) : 《내집》 권1 96번 시에 보이는데, 자주(自註)에서 말하기를 「백운동을 옛날에는 배호지라고 불렀으나, 곧 그릇된 사투리다」(舊呼船乎知, 乃鄉音之誤也)라 하였다. 백운동, 미천장담과 함께 모두 도산 9곡에 있는 지명이다.

177. 次李公幹韻[1]

이공간이 지은 시의 각운자를 써서 짓다

壬戌初秋月既望 임 술 초 추 월 기 망	임술년 첫 가을 보름 다음날,
將遊赤壁恨乖逢[2] 장 유 적 벽 한 괴 봉	적벽에서 놀려다가 만나는 일 어긋남 한스럽네.
高情我豈眞多讓 고 정 아 기 진 다 양	높은 정취 내 어찌 실로 많이 양보하겠는가?
好事天應惜再容 호 사 천 응 석 재 용	좋은 일 하늘이 응당 아끼어 다시 허용할 것이라네.

1 | 이공간(李公幹) : 농암 이현보의 넷째 아들인 하연(賀淵) 이중량(李仲樑 : 1504~1582)의 자. 상세한 것은 《내집》 권1 36번 시의 주 2)를 보라. 이 때[1562년, 62세] 적벽놀이에 관련된 시가 이 시 이외에도 《내집》 권3 등에 3수나 더 있다. 《연표 3》, 184쪽 참조.

2 | 임술~유적벽(壬戌~遊赤壁) : 기망(既望)은 보름 다음날로 곧 음력 16일을 말한다. 송나라 소식의 〈먼저 지은 적벽부(前赤壁賦)〉 「임술년 가을 7월 16일에 나는 객과 함께 배를 띄우고 적벽 아래에서 놀았는데 맑은 바람이 천천히 불어오고 물결은 일지 않았다.」(壬戌之秋七月既望, 蘇子與客泛舟, 遊於赤壁之下, 淸風徐來, 水波不興)

劇雨狂瀾遽如許[3] 극 우 광 란 거 여 허	맹렬한 비며 미친 듯한 물결 갑자기 저렇게 치니,
淸風明月坐成空[4] 청 풍 명 월 좌 성 공	맑은 바람이며 밝은 달일랑 마침내 헛되이 되었다네.
終令鞅掌西州牧[5] 종 령 앙 장 서 주 목	부질없이 분주하게 만들었구나, 서쪽 고을의 원님으로 하여금,
牢落漁樵郤笑東 뇌 락 어 초 각 소 동	쓸쓸한 고기잡이며 나무꾼들 조차도 오히려 동쪽선비들 비웃게 하였다네.

3 | 극우(劇雨) : 폭우(暴雨)와 같은 뜻이다.

4 | 좌(坐) : 많은 뜻이 있는데, 여기서는 드디어, 마침내[遂], 갑자기[頓, 遽]의 뜻으로 쓰였다.

5 | 앙장(鞅掌) : 맡은 일이 분주하고 바쁨을 말한다. 《시경·소아·북산(北山)》「혹은 집에서 편안히 누웠다 일어났다 하고, 혹은 임금님 일로 분주하다네.」(或棲遲偃仰, 或王事鞅掌) 주자의 주석 「앙장은 모양을 잃는 것이니, 일이 번거롭고 수고로워 모양을 낼 겨를이 없는 것이다.」(鞅掌, 失容也, 言事煩勞不暇爲儀容也)

서주목(徐州牧) : 서쪽 고을의 목사라는 뜻인데, 여기서는 이 시의 제목이 나오는 이공간이 사는 곳보다는 서(북)쪽에서 고을원 벼슬을 하고 있는 어떤 사람을 말한다. 그 원님을 비롯하여 그 고을 사람들에게까지 이 적벽놀이 행사 준비를 부탁하였을 것으로 보인다.

178~179. 康將軍池亭, 次權士遇韻_康希哲[1]

강 장군의 지정에서 권사우가 지은 시의 각운자를 써서 짓다_강희철

178

清明時節欲花村[2]
청 명 시 절 욕 화 촌

청명의 절기
꽃 피려는 마을에서,

會賞將軍絶勝園
회 상 장 군 절 승 원

마침 장군의
빼어난 동산 감상하였다네.

1 | 강장군지정(康將軍池亭) : 《고증》「강희철(康希哲 : 1492~1583)의 관직은 절충장군(정3품)이며, 젊었을 때는 무예를 배웠고 만년에는 안동부 서쪽의 가야촌으로 물러나 쉬었으며, 나이가 90을 넘었다. ○ 지정은 곧 장군이 물러나 쉬던 곳이다. 권응정이 부사가 되었을 당시의 이름은 함경당이었으며, 당은 지금의 함벽당으로 유경시의 별장이다.」(康官折衝, 少時學武, 晩年退休于安東府西佳野村, 年踰九十○案池亭卽將軍退休之所也. 權公應挺爲府使時, 名涵鏡堂, 堂今爲涵碧堂, 柳敬時別墅)
강희철은 본관이 신천(信川)이고, 자는 원명(原明)이다. 호는 함경당(涵鏡堂). 훗날 무직으로 당상관에 올랐다. 《요존록》「권응정은 부사로 (서은)암과 (함경)당의 이름을 지었다.」(權應挺爲府使, 名庵及堂)
권사우(權士遇) : 묵암(默巖) 권응정(權應挺 : 1498~1564)의 자이다. 《퇴계집》 권45에 〈권동지 응정에게 올리는 제문(祭權同知應挺文)〉이 있다. 상세한 것은 《내집》 권3 178번 시의 주 1)을 보라.

2 | 시절(時節) : 여기서는 그냥 절기(節氣) 정도의 뜻으로 쓰였다.

月榭敞明臨水竹[3]
월 사 창 명 림 수 죽

달 감상하는 정자 높고 밝아
물가의 대나무 굽어보고,

雲關迢遞隔塵喧[4]
운 관 초 체 격 진 훤

구름 관문 아득하게
속세의 시끄러움 떼어놓네.

窓間影動魚游沼
창 간 영 동 어 유 소

창 사이로 그림자 움직임
물고기 못에서 놂이요,

座上春融酒滿樽
좌 상 춘 융 주 만 준

좌중에서는 봄 무르녹으니
술은 바리에 가득하다네.

老我强吟追盛作
노 아 강 음 추 성 작

늙은 나 억지로
훌륭한 시 따라 읊조리니,

愧將名字傍楣門
괴 장 명 자 방 미 문

내 이름 새긴 시 문미 곁에
걸어두기 부끄럽다네.

涵鏡堂
함경당

3 | 월사(月榭) : 달을 감상하는 누대나 정자를 말한다.
임수죽(臨水竹) : 송나라 소식의 〈임인년 2월에 조칙으로 군리들이 속현으로 나누어 가서 수금하는 것을 줄여서 판결하게 하였다. 13일부터 명을 받고 부를 나서……(壬寅二月, 有詔令郡吏分往屬縣減決囚禁. 自十三日受命出府……)〉「산 가까이서는 보리 일찍 패었고, 물 굽어보는 곳에서는 대나무 숲 길게 자랐다네.」(近山麰麥早, 臨水竹篁修)

4 | 격진훤(隔塵喧) : 당나라 맹호연(孟浩然)의 〈농가에서 짓다(田家作)〉「허물어진 오두막 속세의 시끄러움 떼어놓아, 오직 먼저 평소의 편암함 기른다네.」(弊廬隔塵喧, 惟先養恬素)

179

亭在山阿窈復深 정 재 산 아 요 부 심	정자 산 언덕에 있는데 그윽하고 또 깊으며,
亭前脩竹玉成林 정 전 수 죽 옥 성 림	정자 앞의 큰 대나무 옥 숲을 이루었네.
淸池小島相縈勢 청 지 소 도 상 영 세	맑은 못 작은 섬 서로 형세 얽히어 있고,
嫩柳夭桃自接陰 눈 류 요 도 자 접 음	어린 버들 예쁜 복사꽃 절로 그림자 닿아 있네.
樽俎向人堪荷意[5] 준 조 향 인 감 하 의	술과 안주로 사람 대접하니 호의 느껴질 만하고,
烟霞入眼更關心 연 하 입 안 경 관 심	안개와 놀 눈에 들어오니 더욱 마음에 닿는다네.
何年重作名園客 하 년 중 작 명 원 객	어느 해에나 다시 이 이름난 정원의 손님 되어,
徧和南塘十五吟[6] 편 화 남 당 십 오 음	남당 읊은 열다섯 수 두루 화답하려나.

棲隱庵[7]

서은암

5 | 준조(樽俎) : 옛날의 술과 음식을 담는 기물. 준(樽)에는 술을 담고, 조(俎)에는 고기를 담는다. 또한 연석(宴席), 술자리를 가리키기도 한다.

6 | 남당십오음(南塘十五吟) : 《고증》「확실하지 않다.」(未詳)

7 | 서은암(棲隱庵) : 《요존록》「지정의 방 이름이다.」(池亭室名)

180. 奉和聾巖, 送靈秀之楓嶽韻[1]

삼가 농암선생의 영수가 풍악에 감에 전송하다라는 시의 각 운자를 써서 화답하다

釋子道其道 석 자 도 기 도	중들 그들의 도만 도라 여기니,
冰炭於彝訓[2] 빙 탄 어 이 훈	떳떳한 가르침과는 얼음과 숯 같다네.
在門吾當麾[3] 재 문 오 당 휘	문에 있으면 내 마땅히 물리쳐,
贈言匪夙分 증 언 비 숙 분	타일러주는 말 오랜 연분 아니라 하리.

1 | 농암(聾巖) : 이현보(李賢輔 : 1467~1555)의 호. 《농암집》에는 이 시와 같은 각운자를 쓴 시가 보이지 않는다.

2 | 빙탄(冰炭) : 얼음과 숯 덩어리는 서로 용납할 수 없는 것으로 대립하여 모순됨을 비유한다. 진나라 도연명(陶淵明)의 〈잡시(雜詩)〉 제4수 「누가 당세의 선비들처럼, 얼음과 숯 온 가슴 한가득 안고 있겠는가?」(孰若當世士, 冰炭滿懷抱) 당나라 한유(韓愈)의 〈영스님이 거문고 타는 것을 듣다(聽穎師彈琴)〉 「영스님 그대는 실로 할 수 있으리! 얼음과 숯 내 마음에 두지 않게끔.」(穎乎爾誠能, 無以冰炭置我腸)이라는 구절이 있다. 《동아당창려집주(東雅堂昌黎集註)》에서 인용한 곽상(郭象)의 《장자주(莊子註)》 「기쁨과 두려움이 가슴속에서 싸워 굳어져 오장에서 이미 얼음과 숯으로 맺혀진 것이다.」(喜懼戰於胸中, 固已結氷炭於五臟矣)

3 | 재문오당휘(在門吾當麾) : 휘(麾)는 「揮」와 같은 뜻으로 쓰였다. 당나라 한유의 〈승려 문창 스님을 전송하는 글(送浮屠文暢師序)〉 「사람 가운데는 실로 명색은 유자이면서 행실은 묵자인 사람이 있으니 …… 양자운이 일컫기를 『(그런 사람이) 문과 담에 있으면 손을 저어 내쫓는다.』라 하였다.」(人固有儒名而墨行者……揚子雲稱在門墻則揮之)

祇云遊名山
지 운 유 명 산

다만 말하기를 이름난 산에서 논다고 하니,

吾筆已可奮
오 필 이 가 분

내 붓 이미 흥분하려는 듯.

況我老巖仙[4]
황 아 로 암 선

하물며 우리 늙은 암혈의 신선,

瑰辭先不靳[5]
괴 사 선 불 근

아름다운 말 먼저 아끼지 않으셨음에랴?

4 | 노암선(老巖仙) : 농암 이현보를 가리켜 말하였다. 《내집》 권1의 〈농암선생을 찾아뵙고 절하니 선생이 곁에 모시고 있던 아이를 시켜 동파의 달밤에 살구나무 아래서 술을 마시다라는 시를 노래하게 하고……(拜聾巖先生, 先生令侍兒, 歌東坡月夜飮杏花下詩……)〉에도 이현보를 「바위 속의 늙은 신선 봄 풍경 아까워하여, 홀로 작은 모래 섬에 서서 흰 마름풀을 읊조리네.」(巖中老仙惜光景, 獨立汀洲詠白蘋)라 묘사한 구절이 있다.

5 | 괴사(瑰辭) : 괴사(瑰詞)라고도 하며 아름다운 문사(文辭)를 말한다. 한나라 최원(崔瑗)의 〈하간상 장평자의 비문(河間相張平子碑)〉 「아름다운 문사 고운 말에 재주는 기이하고 컸다네.」(瑰辭麗說, 奇技偉藝) 여기서는 농암의 시를 말한다.

安得攜汝去 안 득 휴 여 거	어떡하면 너를 데리고 떠나,
丹梯躡天近[6] 단 제 섭 천 근	붉은 사다리로 하늘 가까이 오를까?
海中三神山[7] 해 중 삼 신 산	바다 가운데 삼신산의,
羣仙笑相問[8] 군 선 소 상 문	뭇 신선들 웃으면서 내 안부 묻게 할까?

6 | 단제(丹梯) : 붉은 사다리라는 뜻인데, 높은 산봉우리를 가리키기도 하고 신선이나 도사를 찾는 길을 가리키기도 한다. 남조 제나라 사조(謝脁)의 〈경정산(敬亭山詩)〉「기이한 흥취 쫓고자 한다면, 여기서 산꼭대기로 올라야 한다네.」(要欲追奇趣, 即此陵丹梯)

7 | 해중삼신산(海中三神山) : 전설상의 중국의 동해(東海)에 있다는 신선이 산다는 산. 봉래(蓬萊), 방장(方丈), 영주(瀛洲)를 말한다. 《사기·진시황의 전기와 연대기(秦始皇本紀)》「제나라 사람 서불 등이 글을 올려 바다 가운데 삼신산이 있는데 그 이름을 봉래, 방장, 영주라 하며 신선이 산다고 하였다.」(齊人徐市等上書, 言海中有三神山, 名曰蓬萊、方丈、瀛洲, 僊人居之)

8 | 군선소상문(羣仙笑相問) : 《요존록》「『안득』의 뜻은 여기까지 미친다.」(安得之意止此)

181. 題雄師詩卷[1]

웅 스님의 시 두루마리에 적다

幽棲二月風光好 유 서 이 월 풍 광 호	그윽이 깃들어 살자니 음력 2월 풍경 좋기만 한데,
溪上靑山欲杜鵑 계 상 청 산 욕 두 견	시냇가 푸른 산에 두견화 피려고 하네.
借問禪房何所有 차 문 선 방 하 소 유	삼가 묻노니 선방에 무엇 그렇게 좋은 게 있는가?
千峯影裏綠蘿烟[2] 천 봉 영 리 록 라 연	천 봉우리 그림자 속 푸른 덩굴에 안개 끼었겠지.

1 | 이때 웅사는 청량산 만월암에 주지로 있었다. 《연보 2》 68쪽에는 51세[1551] 2월 16일에 지은 것이라고 하였다.

2 | 천봉영리(千峯影裏) : 주자의 〈시로 벽애 감숙회가 여산에 유람하러 가는 것을 전송하다……(詩送碧崖甘叔懷游廬阜……)〉 「이 날 그대 전송하며 안부를 묻는데, 천 봉우리 그림자 속에 예전처럼 물 졸졸 흐르겠네.」(此日送君憑問訊, 千峰影裏舊潺湲)

182~185. 溪莊喜伯强見訪, 四首[1]

계장에서 백강이 찾아줌을 기뻐하다, 네 수

182

客來無傘又無廳[2] 객 래 무 산 우 무 청	손님 와도 우산 없고 또한 대청도 없어,
堪愧靴泥踏雨庭 감 괴 화 니 답 우 정	신발 진흙에 버려가며 비 내리는 뜰 걷게 함 부끄러워할 만하네.
半壁寒燈聯榻話 반 벽 한 등 련 탑 화	벽 중간에 추운 밤 등 걸어놓고 걸상 나란히 하여 이야기하자니,
不知冬夜已深更 부 지 동 야 이 심 경	겨울밤 이미 시각 깊은 줄 알지 못하겠네.

1 | 백강(伯强) : 《고증》「이름은 면도인데 선생의 일족으로 풍기에서 살았다.」(名勉道, 先生宗人, 居豐基) 퇴계가 풍기군수로 있을 때 죽계서원(곧 백운동서원)과 관련된 일을 할 때 조력하였다. 그러나 《요존록》에서는 이면도는 풍기로 옮겨가서 산 적이 없고 시의 뜻을 살펴보면 필시 다른 사람을 가리킬 것이라고 하였다. 그리고 《죽계지(竹溪志)》를 인용하여 이보(李堢)나 이연(李埏) 형제 중에 아마 자가 백강인 사람이 있을 것이라고 하였다.

2 | 무산우무청(無傘又無廳) : 이익(李瀷)의 〈우산을 들다(手傘行)〉 서문 「우의정인 류관은 자가 경보이고 호는 하정이다. 청렴하고 검소함으로 자신을 지켜 띳집 몇 칸에 살아도 기쁘게 여겼다. 일찍이 장맛비가 한 달 넘게 내려 집에 물이 새어 삼 줄기 같았는데 공이 손으로 우산을 받쳐들고 부인을 돌아보며 말하기를 『우산이 없는 집은 어떻게 견딜까?』라 하였더니, 부인이 말하기를 『우산이 없는 사람도 반드시 대비가 있을 것입니다.』라 하였다.」(柳右相寬字敬父, 號夏亭. 淸儉自守, 數間茅屋, 處之怡如. 嘗霖雨經月, 屋漏如麻, 公手傘庇雨, 顧夫人日無傘之家, 何以能堪? 夫人日無傘者必有備) 이 이야기는 서거정(徐居正)의 《필원잡기(筆苑雜記)》 권1에도 수록되어 있다.

183

境僻山深少鞅輪[3]
경 벽 산 심 소 앙 륜

사는 곳 구석지고 산 깊어
수레 왕래 드문데,

感君來訪病陳人[4]
감 군 래 방 병 진 인

그대 와서 병들고 진부한 사람
찾아줌 감격스럽네.

悲歡聚散那堪說[5]
비 환 취 산 나 감 설

슬픔과 기쁨 모였다 흩어짐
어찌 말할 만하겠는가?

白酒黃雞意更眞[6]
백 주 황 계 의 갱 진

탁주와 누런 닭
뜻 더욱 진실되네.

3 | 소앙륜(少鞅輪) : 진나라 도연명의 〈전원으로 돌아와 살다(歸園田居)〉「들 밖에는 사람의 일 드물고, 골목의 끝에는 수레 적다네.」(野外罕人事, 窮巷寡輪鞅)

4 | 진인(陳人) : 진부한 사람이라는 뜻. 《장자·우언(寓言)》「사람으로 남에 앞서는 것을 갖추지 못하면 사람의 도가 없는 것이며, 사람으로써 사람의 도를 갖추지 못한 사람을 일러 진부한 사람이라 한다.」(人而无以先人, 无人之道也. 人而无人道, 是之謂陳人) 곽상(郭象)은 「묵고 오래된 사람」(陳久之人)이라고 하였다. 고인(故人), 곧 친구라는 뜻으로도 쓰인다. 송나라 소식의 〈진양(陳襄)이 시를 지어 여러 번 모임에 나가지 못함을 책망하였다. 다시 앞서 지은 시의 각운자를 써서 짓다(述古以詩見責屢不赴會, 後次前韻)〉「어찌 붉은 치마 입은 기생들을 마주하고 흰 술 사양하겠는가마는, 다만 신진 세대가 진부한 사람이라 비웃을까 근심되네.」(肯對紅裙辭白酒, 但愁新進笑陳人) 또한 나아가 자신을 겸양하는 말로도 쓰인다.

5 | 비환취산(悲歡聚散) : 송나라 유자휘(劉子翬)의 〈백수에서 매화를 보고 사특을 그리워하다(白水見梅憶士特)〉「슬픔과 기쁨 모였다 흩어짐 누가 번뇌 일으키리오? 봄에게 묻고자 하나 봄은 말을 하지 않는다네.」(悲歡聚散誰作惱, 擬欲問春春不言)

6 | 백주황계(白酒黃雞) : 백주는 청주(淸酒)와 상대되는 개념으로 탁주를 말한다. 황계는 깃털이 누런 닭을 말한다. 당나라 이백의 〈남릉에서 아이들과 헤어져 서울로 들어가다(南陵別兒童入京)〉「탁주 막 익을 무렵 산속으로 돌아오니, 누런 닭은 기장 쪼아 먹어 가을에 제대로 살졌다네.」(白酒新熟山中歸, 黃雞啄黍秋正肥)

184

竹溪書院盛絃歌[7]
죽 계 서 원 성 현 가

죽계서원에
현가 소리 성하니,

知是朝家振德多[8]
지 시 조 가 진 덕 다

조정에서 진작하고 덕 베풂
많음 알겠다네.

若把明經圖拾芥[9]
약 파 명 경 도 습 개

경서 밝힘 가지고
겨자 풀 줍듯 함 도모한다면,

7 | 죽계서원(竹溪書院) : 신재 주세붕이 건립한 우리나라 최초의 서원인 백운동서원(白雲洞書院)을 말한다. 나중에 소수서원(紹修書院)으로 사액되었다. 《내집》 권4에 〈서원십영(書院十詠)〉이 있는데 첫 번째 시로 수록되어 있다.
현가(絃歌) : 음악과 노래로써 다스리는 것으로, 태평성세의 다스림을 말한다. 《논어·양화가(陽貨)》「공자가 무성에 가셨는데, 악기와 노래 소리를 들으셨다.」(子之武成, 聞絃歌之聲)

8 | 진덕(振德) : 《맹자·등문공(滕文公) 상》「위로하고 오게 하며, 바로잡아주고 펴주며, 도와주고 도와주어 스스로 얻게 하고, 또한 따라서 진작하고 은혜를 베풀어준다.」(勞之來之, 匡之直之, 輔之翼之, 使自得之, 又從而振德之)

9 | 명경도습개(明經圖拾芥) : 무엇을 취하는 것이 매우 쉬움을 말한다. 《한나라의 역사·하후승(夏侯勝)의 전기》「하후승은 강의를 할 때마다 늘 학생들에게 이렇게 말하였다. 『선비들의 병통은 경술에 밝지 못한 것이다. 경술에 밝기만 하다면 청포와 자포(의 경대부)가 되는 것은 허리를 굽히고 땅의 겨자 풀을 줍는 것이나 마찬가지일 따름이다.』」(勝每講授, 常謂諸生日, 士病不明經術, 經術苟明, 其取青紫如俛拾地芥耳) 《文選》 양나라 임방(任昉)의 〈천감 3년 수재 시험의 책문(天監三年策秀才文)〉 둘째 글 「치거와 병거, 청포와 자포 따위는 땅의 겨자 풀을 줍는 것과 같다.」(輜軿青紫, 如拾地芥) 《문선》에 주석을 단 당나라 유량(劉良)은 「줍는 것이 땅의 겨자 풀을 줍는 것과 같이 쉬운 것이다.」(取之易如拾地草也)라 하였다.

菁莪長育意如何[10]
청 아 장 육 의 여 하

청아 기르고 육성함 하게 되리니
그 뜻 어떻겠는가?

185

武陵當日望君深[11]
무 릉 당 일 망 군 심

무릉은 그날
그대에게 바람 깊었는데,

龜玉寧無恐毀心[12]
귀 옥 녕 무 공 훼 심

귀갑과 옥 어찌
마음 헐게 함 걱정 않겠는가?

10 | 청아장육(菁莪長育) : 청아는 《시경·소아》의 〈청청자아(菁菁者莪)〉편을 간략하게 부른 것이다. 그곳의 〈소서(小序)〉에서는 「〈청청자아〉는 인재를 기름을 즐거워한 것이니, 군자가 인재를 기르고 키울 수 있다면 천하기가 기뻐하고 즐거워하게 된다.」(菁菁者莪, 樂育材也, 君子能長育人材, 則天下喜樂之矣)라 하였다. 이로 인해 청아는 인재를 가르는 것을 가리키게 되었다. 주자의 〈백록동(白鹿洞賦)〉「뛰어난 인재들 기르고 육성함 기뻐하고, 영특한 인재 선발하여 벼슬길에 추천하네.」(樂菁莪之長育, 拔雋髦而登進)

11 | 무릉~망군심(武陵~望君深) : 무릉은 곧 백운동 서원을 창건한 신재(愼齋) 주세붕을 가리킨다. 주세붕은 달리 호를 무릉도인(武陵道人)이라 하였다. 이면도가 백운동서원에서 공부를 하였기 때문에 이렇게 말하였다. 《요존록》「신재 주세붕이 일찍이 서원의 일을 그에게 맡긴 것 같다.」(疑愼齋嘗以院事屬之)

12 | 귀옥(龜玉) : 《논어·계씨(季氏)》「호랑이와 무소가 우리에서 뛰쳐나오고 귀갑과 옥이 궤 속에서 망가졌다면 이는 누구의 허물이냐?」(虎兕出於柙, 龜玉毁於櫝中, 是誰之過與?)

更願宏橅常飭厲
갱 원 굉 무 상 칙 려

다시 바라기는 큰 규범
늘 갈고 닦아,

高山千古使人欽[13]
고 산 천 고 사 인 흠

높은 산 천고에
사람으로 하여금 흠모하게 하는 것이라네.

13 | 고산(高山) : 숭고한 덕행을 가리키는 말. 《시경·소아·수레바퀴 굴대(小雅·車舝)》의 「높은 산 우러르고, 큰 길 가네.」(高山仰止, 景行行止) 《순자·학문을 권함(勸學)》「그러므로 높은 산에 오르지 않으면 하늘이 높은 줄 알지 못한다.」(故不登高山, 不知天之高也)

186. 寄龜巖[1]

귀암에게 부치다

縮曳先生意若何[2]
축 예 선 생 의 약 하

꼬리 움츠린 선생
뜻 어떠한가?

能全至樂在泥沙[3]
능 전 지 락 재 니 사

지극한 즐거움 보전함은
진흙 모래에 있다네.

丹山老守眞堪笑[4]
단 산 노 수 진 감 소

단산의 늙은 군수
실로 웃을 만하니,

1 | 귀암(龜巖) : 《고증》「곧 황경보이다.」(卽黃敬甫) 경보는 황효공(黃孝恭 : 1496~1553)의 자이다. 황효공은 《내집》 권1 84번 시의 주 1)에 보인다.

2 | 축예선생(縮曳先生) : 꼬리를 움츠려서 몸속으로 집어 넣은 사람이라는 뜻인데, 황경보의 호가 귀암(龜巖)이므로 이렇게 말하였다.

3 | 능전~재니사(能全~在泥沙) : 《장자·가을 강(秋水)》「장자가 복수의 가에서 낚시를 하고 있었는데 초나라 왕이 대부를 보내어 말하였다. 『원컨대 나라의 일로 장자에게 누를 끼치려 합니다.』 낚싯대를 잡고 뒤도 돌아보지 않고 말하기를 『내가 듣자하니 초나라에는 신귀(神龜)가 있다 하는데 죽은 지가 2천 년이 되었으며 수선으로 싼 상자에 넣어서 묘당(廟堂) 위에 보관하고 있다 하더이다. 이 거북은 죽어서 뼈를 남기어 귀하게 되기를 바라겠습니까? 차라리 살아서 진흙 속에서 꼬리를 끌고자 하겠습니까?』 대부가 말하였다. 『차라리 진흙 속에서 꼬리를 끌려 할 테지요.』 장자가 말하였다. 『가시오, 내 진흙 속에서 꼬리를 끌려 하오.』」(莊子釣於濮水, 楚王使大夫二人往先焉, 曰, 願以境內累矣! 莊子持竿不顧, 曰, 吾聞楚有神龜, 死已三千歲矣, 王以巾笥而藏之廟堂之上. 此龜者, 寧其死爲留骨而貴乎? 寧其生而曳尾於塗中乎? 二大夫曰, 寧生而曳尾塗中. 莊子曰, 往矣! 吾將曳尾於塗中)

4 | 단산(丹山) : 단양(丹陽)을 말한다. 퇴계는 이때 단양군수로 있었으며, 《내집》 권1 〈단양으로 부임하다(赴丹山)〉에 「청송의 백학과는 비록 연분 없으나, 짙푸른 물 단양과는 정말 인연 있다네.」(靑松白鶴雖無分, 碧水丹山信有緣)라는 구절이 있다.

作吏求仙病更加
작 리 구 선 병 경 가

관리 되어 신선 구하니
병만 더욱 더해진다네.

杜門閒居之樂, 其無窮矣. 豈如老拙爲病求郡, 而又困於作郡耶. 信病人, 自山巖外, 無可置之地也. 秋來與大任·重甫惠然, 則朝發夕至, 幸甚[5]

문을 닫아걸고 한가로이 거처하시는 즐거움은 끝이 없을 듯합니다. 어찌 늙고 서툴기만한 나처럼 병 때문에 군수가 되기를 구하였다가 다시 군수가 된 것을 괴로워하겠습니까? 실로 병든 사람은 산의 바위 바깥에서부터는 몸을 둘만한 곳이 없습니다. 가을이 되어 금대임과 박중보와 함께 기꺼이 찾아주신다면 아침에 떠나셔서 저녁이면 이르실 것이니 매우 다행이겠습니다

5 | 중보(重甫) : 소고(嘯皐) 박승임(朴承任 : 1517~1586)의 자이다. 《별집》 52번 시의 주 1)에 보인다.

혜연(惠然) : 《시경·패(邶)나라의 민요·종일 바람 불고(終風)》에 「종일 바람 불고 흙비 내리나, 기꺼이 찾아온다네.」(終風且霾, 惠然肯來)라는 구절이 있는데, 이로부터 손님이 찾아오면 환영을 나타내는 말로 쓰이게 되었다.

187. 寄南溪[1]

남계에게 부치다

卜築南溪三十年
복 축 남 계 삼 십 년

남계에 터 잡고 집지어 산지
서른 해나 되어,

龜城閒臥雪欹顚[2]
구 성 한 와 설 의 전

구성에서 한가로이 누우니
머리는 눈처럼 변해가네.

我心苦待無消息
아 심 고 대 무 소 식

내 마음속으로 간절히 기다려도
아무 소식 없으니,

山月如今幾缺圓[3]
산 월 여 금 기 결 원

산의 달 지금
몇 번이나 이지러지고 찼던가?

1 | 남계(南溪) : 《고증》「곧 금대임이다.」(卽琴大任) 대임은 금축(琴軸 : 1496~1561)의 자이다. 달리 호를 송계(松溪)라고 하였으며, 진사이다.

2 | 구성(龜城) : 영주(榮州)의 옛 이름.

3 | 결원(缺圓) : 송나라 소식의 〈월토차(月兎茶 : 사천성 부주의 특산차)〉「달 둥글어지면 다시 이지러지고 이지러지면 다시 둥글어지는데, 이 달은 한번 이지러지면 둥글어짐 어느 해이리오?」(月圓還缺缺還圓, 此月一缺圓何年)

中原之行, 當在何時, 聞將見過, 寒眼久矣. 但迎喪之來, 計不從容, 初秋與敬甫·重甫, 枉企幸之尤也[4]

충주에 가는 것이 어느 때인지, 곧 들를 것이라는 말을 듣고 눈이 시릴 정도가 된 지 오래 되었소. 다만 상을 맞을 일로 조용하지는 못하여, 초가을에 경보, 중보와 함께 와준다면 외람되이 바라는 바에 한결 고마운 일이 되겠소

4 | 한안(寒眼) : 송나라 방악(方岳 : 호는 秋崖)의 〈진시랑의 모란을 보내주어 감사하다는 시의 각운자를 써서 짓다(次韻陳侍郎謝送牡丹)〉「손수 옥 같은 푸른 이끼 한 울 잘랐는데, 산의 집에서 막 보니 눈 아직도 시리네.」(手劚蒼苔玉一欄, 山家初見眼猶寒)
영상(迎喪) : 《고증》「[1548년]선생의 막내 아드님[채]의 상이 단성에서 있었는데 혹 이 일을 가리키는 것이나 아닐까?」(先生季子之喪, 出於丹城, 或指此事歟)

188. 寄鐵津[1]

철진에게 부치다

聞君墜馬臥經旬 문 군 추 마 와 경 순	듣자니 그대 말에서 떨어져 누운 지 열흘 지났다는데,
能健憂應輟子春[2] 능 건 우 응 철 자 춘	너끈하게 튼튼하니 근심 응당 악정자춘처럼 하는 일 그칠 수 있으리.
妙處想多閒裏得 묘 처 상 다 한 리 득	묘한 곳 생각 많이하여 한가한 가운데서 얻거든,
新詩須警老衰人 신 시 수 경 로 쇠 인	새로 지은 시에서 모름지기 노쇠한 사람 일깨워주게나.

1 | 철진(鐵津) : 《고증》 「곧 박중보[승임]의 호이며, 영주의 진산을 철탄이라 한다.」(卽朴重甫號, 榮川鎭山曰鐵灘)

2 | 우응철자춘(憂應輟子春) : 《예기·제의(祭儀)》 「악정자춘이 대청을 내려오다 다리를 다쳤는데 여러 달이 되도록 외출도 않고 근심스런 낯빛을 하고 있었다. …… 선생님께서 말씀하셨다. 『하늘에서 난 것, 땅에서 기른 것 가운데 사람처럼 큰 것은 없다. 그러므로 부모가 완전하게 나아주신 것을 자식은 완전히 하여 되돌려주는 것을 효도라 할 수 있다. 오체를 손상하지 않고, 그 몸을 더럽히지 않는 것을 완전히 하는 것이라 할 수 있다. 그러므로 군자는 반 걸음을 걷는데도 효도를 잊지 않는 것이다.』 나는 지금 효의 도리를 잊고 있으니 이 때문에 근심스런 낯빛을 하고 있는 것이다.”(樂正子春下堂而傷其足, 數月不出, 猶有憂色……夫子, 曰, 天之所生, 地之所養, 無人爲大. 父母全而生之, 子全而歸之, 可謂孝矣. 不虧其體, 不辱其身, 可謂全矣. 故君子頃步而不敢忘孝也. 今予忘孝之道, 予是以有憂色也)

李仲任過談[3], 君墜馬殊苦, 今已復常. 僕憂病碌碌, 無可言者, 未[聞]閒中作何工夫[4]. 幷與近作垂示, 警發爲幸. 晦庵年譜亦望[5]

이중임이 들러 말하기를 그대가 말에서 떨어져 매우 고생한다고 하였는데 지금은 이미 일상을 회복했는지? 나는 근심과 병이 그럭저럭하니 특별히 할 말은 없다네. 그대는 한가한 가운데 무슨 공부를 하고 있는지 듣지 못하였으니, 근래에 와서 지은 시와 더불어 보여주어 나로 하여금 놀랍게 일깨워준다면 다행스럽겠네. 《주자연보》도 보내주기 바라네

3 | 이중임(李仲任) : 《고증》 「이름은 석간이며 본관은 공주로 영주에서 살았다. 호는 초당이며 의술에 정통했다.」(名碩幹, 公州人, 居榮川, 號草堂, 精於醫術)

4 | 녹록(碌碌) : 《고증》 「이 말은 (《사기》의) 〈모수전〉에서 나왔다. 《간보》에서는 『뭇 무리를 따르는 모습이다.』라 하였다.」(語出毛遂傳. 刊補, 隨衆貌)

5 | 뜻으로 보아서 「未閒中」이라는 구절의 「未」자 다음에 「聞」자 한 자가 누락된 것으로 보인다.

189. 黃小牋寄龜巖·南溪·鐵津各四十枚, 幷呈一絶, 求和

황소전을 귀암과 남계, 철진에게 각각 40매씩 부치고 아울러 절구 한 수를 드리며 화답해주기를 구한다

小作黃牋效薛牋[1] 소 작 황 전 효 설 전	황전 작게 만들어 설도전 흉내 내어,
寄君賭取裹風烟 기 군 도 취 과 풍 연	그대들에게 부쳐 내기하고 바람과 연기 싸오게 하네.
只今我老情鍾甚[2] 지 금 아 로 정 종 심	지금 나는 늙었는데 정 매우 많이 쏟은지라,

1 | 소작~효설전(小作~效薛牋) : 송나라 소이간(蘇易簡)의 《문방사보(文房四譜)》 권4 〈지보(紙譜)〉 「《자가》에서는 말하였다. 송화전은 세상에서 설도전으로 알고 있는데 잘못되었다. 송전은 그 유래가 오래되었다. 원화 초년에 설도는 이 색을 좋아하였으며 짧은 시 짓기를 좋아하였는데 그 폭이 큰 것을 애석히 여기고 길게 남기지 않으려 하여 이에 장인에게 명하여 좁고 작게 만들게 하였는데 촉중의 재자들이 편하게 여겼다. 나중에는 여러 종이를 또한 이렇게 줄였는데 특히 설도전이라 이름을 붙였다.」(資暇云, 松花牋世以為薛濤牋, 誤也. 松牋, 其來舊矣. 元和之初, 薛濤尚斯色而好製小詩, 惜其幅大, 不欲長賸, 乃命匠人狭小為之, 蜀中才子既以為便. 後減諸牋亦如是, 特名曰薛濤牋)

2 | 정종(情鍾) : 곧 종정(鐘情)과 같은 말로 마음을 쏟음, 정성을 기울임의 뜻이다. 남조 송나라 유의경(劉義慶)의 《세상에 유행하는 새로운 이야기·상서(世說新語·傷逝)》 「왕융이 아들 만자를 잃었을 때 산간이 가서 조문을 하였는데 왕융은 슬픔을 스스로 이겨내지 못하였다. 산간이 말하였다. 『아이는 품속에 품고 있던 한 물건일 뿐인데 어찌 이렇게까지 합니까?』 왕융이 말하였다. 『성인은 정을 초월하고 가장 하류의 사람은 정이 남에게 미치지 못하지만, (저 같은 사람이) 정을 쏟는 곳은 바로 우리 아이들뿐이지요.』」(王戎喪兒萬子, 山簡往省之, 王悲不自勝. 簡曰, 孩抱中物, 何至於此? 王曰, 聖人忘情, 最下不及情, 情之所鍾, 正在我輩)

陶寫憑玆替管絃[3]
도 사 빙 자 체 관 현

이에 의거하여 울적한 심정 털고
관현악 대신하리.

今春喪兒, 其前又多喪患, 所以有末二句之云, 幸勿見訝[4]

금년 봄에 아이를 잃었고 그 전에도 또한 상을 당한 환난이 많았으므로 끝의 두 구절에서 그렇게 말한 것이니 부디 의아해하지 말았으면 하네

3 | 도사~체관현(陶寫~替管絃) : 도사(陶寫)는 울적한 마음을 털어내버림을 말한다. 남조 송나라 유의경의《세상에 유행하는 새로운 이야기·언어(言語)》「사태부가 왕우군(왕휘지)에게 말하기를『중년이 되니 슬픔과 기쁨에 마음이 상하고 친한 벗과 헤어지게 되면 문득 며칠씩이나 착잡함에 휩싸입니다.』라 하였다. 왕우군이 말하였다.『나이가 노년에 이르면 자연히 그렇게 되지요. 정작 음악에 의지하여 울적함을 씻어버리려고 하지만 자식들이 알고서 나의 음악을 좋아하는 정취를 방해할까 걱정입니다.』」(謝太傅語王右軍曰, 中年傷於哀樂, 與親友別, 輒作數日惡. 王曰, 年在桑榆, 自然至此, 正賴絲竹陶寫. 恒恐兒輩覺, 損欣樂之趣)

4 | 금춘상아(今春喪兒) :《고증》「곧 계자이다.」(卽季子)《요존록》「무신년(1548) 2월에 막내 아드님 채의 상고가 있었다.」(戊申二月有仲子寀喪)

190. 寄題仙夢臺[1]

선몽대에 지어 부치다

松老高臺揷翠虛
송 로 고 대 삽 취 허

높은 대 위의 늙은 소나무
질푸른 허공에 꽂혀 있고,

白沙青壁畫難如[2]
백 사 청 벽 화 난 여

파란 절벽 앞 흰 모래사장
그림도 이와 같기 어렵겠지.

吾今夜夜憑仙夢
오 금 야 야 빙 선 몽

내 지금 밤마다
신선 꿈꾸며 살아가니,

莫恨前時趁賞疎
막 한 전 시 진 상 소

지난 기회에 감상함
소홀했노라 유감스러워 하지 말라.

遇巖之勝, 多魔不遇, 至今夢想不已, 聊以一絶寄意, 因以名臺云[3]

우암의 빼어난 경치를 구경하려고 하였는데, 장애 되는 일이 많이 끼어 볼 기회가 없었더니 지금껏 꿈속에서 생각함이 그치지 않는다. 애오라지 절구 한 수를 지어 내 뜻을 부치고 내친김에 대를 이름(을 선몽대)으로 삼는다

1 | 선몽대(仙夢臺) : 《고증》「대는 예천군 오천의 남쪽 기슭 위에 있으며 선생의 형의 손자인 이열도가 지은 것이다.」(臺在醴泉郡, 吳川南岸上, 先生兄孫閱道所構)

2 | 백사청벽(白沙青壁) : 당나라 두보의 〈우임금의 사당(禹廟)〉「구름은 푸른 벽으로 불고, 강의 소리는 흰 모래 위 달리네.」(雲氣噓青壁, 江聲走白沙)
화난여(畫難如) : 송나라 왕십붕(王十朋)의 〈호숫가의 별장에 짓다(題湖邊莊)〉「10리나 되는 푸른 산 질푸른 호수에 그늘 드리우니, 호숫가의 풍물 그림도 이와 같기 어렵다네.」(十里青山蔭碧湖, 湖邊風物畫難如)

3 | 우암(遇巖) : 《고증》「곧 선몽대가 있는 곳이다.」(卽仙夢臺所在之地)

191~192. 西麓黃花盛開, 琴壎之·柳應見要余共見[1]

서쪽 산기슭에 국화가 만개하였는데, 금훈지와 유응현이 나와 함께 보기를 청하다

191

西麓黃花別樣開[2] 서 록 황 화 별 양 개	서쪽 산기슭의 누런 꽃 특별한 모양으로 피었다고,
兩君呼取賞心杯 양 군 호 취 상 심 배	두 사람 나를 불러 즐거운 술잔 들었다네.
老聰縱使佳期誤 노 총 종 사 가 기 오	총기 쇠하여 설령 아름다운 절기 잊었다 하더라도,
轉賞何妨玉樹頹[3] 전 상 하 방 옥 수 퇴	옮겨가며 감상하다가 더 취하여 쓰러진들 무엇을 상관하리?

1 | 금훈지(琴壎之) : 면진재(勉進齋) 금응훈(琴應壎 : 1540~1616)의 자. 《내집》 권2 202번 시의 주 1)에 보인다.
유응현(柳應見) : 겸암(謙菴) 유운룡(柳雲龍 : 1539~1601)의 자. 서애 유성룡의 형으로 《내집》 권3 245번 시의 주 17)에 보인다.

2 | 황화(黃花) : 「黃華」와 같으며 누런 꽃, 곧 국화를 말한다. 《예기·월별 정령(月令)》 「늦가을의 달〔九月〕에…… 국화는 누런 꽃이 핀다.」(季秋之月……鞠有黃華)

3 | 옥수퇴(玉樹頹) : 《고증》 「두보의 시에 "흰 모습 옥 나무가 바람 앞에 선 듯 빛나네."라는 구절이 있는데, 취한 모습을 말한 것이다. 아마 윗 구절의 "감상하며 술잔을 들다"라는 말에 이어서 말한 것일 것이다.」(案杜皎如玉樹臨風前, 言醉樣也. 恐因賞心盃而云) 두보의 시 제목은 〈음중팔선가(飮中八僊歌)〉이다. 또 술이 취하여 쓰러지는 것을 형용하는 말로 옥산퇴(玉山頹)라는 것도 있다. 죽림칠현의 하나인 혜강(嵇康)에게서 나온 말로 《내집》 권2 77번 시의 주 2)에 보인다.

192

老病愁懷撥不開[4]
노 병 수 회 발 불 개

늙은이 병들어 근심스런 마음
접지도 열지도 못하던 차에,

憑君來勸菊花杯[5]
빙 군 래 권 국 화 배

그대들 권한 덕에
국화주 술잔 들었다네.

冷雲欲雪飜爲雨
냉 운 욕 설 번 위 우

차가운 구름 눈 내리려다
비로 바뀌어 내리는데,

歸馬何須策日頹
귀 마 하 수 책 일 퇴

돌아가는 말 어찌 반드시
해 기울었다고 재촉해서야 되겠는가?

4 | 발불개(撥不開) : 송나라 육유(陸游)의 〈작은 동산(小園)〉 「누가 끝없는 근심하여 다스리어 열지 못하는가? 작은 동산에 다시 못과 누대 있다네.」(誰爲閒愁撥不開, 小園也復有池臺)

5 | 국화배(菊花杯) : 국화주가 든 술잔. 당나라 백거이의 〈하정에서 개어 바라보다(河亭晴望)〉 「내일 아침 중양절인데, 누가 국화주 든 술잔 권하겠는가?」(明朝是重九, 誰勸菊花杯)

193. 遊枕流亭, 次亭韻_幷序

침류정에서 놀며 정자의 시의 각운자를 써서 짓다_서문을 아우름

옛 단성 현감 김만균 공은 국록을 먹지 않을 때 우암에다 정자를 지었다. 동쪽으로 낙수를 굽어보는데 경치가 아름다웠으며, 침류정이라 명명하고 평소의 뜻을 드러내 보였다. 당시의 명사들이 그 일을 많이 읊었다. 세월이 오래되어 허물어지니 공의 양자인 성균 생원 김유(金綏)가 철거하고 새로 지었는데 예전보다 더욱 잘 드러났다. 집의 형님과 내가 부름을 받고 그 위에서 술잔을 돌렸다. 생원의 여러 자제들이 모두 그를 좇아 놀았다. 좋은 때와 즐거운 일은 둘 다 온전하게 되기를 기약하지 못하니 옛일을 어루만지고 지금을 둘러봄에 사람으로 하여금 감개를 그치지 못하게 한다. 돌아와서 앞에서 말한 것을 좇아 화답하여 오언율시 2수와 칠언율시 1수를 지어 삼가 생원에게 보내드리고 당시의 정다웠던 모습을 기록한다. [오언율시 1수와 칠언율시 1수는 《별집》에 보인다]

故丹城縣監, 金公萬鈞,[1] 當家食日, 作亭於愚巖. 東臨洛水, 有佳致, 名之曰枕流, 以見素志. 一時名士, 多詠其事. 歲久頹圮, 公之養嗣, 上舍君綏之,[2] 撤而重新, 比舊益敞, 見召家兄及滉,[3] 觴酒于其上. 上舍諸子弟, 皆從之遊. 良辰樂事, 不期兩全, 撫古攬今, 令人感慨不歇. 旣歸追和前述, 五言二律, 七言一律, 奉呈, 寄上舍君, 以紀一時之情境云. [五

1 | 김만균(金萬鈞) : 《고증》「본관은 선성이며 오천에서 살았다. 문절공 김담(1416~1464, 세종 때의 천문학자)의 아들이다.」(宣城人, 居烏川, 文節公淡之子)

2 | 양사상사군수지(養嗣上舍君綏之) : 《요존록》「현감의 부인은 곧 상사의 종고모이다. 현감은 자식이 없어 생원을 데려다 기르고 가르쳤는데 자기의 아들과 다름이 없었다. 문집 〈상사군갈명〉에 보인다.」(縣監之室, 卽上舍君從姑氏也. 縣監無子, 取上舍養訓, 無異己子. 見文集上舍君碣銘) 〈상사군갈명〉은 곧 〈성균생원 김공의 묘지명(成均生員金公墓誌銘)〉을 말하는데 《퇴계집》 권46에 수록되어 있는 탁청정 김유의 행장(行狀 : 사적)을 말한다.

3 | 가형(家兄) : 《요존록》「곧 찰방공이다.」(卽察訪公) 찰방공은 퇴계의 다섯째 형인 이징(李澄)이다.

言一律, 七言一律見別集][4]

愚巖形勝地　　우암의 경치 빼어난 곳에,
우 암 형 승 지

曾作隱君家　　일찍이 숨은 사람 집 지었다네.
증 작 은 군 가

喜子能重奐　　그대 다시 빛나게 할 수 있음 기쁘고,
희 자 능 중 환

一作煥

「불꽃 환」자로 되어 있는 판본도 있다

招余尙不遐　　나 부름 오히려 멀다 않았네.
초 여 상 불 하

川光迎眼發　　시내 빛 내 눈에서 피어났고,
천 광 영 안 발

山意得春誇　　산의 뜻 봄 맞아 자랑하였네.
산 의 득 춘 과

物色今猶古　　경치 지금도 오히려 예와 같으나,
물 색 금 유 고

登臨足賞嗟　　올라와서 내려다보니 탄식만 나오네.
등 림 족 상 차

4 | 곧《별집》의 239~240번과 341번 시이다. 침류정이란 명칭의 유래 등은 해당 시의 주석을 볼 것.

194. 寄示重新雙碧亭詩, 謹次韻奉呈[1]

쌍벽정을 중수한 시를 부쳐와 보여주어 삼가 같은 각운자를 써서 부쳐드리다

病夫閒臥一溪濱 병 부 한 와 일 계 빈	병든 사람 한가로이 한 냇가에 누워,
邑政欣聞次第新 읍 정 흔 문 차 제 신	고을 다스림 차례차례 새로워짐 기꺼이 들었다네.
客舍煥成曾賀燕[2] 객 사 환 성 증 하 연	객사 찬란하게 이루어 일찍이 제비 축하하였는데,
江亭飛構更驚人 강 정 비 구 경 경 인	강가의 정자 날 듯 지으니 더욱 사람 놀라게 하네.
風流康樂顏如玉[3] 풍 류 강 락 안 여 옥	풍류 넘치는 사강락 안색 옥과 같은데,

1 | 쌍벽정(雙碧亭) : 《고증》「곧 쌍벽루가 아닌가 한다. 예안현 남쪽 10리 지점에 있으며 현감 임내신이 세웠다.」(疑卽雙碧樓, 在禮安縣南十里, 任侯鼐臣建)

2 | 하연(賀燕) : 새 집이 낙성된 것을 축하할 때 쓰는 말이다. 《회남자·설림훈(說林訓)》「목욕할 물이 갖추어지면 이와 서캐가 서로 슬퍼하고, 큰 집이 이루어지면 제비와 참새들이 서로 축하하는데 슬픔과 즐거움이 다르기 때문이다.」(湯沐具, 而蟣虱相弔, 大厦成, 而燕雀相賀, 憂樂別也)

3 | 강락(康樂) : 《고증》「사령운의 자이다.」(謝靈運字) 사령운은 남조 송나라의 문인인데 강락공에 습봉되었으므로 이렇게 부른다.
안여옥(顏如玉) : 〈고시십구수·동성고차장(古詩十九首·東城高且長)〉「연나라와 조나라에 가인 많은데, 아름다운 사람 얼굴 옥 같다네.」(燕趙多佳人, 美者顏如玉)

寂寞文園鬢欲銀[4] 적 막 문 원 빈 욕 은	쓸쓸한 문원령은 귀밑머리 은발 되려한다네.
夢草詩情眞起我[5] 몽 초 시 정 진 기 아	꿈속의 봄풀 같은 시의 정 실로 나를 일깨우려니,
何時蠟屐問山民[6] 하 시 랍 극 문 산 민	어느 때나 나막신에 밀랍 칠하며 산에 사는 백성에게 물어보려나?

4 | 문원빈욕은(文園鬢欲銀) : 문원은 곧 한나라 때 부(賦) 작가로 유명한 사마상여(司馬相如)를 가리킨다. 사마상여가 한문제의 능원령(陵園令)을 지냈기 때문에 이렇게 부른다. 당나라 두목(杜牧)의 〈남에게 지어 드림(爲人題贈)〉「문원령 끝내 소갈증 앓았으니, 〈백두음〉 그만 노래하게나.」(文園終病渴, 休詠白頭吟) 당나라 이백의 〈옛 시체를 써서 짓다(古風)〉 제8수 「부에 통달하니 (사마상여는) 몸 이미 늙었고, 《태현》 초하니 (양웅은) 귀밑머리 흰 실타래처럼 되었다네.」(賦達身已老, 草玄鬢若絲) 이 구절은 퇴계가 자신을 비겨서 말한 것이다.

5 | 몽초시정(夢草詩情) : 《남조의 역사·사혜련의 전기(南史·謝惠連傳)》「사혜련은 10살 때 글을 잘 지어 족형인 사령운이 이를 가상히 여겨 말하기를 『매번 글을 지을 때마다 혜련을 마주하면 훌륭한 말을 얻었다.』라 하였다. 일찍이 영가현의 서쪽 별채에서 시어를 구상하였는데 종일토록 이루지를 못했다. 문득 꿈속에서 사혜련을 보았는데 그 즉시 『못 가에선 봄풀이 돋아나고』라는 구절을 지어낼 수 있었으며, 매우 정교하다고 생각하였다. 늘 말하기를 『이 말은 신의 도움이 있어서 지은 것이지 내가 지은 말이 아니다.』라 하였다.」(惠連, 年十歲能屬文, 族兄靈運嘉賞之, 云每有篇章, 對惠連輒得佳語. 嘗於永嘉西堂思詩, 竟日不就, 忽夢見惠連, 即得池塘生春草, 大以為工. 常云此語有神功, 非吾語也)

6 | 납극(蠟屐) : 밀랍을 칠한 나막신, 혹은 나막신에 밀랍을 칠하는 것을 말한다. 나막신은 옛날 일종의 등산화로 사령운은 산을 오를 때는 앞굽을, 내려올 때는 뒷굽을 떼어 내었다. 여기서는 완부(阮孚)와 조약(祖約)의 고사를 썼으며, 《내집》 권5 15번 시의 주 5)에 보인다. 여기에 나오는 「산에 사는 백성(山民)」은 곧 푸른 산에서 푸른 물을 내려다보는 쌍벽정에 사는 사람을 말한다.

195~196. 甲子六月望日, 陪郭明府, 與諸人, 避暑月川亭, 因泛風月潭[1]

갑자년(1564) 6월 보름에 곽사또를 모시고 여러 사람과 함께 월천정에서 피서를 하다가 이어서 풍월담에 배를 띄우다

195

宿雨朝晴洗旱塵[2] 숙 우 조 청 세 한 진	오랜 비 아침에 개어 마른 먼지 씻어내니,
靑山邀我出溪濱 청 산 요 아 출 계 빈	푸른 산 나를 맞아 시냇가에 나왔다네.

1 | 곽명부(郭明府) : 명부는 지방 장관의 별칭이다. 곽명부는 곽황(郭趪)을 가리킨다. 《퇴계선생연보보유》 이 해의 해당 조목에서는 이 시의 제목을 인용하면서 곽후황(郭侯趪)이라 하였다. 곽황은 자가 경정(景靜)이며, 예안 현감으로 있었다. 《내집》 권3(206~210번 시)에 퇴계가 그에게 지어준 시가 보인다. 함양군수로 재직하던 도중 죽었는데, 퇴계가 고을 사람들을 대신하여 지어준 제문(권45)과 그를 애도한 만시가 《퇴계집》 권5에 전하고 있다.

2 | 숙우조청(宿雨朝晴) : 숙우는 밤새 내리던 비, 또는 오래 동안 내리던 비를 말한다. 당나라 두보의 〈물을 굽어보는 난간에서 감흥을 적어보다(水檻遣興)〉 제2수 「촉땅의 하늘 밤이면 늘 비 내리는데, 강가의 난간 이미 아침에 개었다네.」(蜀天常夜雨, 江檻已朝晴)

세한진(洗旱塵) : 송나라 육유(陸游)의 〈비를 기뻐하다(喜雨)〉 「하느님 노련한 솜씨 정말 사람의 뜻에 맞으니, 밤비 쏴쏴 마른 먼지 씻어냈다네.」(天公老手正可人, 夜雨蕭蕭洗旱塵)

水鄉先已雙鳧颺[3]
수 향 선 이 쌍 부 양

물 많은 고을에 먼저 이미
쌍 오리 날아올랐으니,

江檻何辭累爵巡
강 함 하 사 루 작 순

강가의 헌함에서 어찌
술잔 여러 순배 돎 사양하리?

松籟滿襟人爽韻
송 뢰 만 금 인 상 운

소나무에서 나는 소리 옷깃 가득하니
사람들 운치 상쾌하게 하고,

火雲歸峀月生輪
화 운 귀 수 월 생 륜

불 구름 산굴로 돌아가니
달 바퀴처럼 생겨나네.

3 | 쌍부(雙鳧) : 후한의 왕교(王喬)에게서 유래한 말로 현령을 이르는 말이다. 《별집》 113번 시의 주 5)에 보인다.

更教扶醉湖船上
갱 교 부 취 호 선 상

다시 취한 몸 붙들게 하여
호숫가의 배에 오르게 하니,

萬頃涵空玉鏡新[4]
만 경 함 공 옥 경 신

만 이랑 호수 하늘에 담아
옥 같은 거울 새롭다네.

是日明府先至, 故用東坡, 水雲先已颺雙鳧之語. 酒器之爵, 卽雀字, 故韓詩, 以數爵對雙魚[5]

이날 사또께서 먼저 이르셨으므로 동파의 「물과 구름 먼저 이미 쌍 오리 날렸네」라는 말을 썼다. 술그릇을 말하는 「작(爵)」자는 곧 「작(雀)」이므로, 한유 시에서는 「수작」을 가지고 「쌍어」의 대구로 삼았다

4 | 만경함공(萬頃涵空) : 송나라 오불(吳芾)의 〈금산에서 놀다(遊金山)〉 「만 이랑 물결 하늘의 달 담고, 천 개의 돛 물결 부수는 배라네.」(萬頃涵空月, 千帆破浪舟)
옥경(玉鏡) : 밝은 달을 가리키는 말.

5 | 동파~지어(東坡~之語) : 인용된 소식 시의 제목은 〈한식날 미명에 호숫가에 이르렀는데 태수께서는 아직 이르지 않고 두 현령만 먼저 와 있었다(寒食未明, 至湖上, 太守未來, 兩縣令先在)〉이다.
한시……(韓詩……) : 당나라 한유의 〈술에 취하여, 남아 양양의 이상공님께 올림(酒中留上襄陽李相公)〉 「(내가 귀양 가서 있을 때) 눈이 (그대의 소식 기다리면서) 뚫어져 편지 끊어진 것 보고 오랫동안 놀라고, 귀에까지 술기운이 오르나 어찌 여러 잔 빈번함을 거절하겠는가?」(眼穿長訝雙魚斷, 耳熱何辭數爵頻) 이 시구에서 한유는 「고기 어」(魚)자의 대로 「잔 작」(爵)자를 썼는데, 이 자는 「참새 작」(雀)자와 발음이 같기 때문에, 독자가 듣기에 「물고기」와 「새」를 대로 사용한 것 같이 들린다. 이러한 기법을 한시에서는 가차격(假借格)이라고 하는데, 퇴계 선생도 여기서 가차격을 사용하고 있다는 것을 말하고 있다. 따라서 이 시 3행과 4행의 「쌍오리」(雙鳧)는 실제로 쌍오리를 뜻할 수도 있고 「편지」를 나타낼 수도 있으며, 「여러 잔」(累爵)은 또한 실제로 술잔을 가리킬 수도 있으면서 「여러 마리의 새」라는 뜻을 나타낼 수도 있다.

196

天上氷輪水底懸[6]
천 상 빙 륜 수 저 현

하늘 위 얼음 바퀴
물 바닥에 걸려 있고,

扁舟一葉任洄旋
편 주 일 엽 임 회 선

일엽편주는
멋대로 빙빙 도네.

三杯吸盡烟光滅
삼 배 흡 진 연 광 멸

석 잔 술 다 들이키니
안개 빛 없어지고,

一笛吹殘夜色鮮[7]
일 적 취 잔 야 색 선

한 줄기 피리 소리 잦아지니
밤빛 신선하다네.

6 | 천상빙륜(天上氷輪) : 빙륜(氷輪)은 달을 가리키는 말. 송나라 왕십붕(王十朋)의 〈계령의 생일(季令生日)〉「인간 세상 가을 풍경 평평하게 나누어질 때요, 하늘의 얼음 바퀴 차려할 때라네.」(人間秋色平分際, 天上氷輪欲滿時)

7 | 일적취잔(一笛吹殘) : 당나라 위장(韋莊)의 〈밤경치(夜景)〉「누구의 집 한 줄기 피리 소리 남은 더위 불어내고, 어느 곳에서 한 쌍 다듬이 소리 저녁 안개 찧어내는가?」(誰家一笛吹殘暑, 何處雙砧擣暮煙)

雨罷勝遊前歲恨[8]
우 파 승 유 전 세 한

비 그친 뒤의 빼어난 놀이
지난해는 어긋났으나,

天酬佳賞此宵眠
천 수 가 상 차 소 면

하늘이 아름다운 놀이로 보답하여
오늘 밤 이 배 위에서 잠들게 하네.

流頭故事何須問[9]
유 두 고 사 하 수 문

유두절 옛 이야기
꼭 물어야 하겠는가?

只合吾儕好事傳
지 합 오 제 호 사 전

지금 우리네
이 좋은 일 전하기만 하면 되지.

8 | 우파전한(雨罷前恨) : 《고증》 「임술년 기망일의 비를 만난 일을 가리킨다.」(指壬戌旣望值雨事) 위 177번 시를 보라.

9 | 유두고사(流頭故事) : 《고려사》 권20 〈명종세가(明宗世家)〉 「유월 계축일에 왕께서 봉은사에 가셨다. 병인일에 시어사 2인과 환관 최동수와 함께 광진사에서 만나 유두음을 행하였다. 나라의 풍속에 이달 15일 동쪽으로 흐르는 물에 머리를 감아, 길하지 못한 것을 떨쳐버리고 이어서 만나 술을 마시는데, 이를 유두음이라 불렀다.」(六月癸丑, 王如奉恩寺. 丙寅, 有侍御史二人, 與宦官崔東秀, 會於廣眞寺, 爲流頭飮. 國俗以是月十五日, 沐髮於東流水, 祓除不祥, 因會飮, 號流頭飮) 유두음은 달리 유두연(流頭宴)이라고도 하며 유두일에 베푸는 연회를 말한다.

197~198. 曾和洪上舍應吉東遊錄中二律, 今錄呈以博笑[1]

일찍이 진사 홍응길의 《동유록》에 있는 율시 2수에 화답한 적이 있는데, 지금 적어서 드리어 크게 웃어주시기를 빈다

1 | 홍상사응길(洪上舍應吉) : 치재(恥齋) 홍인우(洪仁祐 : 1515~1554)의 자. 《내집》 권5 72번 시의 주 1)에 보인다. 《치재유고(恥齋遺稿)》 권3에는 《내집》 권5의 이 시를 수록하여 놓았으며, 지은 연도를 융경(隆慶) 기사년(己巳 : 1569) 음력 3월[暮春]이라고 하였다. 이 시를 수록하고 다음과 같은 퇴계의 말을 수록하였다. 「지척간에 서로 막혀 (소식을 듣고) 특히 정신이 멍하였다. 오늘 심부름꾼이 처음으로 소식을 전하였는데 실로 잘못된 것으로 여겼다가 거듭 전하여 잘못이 아닌 줄 알았다. 누차 부르려는 말을 하려하였지만 임시로 머무르는 집이 낮고 좁아 답답해하다가 결국 실행을 하지 못하였다. 조금 맑고 넓은 곳을 얻었더라면 날마다 침상을 마주해도 실로 싫증이 나지 않을 것인데 어찌 그럴 곳이 있겠는가! 경호.」(跬步相阻, 殊爲惘然. 今日伻人初傳, 果誤, 再傳則非有誤也. 屢欲邀語, 寓舍湫隘, 煩鬱未果, 如得稍淸曠處, 日日對床固無厭, 而寧有其所耶! 景浩) 아울러 박률(朴栗)이 지은 원운시도 함께 수록하였는데, 이 시는 《내집》 권5에 수록된 시의 원운시이다.

동유록(東遊錄) : 아마 《치재유고》 권3에 있는 〈관동록(關東錄)〉을 가리키는 것 같다. 〈관동록〉에 의하면 가정(嘉靖) 계축년(1553)에 남언경과 함께 풍악산(楓岳山 : 금강산의 가을 명칭) 유람을 한 것으로 되어 있으며, 퇴계가 지어준 서문인 〈금강산 유람 기행문의 서문(遊金剛山錄序)〉도 함께 수록되어 있다.

그러나 이 시는 과연 누구에게 지어준 것인지 확실히 알 수가 없다. 《치재유고》에는 지은 연대는 언급하고 있지만 「지금 (누구에게) 지어 드리는지」에 대해서는 밝혀놓지 않고 있기 때문이다. 또 《치재유고》에서 인용한 「지척간에 ……」라고 한 말은 그 내용으로 보아서는 홍인우가 작고한 바로 뒤에 적은 글이니, 이때 적어두었던 것을 만년에 누구에게 보여주면서 함께 보여주었을 것 같은 생각이 든다.

197

麗澤深情在琢磨[2]
이 택 심 정 재 탁 마

벗들끼리 모여 강습하는 깊은 정
절차탁마함에 있고,

淸遊論說互崇加[3]
청 유 론 설 호 숭 가

논하고 이야기하는 맑은 놀이
서로 높이고 보탬이 된다네.

吾儕萬理須探極
오 제 만 리 수 탐 극

우리들은 만 가지 이치
모름지기 끝까지 탐구하여야 하는데,

異學千岐自擅家
이 학 천 기 자 천 가

이단의 학문은 천 갈래로 갈라져 제각기
멋대로 일가 이루었다고 우기네.

天持人修方合一
천 지 인 수 방 합 일

하늘의 덕과 사람의 수양
바야흐로 하나로 합치되나,

道從時否幾成差
도 종 시 부 기 성 차

도가 때에 맞는가 아닌가함은
몇 번이나 차이가 났던가?

老夫不及聞餘緖
로 부 불 급 문 여 서

나 같은 늙은이 미처
그대의 여유로운 이야기 듣지 못하여,

空愧賡詩損至和
공 괴 갱 시 손 지 화

공연히 화답하는 시
지극히 화락함 축낼까 부끄럽다네.

右, 天道人事異同之論
위는 천도와 인사는 이동이 있다는 것을 논한 것이다

2 | 이택(麗澤) : 친구끼리 서로 절차탁마하는 것을 말하며, 《주역·태괘(兌卦)》에서 나온 말이다. 《내집》 권1 29번 시의 주 5)에 보인다.
탁마(琢磨) : 《시경·위나라의 민요·기수의 물굽이(衛風·淇奧)》「잘라놓은 듯 다듬어 놓은 듯, 쪼아놓은 듯 갈아놓은 듯하네.」(如切如磋, 如琢如磨)

3 | 청유(淸遊) : 청아한 놀이. 상대방의 고상한 놀이를 일컫는 말로 쓰인다.

198

瞿曇當日亦勤修[4]
구 담 당 일 역 근 수

구담씨 그 당시에
또한 부지런히 수양하였으나,

禍劇懷襄億萬秋[5]
화 극 회 양 억 만 추

화란의 홍수 산언덕 덮치듯 극에 달하여
억만년에 끼쳤다네.

尙有桑門慕精苦[6]
상 유 상 문 모 정 고

아직도 승려들은
고행에 정진함 사모하는데,

如何縫掖事輕浮[7]
여 하 봉 액 사 경 부

어찌하여 유자들은
가볍고 부박함 일삼는가?

4 | 구담(瞿曇) : 석가모니의 성으로 범어 Gautama를 음역한 것이다. 교답마(喬答摩)라고도 한다. 부처를 대신 일컫는 말로 쓰인다. 《고증》「《열반경》 가비라성에는 중의 종자가 있는데 자는 싯달타이며, 성은 구담씨이다.」(涅槃經. 迦毗羅城有釋種子, 字悉達多, 姓瞿曇氏) 나중에는 일반적으로 승려를 가리키는 말로도 쓰이게 되었다.

5 | 회양(懷襄) : 홍수가 세차게 흘러 산언덕까지 넘치는 것을 말한다. 회(懷)는 사방을 둘러싸는 것을 말하고, 양(襄)은 그 위까지 올라가는 것을 말한다. 《서경·요전(堯典)》「넘실넘실하는 홍수가 널리 해를 끼치고, 질펀한 물이 산을 감싸고 언덕까지 차올라 넓게 하늘까지 넘칠 것 같소.」(湯湯洪水方割, 蕩蕩懷山襄陵, 浩浩滔天)

6 | 상문(桑門) : 곧 사문(沙門)으로 범어 śramana를 음역한 것이다. 승려라는 뜻이다. 《고증》「《동각요람》 범어로 사문은 혹은 상문이라고도 하며, 당나라 말로 근식이라 한다.」(同覺要覽. 梵云沙門, 或云喪門, 唐言勤息)

7 | 봉액(縫掖) : 봉(縫)은 《예기》에는 봉(逢)으로 되어 있는데 크다는 뜻이다. 소매가 큰 홑옷으로 옛날 유자들이 입는 옷이다. 또한 유자를 가리키는 말로도 쓰인다. 《예기·선비의 행실(儒行)》「공자가 말하기를 『나는 어려서 노나라에 살았는데 소매가 큰 홑옷을 입었다.』아 하였다.」(孔子曰, 丘少居魯, 衣逢掖之衣) 한나라 정현(鄭玄)의 주석[注]「봉은 크다는 뜻이다. 대액의 옷이라는 것은 소매가 큰 홑옷이다.」(逢猶大也. 大掖之衣, 大袂單衣也)

渠功極處彝倫滅[8]
거 공 극 처 이 륜 멸

그 공 끝 다한 곳에서
떳떳한 윤리 사라지겠지만,

此道成時物我優
차 도 성 시 물 아 우

이 도 이루어질 때는
외물과 내가 넉넉해지네.

寄語韓公須自得[9]
기 어 한 공 수 자 득

한공에게 말 부쳐
모름지기 자득케 하여야 하노니,

由來稗穀本非侔
유 래 패 곡 본 비 모

예로부터 피와 곡식
본래 같지 않았다네.

右譬山僧稊稗有秋之句[10]

위는 산승의 「피도 가을이 있다」는 구절을 비유한 것이다

8 | 거공(渠功) : 거(渠)는 여기서 3인칭을 나타내는 지시대명사로 쓰였다. 곧 승려들의 공을 말한다.
이륜(彝倫) : 상리(常理), 상도(常道)와 같은 뜻. 《서경·홍범(洪範)》「왕이 이에 말하였다. 『아아, 기자여! 하늘은 몰래 백성들을 정하여 놓고 그들의 삶을 도우고 화합하게 하시나, 나는 그 떳떳한 윤리가 베풀어지는 바를 알지 못하고 있소.』」(王乃言曰, 嗚呼, 箕子! 惟天陰騭下民, 相協厥居, 我不知其彝倫攸敘) 송나라 채침(蔡沈)의 주석 「이는 상이고, 윤은 이이다.」(彝, 常也, 倫, 理也)

9 | 한공(韓公) : 《고증》「한사형을 가리키는 것 같다.」(疑指士炯) 사형은 한윤명(韓胤明)의 자이다.

10 | 제패유추(稊稗有秋) : 《치재유고》에는 이때 지었다는 율시가 수록되어 있지 않다.

199. 挽洪上舍應吉

진사 홍응길을 애도하다

美質仍資學力强
미 질 잉 자 학 력 강

바탕과 자질 아름답고
배움의 힘 강했으니,

芝蘭不采自芬芳[1]
지 란 불 채 자 분 방

지초와 난초는 캐지 않아도
절로 향기 뿜는다네.

百年我友期三益[2]
백 년 아 우 기 삼 익

백년지기 나의 벗
세 가지 유익함 기약했는데,

一歲君家有六喪
일 세 군 가 유 육 상

한 해에 그대 집에
상 여섯 번 당했다네.

鬼惡天高難究詰[3]
귀 악 천 고 난 구 힐

귀신 악하고 하늘 높음
일일이 따지기 어렵거늘,

1 | 지란~자분방(芝蘭~自芬芳) : 《먼저 쓴 당나라의 역사(舊唐書)》 권89 〈요숙(姚璹)의 전기〉 「신은 듣건대 성인은 그 덕을 오로지 하지 않으며 현명하고 지혜로운 자는 반드시 스승으로 삼는 바가 있다고 하였습니다. 그러므로 말하기를 『훌륭한 사람과 말을 하면 지초와 난초(같은 향초)가 있는 방에 들어간 것과 같아 오래 있으면 절로 향기가 난다.』고 하는 것입니다.」(臣聞聖人不專其德, 賢智必有所師. 故曰, 與善人言, 如入芝蘭之室, 久自芬芳)

2 | 삼익(三益) : 사귀어서 자기에게 도움이 될 만한 세 가지 벗을 말한다. 《논어·계씨(季氏)》편에서 나온 말이다. 《내집》 권1 183번 시의 주5)를 보라.

3 | 귀악천고(鬼惡天高) : 송나라 육유(陸游)의 〈병을 적다(書病)〉 「의사와 무당 재주 다하여 손 거두려 하는데, 하늘 높고 귀신 못되었으니 아 헤아리지 못한다네.」(醫巫技殫欲斂手, 天高鬼惡吁莫測)

兒啼慈哭太寃傷[4]
아 제 자 곡 태 원 상

아이 울고 어머니 통곡함
너무나 원통하고 마음 아프네.

那知舊擬驪江約[5]
나 지 구 의 려 강 약

어찌 알았으리, 예로부터
여강의 약속 하려 했는데,

永隔脩文地下郎[6]
영 격 수 문 지 하 랑

영원토록 헤어져
지하의 수문랑 되었구나.

4 | 자곡(慈哭) : 자는 곧 자친(慈親)으로 어머니를 말한다.

5 | 여강약(驪江約) : 여강은 남한 강 중에서 여주의 앞을 흐르는 구간이다. 《요존록》「응길의 별서가 여강에 있다. 아마 선생은 글을 가지고 뱃놀이를 하기로 한 약속이 있었던 것 같다.」(應吉別墅在驪江. 疑先生相與有携書泛舟之約) 응길은 홍인우의 자이다.

6 | 영격(永隔) : 영별(永別)과 같은 말. 영원히 헤어지는 것을 말한다. 곧 사별하는 것을 가리키는 말. 한나라 예형(禰衡)의 〈앵무새(鸚鵡賦)〉「모자간의 영원한 이별 가슴 아파하고, 부부가 생이별하는 것 슬퍼한다네.」(痛母子之永隔, 哀伉儷之生離)

수문지하랑(修文地下郎) : 수문랑은 지하에서 저작(著作)의 관직을 맡는 것을 말한다. 주로 문인(文人)의 죽음을 가리키는 말. 송나라 사일(謝逸)의 〈망우인 반빈로가 지은 시에 「만성풍우근중양」이라는 구절이 있는데 지금 중양절은 나흘이 남았고 비바람이 크게 일어 마침내 빈로의 구절을 가지고 뜻을 넓혀 절구 세 수를 짓는다(亡友潘邠老有滿城風雨近重陽之句, 今去重陽四日而風雨大作, 遂用邠老之句廣為三絶句)〉 제2수「온 성에 비바람 불고 중양절 가까운데, 죽어서 지하의 수문랑 된 친구 보이지 않는다네.」(滿城風雨近重陽, 不見修文地下郎) 또한 《내집》 권2 115번 시의 주 16)을 참조하여 보라.

찾아보기

ㅅ

ㅇ

ㅎ

지은이

이 황 (李滉, 1501~1570)

호는 퇴계退溪, 시호는 문순文純으로 경상북도 예안에서 출생했다. 서른네 살에 문과에 급제하여 대사성, 부제학, 우찬성, 양관대제학 등의 벼슬을 지냈고, 도산서당陶山書堂을 통해 학문 연구와 후진 양성에 힘썼다. 기대승과 8년간의 서신 왕래로 인간의 심성과 선악에 대해 펼친 사칠논변四七論辯은 유성룡, 김성일, 정구 등에게 계승되어 영남학파를 이뤘고, 이이李珥를 중심으로 한 기호학파와 대립하며 조선 성리학의 발전에 크게 공헌했다. 저서로는 〈자성록自省錄〉을 비롯하여 16종의 시문집을 묶은 〈퇴계전서退溪全書〉, 〈주자서절요朱子書絶要〉, 〈도산십이곡陶山十二曲〉등이 있다.

옮긴이

이장우 (李章佑 : 1939~)

경북 영해에서 태어나 서울대학교 중어중문학과를 졸업하고, 국립대만대학에서 석사, 서울대학교에서 박사학위를 취득하였다. 중국의 국립중앙연구원, 프랑스 파리 제7대학, 미국 스탠포드대학과 하바드대학 등지에서 연구와 강의를 하였으며 현재 영남대학교 중국언어문화학부 명예교수, 사단법인 영남중국어문학회 이사장, 동양고전연구소 소장으로 있다.

주요 역저로 『한유 시 이야기』(1988), 『중국문화통론』(1993), 『중국문학을 찾아서』(1994), 『중국시학』(1994), 『중국의 문학이론』(1994), 『고문진보 전·후집』(공역, 2001, 2003) 외 다수가 있다.

jangwu@yumail.ac.kr

장세후 (張世厚)

경북 상주에서 태어나 영남대학교 중어중문학과를 졸업하고, 같은 대학 대학원에서 석사학위와 박사학위(《주희 시 연구》)를 취득하였다. 영남대학교 겸임교수와 경북대학교 연구초빙교수를 거쳐 지금은 경북대학교 퇴계연구소의 전임연구원으로 재직하고 있다. 2003년 대구매일신문에서 선정한 대구·경북지역 인문사회 분야의 뉴리더 10인에 포함된 바 있다.

저서로는 《이미지로 읽는 한자》(연암서가, 2015), 《이미지로 읽는 한자 2》(연암서가, 2016)가 있고, 역서로는 《한학 연구의 길잡이(古籍導讀)》(이회문화사, 1998), 《초당시(初唐詩The Poetry of the Early T'ang)》(Stephen Owen, 中文出版社, 2000), 《퇴계 시 풀이·1~6》(이장우 공역, 영남대학교 출판부, 2006~2011), 《고문진보·전집》(황견 편, 공역, 을유문화사, 2001), 《퇴계잡영》(공역, 연암서가, 2009), 《唐宋八大家文抄·蘇洵》(공역, 전통문화연구회, 2012), 《춘추좌전 상·중·하》(을유문화사, 2012~2013), 《도산잡영》(공역, 연암서가, 2013), 《주자시 100선》(연암서가, 2013), 《국역 송계선생문집(竦溪先生文集)》(공역, 보고사, 2015), 《사기·열전 상·중·하》(연암서가, 2016), 《주희 시 역주·1~5》(영남대학교 출판부, 2017~2018) 등이 있다.